Tanja Wetzel, Gwendolin Lübbecke

Dass etwas klar wird ... und doch nicht klar

Die Gespräche von Max Imdahl mit Vertrauensleuten der Bayer AG 1979–81

Tanja Wetzel, Gwendolin Lübbecke

Dass etwas klar wird ... und doch nicht klar

Die Gespräche von Max Imdahl mit Vertrauensleuten der Bayer AG 1979 – 81

ATHENA | wbv

Ein ATHENA-Titel bei wbv Publikation

Gesamtherstellung:
wbv Media GmbH & Co. KG, Bielefeld
wbv.de
ISBN (Print) 978-3-7639-7712-3
ISBN (E-Book) 978-3-7639-7713-0
Printed in Germany

Bibliografische Information der Deutschen Nationalbibliothek
Die Deutsche Nationalbibliothek verzeichnet diese Publikation in der Deutschen Nationalbibliografie; detaillierte bibliografische Daten sind im Internet über http://dnb.d-nb.de abrufbar.

INHALT

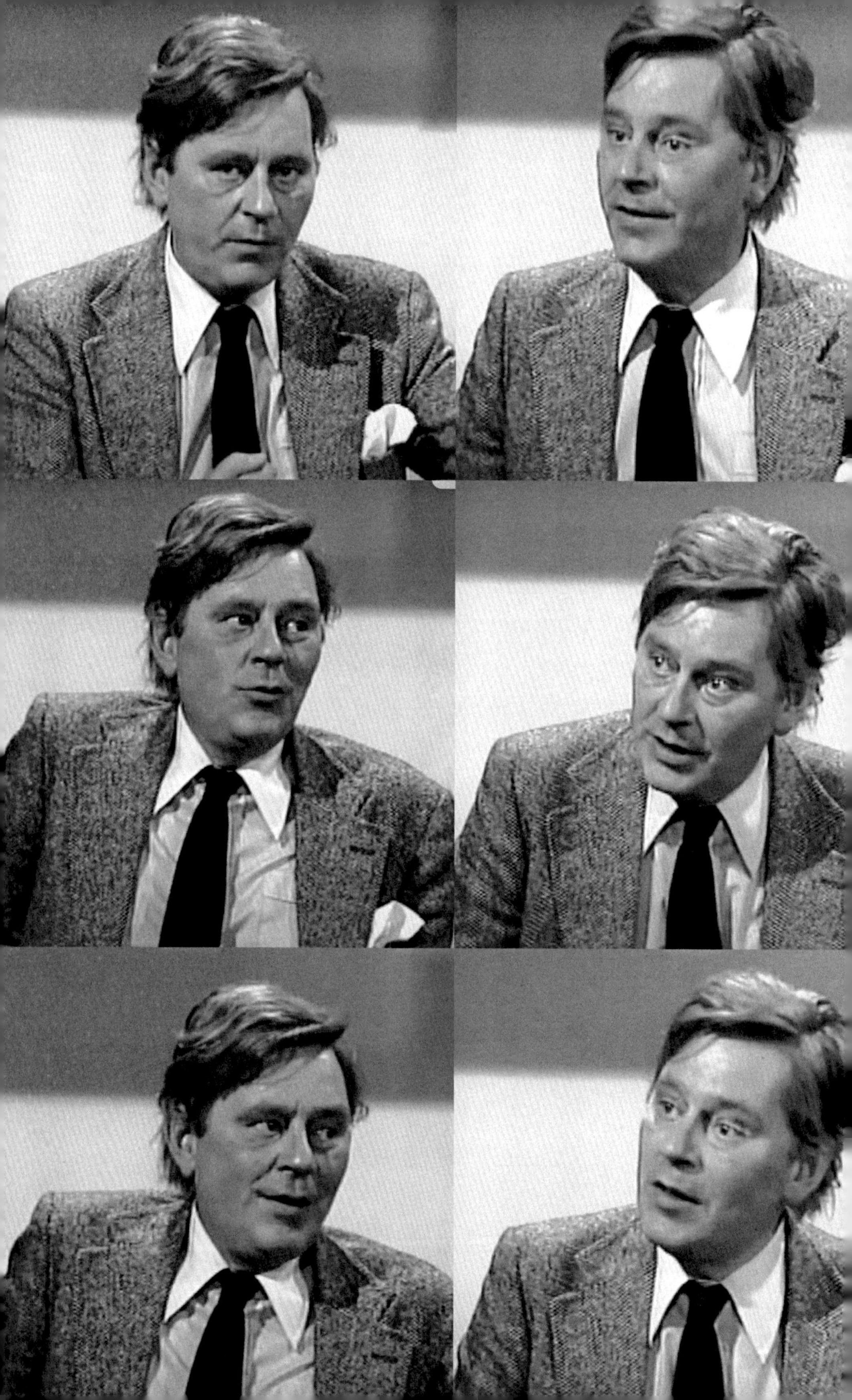

EINLEITUNG

> „Ja, er hatte eine ungeheure Präsenz, eine wahnsinnige Präsenz, die ganz wenige hatten. Und eine Offenheit. Man merkte beim Zuhören, da gesteht einer, dass er damit jetzt auch scheitern kann mit dem, was der da macht. Und das tun ja nicht viele unserer Kolleginnen und Kollegen."
>
> Richard Hoppe-Sailer[1]

Diese Untersuchung beschäftigt sich mit den Gesprächen über moderne Kunst, die der Kunsthistoriker Max Imdahl vor knapp 50 Jahren mit Vertrauensleuten der Bayer AG Leverkusen führte. Sechs dieser Gespräche wurden 1982 als Transkripte veröffentlicht und sind durchaus in kunstpädagogischen und kunstwissenschaftlichen Kreisen bekannt.

Dennoch gibt es nur begrenzt wissenschaftliche Forschung zu diesem Thema, wobei Elisabeth Wagner zu nennen ist, die sich im Rahmen ihrer Studie zu neuen Formaten kultureller Weiterbildung an Unternehmen eingehend damit auseinandergesetzt hat und Imdahls Seminarkonzept als ein durchaus innovatives Modell herausstellte.[2] In einem weiteren Text widmete sie sich der Relevanz dieser Gespräche im Kontext einer sich im 20. Jahrhundert immer stärker institutionalisierenden Kunstvermittlung. Auch hier lieferte Imdahl aus ihrer Sicht mit den Gesprächen ein Beispiel, das versucht, der Entgrenzung der Kunst im 20. Jahrhundert und ihrem damit einhergehenden Autonomieanspruch durch eine adäquate Form der Vermittlung gerecht zu werden.[3]

Darüber hinaus lagen jedoch keine weiteren eingehenderen Untersuchungen zu den Gesprächen vor, was eine erneute Bearbeitung dieses Materials fruchtbar erschienen ließ. Der Umstand, dass unerwartet einige Tonbänder der Gespräche auftauchten und digitalisiert werden konnten, stellte insofern eine glückliche Fügung dar, als es in unserer Untersuchung die Gespräche selbst sind, die wir in den Fokus eines primär kunstpädagogischen Interesses rückten. Dennoch stellt sich die Frage nach ihrer aktuellen Relevanz: Was könnte uns heute noch an diesen Gesprächen interessieren bzw. lässt sich aus ihnen generell etwas für die Vermittlung von Kunst ableiten?

Unsere These ist, dass sich die Aktualität primär an der signifikanten, widersprüchlichen Art und Weise festmachen lässt, mit der Max Imdahl diese Gespräche führte. Das zeigt seine Stärke, sich aus dem abgesicherten Rahmen des Universitären in einen gänzlich ungewohnten Zusammenhang zu wagen und dort über viele Jahre hinweg, nicht nur eine recht sperrige künstlerische Kost ‚aufs Spiel zu setzen', sondern auch sich selbst als Person. Imdahl beeindruckt sein Publikum zu Recht mit seiner Leidenschaft für die moderne Kunst, seinem Humor, seiner Präsenz als Person, aber auch mit seiner Unsicherheit und seiner Verletzlichkeit. Sicherlich liegt hier auch eine der Ursachen für den Prozess der Mystifizierung, zu deren Gegenstand Imdahl bisweilen geworden ist. Insbesondere der Dokumentarfilm „Sehenden Auges" (2010) von Christoph Böll lässt vor allem Stimmen zu Wort kommen, die von Imdahls Präsenz und Ausstrahlung sehr eingenommen sind. Häufig werden die Gespräche jedoch aus unserer Sicht etwas zu vorschnell als ein Erfolgsmodell für die Vermittlung moderner Kunst verbucht. Insbesondere diese Annahme möchten wir kritisch befragen.

Es zeigen sich nämlich auch Imdahls ‚blinde Flecken'. Zum einen in Bezug auf die konkret ausgewählten und dann verhandelten Kunstwerke, die er letztlich seinem wissenschaftlichen Interesse unterwirft. Zum anderen aber auch in Bezug auf alles Pädagogische, seien es die konkreten Gruppen, mit denen er arbeitet, die Beziehungen, die sich entwickeln, die Konflikte, die sich nicht zuletzt aufgrund seiner eigenen Widersprüchlichkeit ergeben. Man kann sagen, dass diese innere Ambivalenz, die er sicherlich spürte und nach außen trug, vermutlich selbst aber wenig reflektierte, mit dazu beitrug, dass ihm mit den Vertrauensleuten zwar etwas Besonderes gelungen ist, was er selbst immer auch wieder verhinderte. Das führt dazu, dass diesen Gesprächen auch eine gewisse Tragik anhaftet.

Eine Aktualisierung lohnt sich, denn jeder, der lehrt und unterrichtet, wird auf diese oder ähnliche Phänomene treffen. Da ist das Lavieren zwischen der Sach- und Beziehungsebene, zwischen der eigenen Leidenschaft für die Kunst und dem Blick auf die Bedürfnisse der Gruppe, zwischen Spaß und Ernst, Spiel und Arbeit. Nur ein beständiges Reflektieren der Szenen, die sich ergeben und dem eigenen Tun, das daran Anteil hat, können dazu führen, dass man nicht im bloßen Agieren bleibt, sondern zum Handeln kommt. Und zwar nicht mit dem Ziel der Perfektion oder einer Vermeidung von Störung, sondern mit dem Mut zur Lücke und einer humorvollen Selbstdistanz.

Die den Gesprächen innewohnende ambivalente Spannung lässt zudem vermuten, dass Max Imdahl trotz aller Begeisterung doch nicht wagte, der Kunst wirklich ganz zu vertrauen. Er formulierte zwar immer wieder, dass es hier nichts zu wissen gäbe und man nur hinsehen müsse, aber seine Gesprächsführung offenbart etwas anderes. So fragte er interessanterweise die Teilnehmenden nie direkt einfach danach, was Sie sehen, um davon ausgehend mit ihnen zu diskutieren. Stattdessen machte er eigentlich in jedem Gespräch schnell klar, dass es ihm um bestimmte metaphysische Konstruktionen ging, die er für sich vorab an den Werken entwickelt hatte. Diese Thesen, die er dabei mantraartig vortrug, brauchte er offenbar selber und das, obwohl es ihm mit seinem Ansatz der Ikonik doch gerade darum ging, dass das Entscheidende dieser Kunst einfach in dem liegt, was man sieht und wofür ein Raum der Seh-Erfahrung geöffnet werden sollte.

Für die TeilnehmerInnen stellte es sicherlich eine besondere Herausforderung dar, nachzuvollziehen, was Imdahl an einigen der gezeigten Werke so existentiell berührte. Es wird ihr Unverständnis spürbar, warum das Paradox einer Einfachheit im Komplizierten, wie Imdahl sie bei Albers festmachte oder das Doppel einer Endlichkeit im Unendlichen, wie er es an den Farbfeldern bei Bill ableitete, bei ihm eine solche Leidenschaft entfachen konnte, die er auch regelrecht in den Gesprächen versprühte. Vor allem die Beispiele der sogenannten Konkreten Kunst, die Imdahl in den Gesprächen verhandelte (Albers, Bill, Fruhtrunk, Morellet), interessierten ihn offenbar über das Maß eines wissenschaftlichen Interesses hinaus, das doch immer die Distanz fordert. Sie betrafen ihn existenziell, und er sah nicht nur das Kunstwerk, sondern auch sich selbst auf den Prüfstand gestellt. Die Tatsache, hier mit einem Phänomen konfrontiert zu werden, mit dem man nicht zu Ende kommt, das man nicht begreifen und nicht erfassen kann und das letztlich unverfügbar ist, verknüpfte sich für ihn mit der Nietzscheanischen Einsamkeit.

Dass dieses Grundgefühl nicht für jeden anschlussfähig war, ist nachvollziehbar. Trotzdem berührte Imdahl die TeilnehmerInnen: Sie werden gespürt haben, dass da jemand für etwas brennt, dass ihn etwas berührt und persönlich angeht, dass es ihm damit ganz ernst ist und er ihnen trotzdem menschlich begegnet. Nicht als Professor oder als Wissender, sondern mit seinem rheinischen Temperament, seinem Humor, gepaart mit einer gewissen Verschrobenheit, die er selbstbewusst präsentierte.

Die Performance vor einem Publikum war Max Imdahls große Stärke. Wir wollen daher versuchen, ihn hier noch einmal lebendig werden zu lassen. Er inszenierte Werke bildender Kunst und damit auch sich selbst in einer Zeit, in der andere das nicht gemacht haben. Unsere Untersuchung setzt damit nicht an der Ikonik an als dem von Imdahl erarbeiteten Verfahren der Interpretation, sondern an dem, was uns an Quellen vorlag: den konkreten Gesprächen, die uns zunächst nur als transkribierte Texte zur Verfügung standen und später dann zum Teil auch als Audiomaterial. Uns leitet damit nicht die Frage, ob die Gespräche Imdahls methodischen Ansatz abbilden, sondern eher: Was zeigt sich an der konkreten Interaktion? Welche Möglichkeiten, welche Fallstricke lassen sich ausweisen, um dann unter anderem herauszuarbeiten, ob sich hier tatsächlich das von Imdahl geforderte sehende Sehen ereignen konnte.

Methodisch haben wir uns stark an einem hermeneutischen Vorgehen orientiert, das sich in einem ersten Schritt vor allem auf eine Auseinandersetzung mit den Transkripten richtete. In einem zweiten Schritt kam dann das Audiomaterial hinzu, das unser Vorgehen signifikant verändert und erweitert hat. Wir haben nun in einer Art Pendelbewegung versucht, Text- und Audiomaterial in Beziehung zueinander zu setzen und so unser Verständnis in Bezug auf die Atmosphäre, die Performanz, die Präsenz Imdahls und die Interaktion insgesamt auszuweiten. Dadurch hat sich unsere Lesart des Textmaterials deutlich verändert, und wir haben unseren Fokus auf ein ‚Lesen zwischen den Zeilen' verlagert. Grundlage war dabei stets ein intersubjektives, intuitives Vorgehen, das über unseren unmittelbaren Austausch über das Material, eine objektivierte Deutung im Dialog ermöglichte. Konkret gestaltete sich dies als eine Art ‚Ping-Pong' während des Lesens der Transkripte, während des Hörens des Audiomaterials im Ringen um ein gemeinsames Verstehen.

Im Folgenden wird zunächst das Quellenmaterial näher vorgestellt: auf der einen Seite die 1982 veröffentlichten Transkripte der sechs Gespräche aus den Jahren 1979–82 und auf der anderen Seite das neu hinzugekommene Audiomaterial, beides mit seiner je ganz eigenen Wirkung. So präsentiert sich in den Transkripten eine Dominanz der fachlichen Perspektive Imdahls, die jedoch die Qualitäten des konkreten Gesprächs zurücktreten lässt. Demgegenüber richtete sich unser kunstpädagogisches Interesse auch auf die Qualität der konkreten Prozesse, der Interaktionen und Interventionen. Diese Qualitäten konnten erst über das Hineinhören ins Audiomaterial herausgearbeitet und anschließend auf die Transkripte übertragen werden.

Aus dem Material werden zunächst die Zielsetzungen der verschiedenen beteiligten Akteure herausgearbeitet. Imdahl verfolgte primär das Ziel, die moderne, insbesondere die ungegenständliche Kunst einem breiteren Publikum vertraut zu machen und es von ihrer Sinnhaftigkeit zu überzeugen. Das deckte sich teilweise mit den Zielsetzungen der Bayer AG, Vertrauensleute in ihrer Multiplikatorenrolle durch Urteilsbildung und kommunikative Kompetenz gegenüber den MitarbeiterInnen zu schulen. Maßgeblich war hierbei allerdings die Initiative des damaligen Arbeitsdirektors Dr. Eberhard Weise, der sich sehr für eine breitgefächerte kulturelle Bildung im Unternehmen einsetzte. Die Zielsetzungen der TeilnehmerInnen wiederum lassen sich eher erahnen, weil ihnen diese Veranstaltung mehr oder weniger ‚verordnet' wurde. Ihr konkretes Engagement zeugte aber von impliziten Zielen, die sie durchaus selbstbewusst – und nicht immer konform zu denen Imdahls – in der Diskussion zu vertreten wussten. Die unmittelbare Arbeit an den Gesprächen selbst wurde in vier Hauptkapitel unterteilt:

Im ersten Hauptkapitel werden überblicksartig die konzeptuellen, methodischen und inhaltlichen Strukturen der Gespräche herausgearbeitet, die sie insgesamt charakterisieren.

Im zweiten Hauptkapitel wird das erste Gespräch vom 06.02.1979 in den Fokus gerückt, das als einziges Gespräch sowohl als Transkript als auch als Audiospur vorlag.[4] Daher werden hier Transkript und Audiomaterial in einer gemeinsamen Analyse zusammengebracht. Dabei geht es um die konkrete Performance, die sehr plastisch heraustritt und vor allem Aufschluss gibt über die besondere Wirksamkeit der Persönlichkeit Imdahls in diesem auch für ihn ungewöhnlichen Rahmen der Kunstvermittlung. Vor allem gewinnt er hier an Präsenz: in seiner Art zu sprechen, dem Humor, seiner ganz unprofessoralen Attitüde. Auch die TeilnehmerInnen treten deutlich hervor. Einzelne Stimmen lassen sich nun zuordnen und es entsteht plötzlich eine Atmosphäre, die neue Schwerpunkte in der Rezeption setzt.

Im dritten Hauptkapitel werden dann in einem erweiterten Umfang alle sechs der transkribierten und publizierten Gespräche einbezogen und inhaltlich verglichen. Sie lassen sich in drei Themenfelder aufteilen. Je zwei Gespräche folgen dem gleichen Aufbau, d.h. der gleichen Werkauswahl, einem ähnlichen didaktischen Zugriff bis hin zu denselben Hauptthesen, auf die Imdahl in den Gesprächen abzielte. Diese vergleichende Untersuchung wird zum einen um einige ad-hoc-Zeichnungen Imdahls erweitert, die er während der Gespräche anfertigte und an denen sich besonders gut nachvollziehen lässt, um was es ihm inhaltlich ging. Ein weiterer Blick wird auf Interaktionen in den Gesprächen gerichtet, in denen es zu mehr oder weniger starken Reibungen zwischen den einzelnen Beteiligten kam. Diese lassen sich zwar allein auf der Basis des Textmaterials mehr erspüren als differenziert analysieren, sie vermitteln aber einen guten Eindruck von der Eigenwilligkeit der konkreten Gesprächsprozesse.

Im vierten und letzten Hauptkapitel geht es um jene Konfliktfelder, die sich in den Texten bereits zeigten und die hier nun in einer Art Metastruktur herausgestellt werden. So lassen sich Widersprüche ausmachen, die den Beteiligten vermutlich kaum bewusst waren, die aber in den Gesprächen auf die ein oder andere Weise ausgetragen wurden. Zu den Spannungsfeldern gehören die inhaltlichen Komplexe „Erwartungen und ihre Realisierung", „Emotionalität versus Rationalität" sowie „Wissenschaft versus Pädagogik".

Im Anschluss an diese vier Hauptkapitel werden in einem weiteren Kapitel neue Kontexte bzw. Perspektiven in Bezug auf Imdahl und die von ihm geführten Gespräche eröffnet. So kommt hier Richard Hoppe-Sailer als ehemaliger, langjähriger Assistent Imdahls mit seinen Erinnerungen zu Wort. Außerdem hat sich Alf Schuler zu den Gesprächen geäußert, der sich als bildender Künstler bereits während seiner Studienzeit in den 1970er Jahren intensiv mit Albers, Bill, Morellet und Fruhtrunk auseinandergesetzt hat. Beide Personen ‚flankieren' Imdahl kontextuell: Hoppe-Sailer repräsentiert dabei die Perspektive der Fachdisziplin der Kunstgeschichte und Alf Schuler verkörpert den Blick der Kunst bzw. den des bildenden Künstlers.

Den Abschluss bildet eine Annäherung, die vor allem für KunstpädagogInnen interessant sein wird. Gottfried Boehm nannte Imdahl einmal einen „modernen Lichtwark"[5]. Er spielte damit auf Alfred Lichtwark an, den Kunsthistoriker, Museumsleiter und Kunstpädagogen in Hamburg, der als Direktor der Hamburger Kunsthalle zu Beginn des 20. Jahrhunderts mit SchülerInnen Gespräche über Kunst führte und damit einem ähnlichen Impuls einer „Demokratisierung der Kunst" folgte wie später Imdahl. Zudem haben wir im Laufe der Beschäftigung mit dem Material bzw. mit Imdahl als Person auch immer wieder Parallelen zu Gunter Otto herstellen können, einer zentralen Figur der deutschen Kunstpädagogik, der sie ab den 1960er Jahren lange Zeit maßgeblich prägte. Uns fielen große Ähnlichkeiten zwischen beiden Personen auf, so in der Art und Weise, wie sie sich fachlich einsetzten und was sie mit Leidenschaft verfolgten, aber auch die blinden Flecken, die ihnen immer wieder zum Hindernis wurden. Wir hatten den Eindruck, dass beide, jeweils 1925 bzw. 1927 geboren, mit dem Aufwachsen im Nationalsozialismus und ihrer Teilnahme am Krieg einen biografischen Hintergrund hatten, der sie in ihrer beruflichen Orientierung und Haltung auf eine ähnliche Weise prägte. So wird Imdahl hier in diesem Kapitel durch die ‚kunstpädagogische Brille' betrachtet und (neu) verortet.

Wenn in diesem Buch immer wieder von den Ambivalenzen und Widersprüchen Imdahls die Rede ist, dann muss dies auch vor dem Hintergrund seiner historischen Erfahrung gesehen werden. Uns fiel im Kontext des letzten Kapitels spontan die „Wiederkehr des Verdrängten" auf. In Bezug auf die beiden Persönlichkeiten Imdahl und Otto wäre das vor allem die Dimension des Emotionalen. Sich dem Spüren, dem Empfinden, den Gefühlen hinzugeben, ist immer auch begleitet von der Angst, davon überwältigt zu werden und damit Halt und Sicherheit zu verlieren. Dieser Aspekt kann heute in der Vermittlung von Kunst durchaus wieder Aktualität beanspruchen. So zeugt es von großer Souveränität, nicht den Verführungen vermeintlicher ‚Sicherheiten' nachzugeben und angesichts von Kunstwerken zu beginnen, in Führungen oder Vorträgen sein Wissen zu präsentieren bzw. im Kunstunterricht Konzepten der Analyse bis hin zur Anwendung von Rezepten zu folgen. Berührungspunkte der eigenen Erfahrung zuzulassen, die immer mit Affekten und Gefühlen verknüpft sind, birgt natürlich, von Imdahl wiederholt in den Vorreden angesprochen, ein Risiko. Dieses Risiko wird grundiert von der inneren Widersprüchlichkeit, zwar ins Offene zu wollen, begleitet aber von der Angst, daran zu scheitern. Dieser Widerspruch ist auch der Kunst inhärent und hält sie lebendig. Da klafft also etwas auseinander, was wir als Betrachtende zwar gerne zusammenbringen möchten, letztlich aber in seiner Widersprüchlichkeit aushalten müssen. Das kann als Vergeblichkeit oder aber gerade als der Sieg der Kunst und ihr Gewinn gedeutet werden.

Wir möchten uns an dieser Stelle bei einigen Personen und Institutionen bedanken, deren Unterstützung zum Gelingen dieser Untersuchung beigetragen hat: Richard Hoppe-Sailer und Alf Schuler für die intensiven Gespräche über Max Imdahl und seine Gespräche mit den Vertrauensleuten, Andrea Peters vom Art Management der Bayer AG, Eva Wruck und Tibor Krauß von der Situation Kunst, Elisabeth Wagner und Beate Florenz für die Gespräche über ihre

Beschäftigung mit Max Imdahl, Stefan Hülsermann für sein intensives Korrekturlesen, Rolf Duscha vom Athena Verlag für die Begleitung in der Phase der Drucklegung und Georg Bungarten für das Layout.

GLOSSAR
Die Transkripte der sechs Gespräche, die 1982 in der Publikation „Arbeiter diskutieren moderne Kunst. Seminare im Bayerwerk Leverkusen" veröffentlicht wurden und auf die sich unsere Untersuchung maßgeblich bezieht, werden im Folgenden als Gespräch 1 etc. bzw. im Text abgekürzt #1 etc. bezeichnet.

Passagen des Gesprächs, die im Audiomaterial hörbar sind, aber im publizierten Transkript weggelassen wurden, werden mit einem Unterstrich gekennzeichnet.

Die Audiospur des Gesprächs vom 06.02.1979 (Gespräch 1) wurde mit freundlicher Unterstützung der Situation Kunst in Bochum bereitgestellt und ist über den QR-Code (S.66) zugänglich.

BIOGRAFISCHE NOTIZEN

Max Imdahl engagierte sich in vielfältiger Weise für die zeitgenössische Kunst. Eine autobiografische Skizze gibt Einblick, was ihn dazu bewegte, sich dieser Kunst mit einer für einen Kunsthistoriker seinerzeit eher ungewöhnlichen Leidenschaft zu widmen.[6]

Imdahl wurde 1925 in Aachen geboren. Nach dem Kriegsdienst als junger Mann im Zweiten Weltkrieg studierte Imdahl an der Universität Münster Kunstgeschichte, Archäologie und Germanistik und verfolgte dann eine akademische Laufbahn: Promotion 1951, Habilitation 1960 in Kunstgeschichte, 1965 wurde er schließlich an der neugegründeten Ruhr-Universität Bochum zum ersten ordentlichen Professor im Fach Kunstgeschichte berufen. Seine fachlichen Schwerpunkte lagen zunächst in mittelalterlicher Kunstgeschichte, später widmete er sich immer fokussierter aktuellen Strömungen der modernen Kunst, insbesondere der gegenstandlosen Malerei, die ihn „spontan überzeugte", aber auch „ratlos" machte.[7] Er war mit vielen Künstlern persönlich befreundet, forcierte den Aufbau einer Kunstsammlung in der Ruhr-Universität Bochum, die 1975 gegründet und dann sukzessiv erweitert wurde und beteiligte sich am documenta-Rat für die documenta 1968.

Sein wissenschaftliches Interesse war zeitlebens durchdrungen von seiner Leidenschaft für die Musik sowie seinem eigenen künstlerischen Tun. Er wuchs in einem musikalischen Elternhaus auf und begann bereits als Schüler zu malen, was er dann während seines Studiums weiter vertiefte. Er erzielte bereits mit 24 Jahren einen beachtlichen Erfolg mit seinem Bild *Der Schmerzensmann*

(1949), das mit mehreren Preisen ausgezeichnet wurde. Vermutlich war der Erfolgsdruck zu groß, wie er selbst andeutete, weshalb er sich dann ganz auf seine wissenschaftlichen Studien konzentrierte und dennoch seine Malerei bis zu seinem frühen Tod 1988 im persönlichen Kontext weiter betrieb.[8]

Nach eigener Auskunft war es vor allem die Musik, die ihn Zeit seines Lebens in besonderer Weise faszinierte. Er machte hier bereits früh die Erfahrung, dass erst die Aufführung ein Werk zu entfalten vermag, eine Erfahrung, die er später auf Werke bildender Kunst übertrug. So sprach er konkret davon, dass man ein Kunstwerk nicht erklären kann, sondern dass man es in die Präsenz holen müsse, indem man es aufführe wie ein Musikstück.[9]

Dieses Verständnis findet sich nicht nur in seinen theoretischen Studien, wenn er zum Beispiel davon ausgeht, dass sich ein Bild erst im Akt des Sehens konstituiert und damit das Sehen selbst zum Gegenstand macht. Er übersetzte es auch auf seine Art und Weise, Kunst anderen zu vermitteln. So waren seine Vorlesungen in Bochum legendär, in denen er die Kunst eindrücklich neu zu beleben vermochte.

Für Imdahl war entscheidend, sich auf die Rezeption von Kunst vorbehaltlos einzulassen und das Werk sukzessiv im Prozess der Betrachtung zu entfalten. Diese Struktur passt natürlich zu der des Gesprächs, in dem es zusätzlich sogar zur Vielstimmigkeit kommt. Imdahl wird darauf gesetzt haben, dass über die eigene aktive Teilhabe, insbesondere durch das gemeinsame Erleben, sich auch der besondere Reiz dieser Kunstwerke übertragen lässt.

Vor dem Hintergrund der Verfemung zeitgenössischer Kunst während der nationalsozialistischen Diktatur in Deutschland sah Imdahl es als einen humanistischen Auftrag, die moderne Kunst aus einer rein fachtheoretischen Diskussion herauszulösen und einem „fachfremden", breit gefächerten Publikum zu vermitteln. Erste Erfahrungen mit solchen Gesprächsrunden sammelte er bereits im Rahmen seiner Tutorenstelle am Aaseehaus-Kolleg, die er nach seiner Promotion erhielt. Später waren es dann vor allem die Gespräche mit den Vertrauensleuten der Bayer-Werke Leverkusen, denen sich diese Untersuchung widmet. Die Ernsthaftigkeit seines kunstvermittelnden Engagements wird deutlich, wenn man sich bewusst macht, dass er ab 1979 bis kurz vor seinem Tod kontinuierlich drei bis vier Seminare pro Jahr durchführte. Parallel dazu veranstaltete er auch einige Seminare mit Vertrauensleuten bei der IG Chemie-Papier-Keramik auf Bundesebene, sowie mit leitenden Angestellten, die jedoch nicht so erfolgreich waren.

Rückblickend bezeichnete Imdahl diese Seminare als die „risikoreichsten Veranstaltungen überhaupt" und man spürt die große Verantwortung, die er sich selbst damit auferlegte.[10] Er befürchtete, dass, wenn sie nicht ‚gelängen', sich die Vorurteile gegenüber moderner Kunst noch verfestigen könnten und er der Kunst damit mehr geschadet als genützt hätte. Bezeichnend ist, dass er in seiner autobiografischen Skizze recht umfassend darauf zu sprechen kommt und bekennt, dass die Erfahrungen, die er anlässlich dieser Gespräche sammeln konnte, für ihn persönlich besonders wichtig waren.[11]

---

1 Richard Hoppe-Sailer in einem Gespräch mit den Autorinnen im März 2022 an der Kunsthochschule Kassel.

2 Vgl. Wagner, Elisabeth (1999): Kunstszenarien in Unternehmen, Berlin 1999 sowie dies: Seh-Experimente. Bildergespräche mit Angestellten und gewerblichen Mitarbeitern der Bayer AG Leverkusen, in: Gehrke, Renate, Johannson, Kurt, Wagner, Elisabeth (Hrsg.): Räume schaffen. Neue Ansätze kultureller Weiterbildung von Arbeitnehmerinnen und Arbeitnehmern, Essen 1996, S.303–364.

3 Wagner, Elisabeth: Stationen der Kunstvermittlung – Vom Altarbild zur Interaktion, in: Förderverein Kurt-Lorenz-Preis e.V. Leverkusen: Kunstvermittlung heute. Kunst in Leverkusen nach 1945, Leverkusen 2000 (unveröffentlicht), S. 6–21. Einer ähnlichen Diktion folgt auch der Soziologe Thomas Loer, der für seinen Beitrag in derselben Publikation der Bayer AG einige Passagen des unveröffentlichten Audiomaterials transkribierte, um daran ebenfalls das (geglückt) „Modellhafte" dieser Gespräche aufzuzeigen. Er macht dies vor allem an der Ernsthaftigkeit und dem Engagement Imdahls fest, wodurch es ihm hier beispielhaft gelingt, Kunsterfahrung mit Alltagserfahrung zu verknüpfen. Thomas Loer: Mentor ins Offene. Max Imdahls Kunstvermittlung als Modell, in: (ebd.), S. 26–31.

4 Die ‚Situation Kunst' in Bochum hat es ermöglicht, über einen QR-Code in die Audiospur des Gesprächs vom 06.02.1979 hineinzuhören (siehe 4. Kapitel, S. 65).

5 Boehm, Gottfried: Die Arbeit des Blicks, in: ders. (Hrsg.): Max Imdahl. Gesammelte Schriften, Band III, Frankfurt a.M. 1996, S. 12.

6 Imdahl, Max: Bis an die Grenzen des Aussagbaren..., in: Sitt, Martina (Hrsg.): Kunsthistoriker in eigener Sache, Berlin 1990, S. 245–272.

7 Ebd., S. 247.

8 Ebd., S. 251.

9 Handschriftliche Notiz Imdahls in seinem Manuskript „Moderne Kunst", o. J., Nachlass.

10 Imdahl 1990, S. 270.

11 Ebd.

1 DAS QUELLENMATERIAL UND SEINE WIRKUNG

TRANSKRIPTE UND AUDIOMATERIAL

Der Quellenkorpus unserer Untersuchung setzt sich aus zwei Hauptbestandteilen zusammen: der Publikation mit sechs Transkripten ausgewählter Gespräche (Max Imdahl (Hrsg.): Arbeiter diskutieren moderne Kunst. Seminare im Bayerwerk Leverkusen, Berlin 1982) sowie dem originalen Audiomaterial des Gesprächs vom 06.02.1979 (digitalisiertes Tonband).[1]

Wir stützen uns im Folgenden ausschließlich auf die publizierten Gespräche zur modernen Kunst. Es gibt darüber hinaus eine weitere Publikation aus dem Jahr 1988 mit Transkripten zweier Gespräche mit Max Imdahl zur niederländischen Malerei des 17. Jahrhunderts sowie zum „Einfluss der Fotografie auf die Malerei des 19. Jahrhunderts", die von Richard Hoppe-Sailer redaktionell bearbeitet und dann im Eigenverlag der Bayer-Werke erschienen ist.[2]

Das Audiomaterial umfasst insgesamt sechs digitalisierte Tonbänder, wobei nur eins der transkribierten Gespräche vollständig als Audio-Aufnahme vorhanden ist (01A und als Fortsetzung 04A). Es handelt sich dabei um das erste Gespräch in der genannten Publikation (im Folgenden als Gespräch 1 bzw. im Text abgekürzt #1). Es gibt eine weitere Ton-Aufnahme, bei der Imdahl die Werke von Vasarely und Albers bespricht (02A), eine kaum verständliche Aufnahme (03A), eine weitere, bei der Imdahl Giotto und Albers in Beziehung zueinander setzt (05A) sowie eine Aufnahme mit einem Gespräch, in dem es um Albers und Picasso geht, das aber eine schlechte Tonqualität aufweist (06A). Von Seiten der Bayer AG wurde kürzlich noch das Audiomaterial eines weiteren Gesprächs vom 13.03.1979 (1-Track1-6 und 2-Track1-5) zur Verfügung gestellt (Gespräch 7). Hier verhandelt Imdahl Albers und Picasso. Für die Gesprächspassage zu Albers liegt zudem ein unveröffentlichtes Transkript-Fragment vor. Weil sich aus diesem Material jedoch keine neuen Erkenntnisse ergeben, wurde es nicht in unsere Untersuchung einbezogen.[3]

Der Ausgangspunkt unserer Arbeit war also die genannte Publikation der Transkripte, die seit 1982 vorlag. Uns beschäftigte dabei vor allem die Tatsache, dass diese Gespräche bislang noch nicht aus kunstpädagogischer Perspektive untersucht wurden, obwohl es hier um ein Format der Kunstvermittlung geht, das beispielsweise der Rezeption von Kunst im Kunstunterricht sehr ähnlich ist.[4] Die Tonbänder dazu waren bisher in der ‚Situation Kunst' im Archiv verwahrt, konnten aber nicht angehört werden. Erst im Frühjahr 2022 wurden die Bänder digitalisiert, sodass sie nun in die vorliegende Publikation einbezogen werden konnten.

Die zusätzliche Heranziehung der Audioquellen stellte sich als wesentlich für die Arbeit mit den Transkripten heraus, da sich hier eine signifikante Differenz zwischen dem Eindruck der transkribierten Gespräche und dem originalen Audiomaterial ergeben hat. So mussten zentrale Annahmen und Thesen nach der Rezeption des Audiomaterials angepasst werden. Aufgrund der geschilderten Quellenlage konnte zunächst nur das Gespräch 1 komplett als Transkript mit dem Audiomaterial abgeglichen werden (s. Kapitel 4). Alle anderen Transkripte lagen nicht als Audiodatei vor. Daher beziehen sich die folgenden Feststellungen ausschließlich auf dieses Gespräch.

Beim Prozess des Abgleichens fiel auf, dass das Transkript das Gespräch formal in stark geglätteter Form wiedergibt. Die Subsummierung aller TeilnehmerInnen unter das Kürzel „T." beeinflusst die Wirkung des Transkripts maßgeblich. Es ist nicht mehr nachvollziehbar, wer wann spricht und vor allem, wann sich jemand wiederholt äußert. Zudem ist nicht ersichtlich, dass auch Frauen an den Gesprächen teilnahmen und teilweise wesentliche Beiträge leisteten. Dieses Vorgehen reduziert die Komplexität und Lebendigkeit der Beiträge deutlich. Gleiches gilt für die Subsumierung der Diskussionspassagen unter das Kürzel „Durcheinander". Hier ist letztlich nicht nachvollziehbar, um welche Form von Diskussion und Gespräch es sich handelt, welche Atmosphäre dabei herrscht, ob gelacht, getuschelt, diskutiert wird usw. Selbst klar verständliche Zwischenrufe wurden nicht transkribiert. Insgesamt lässt sich feststellen, dass offenbar bei der Transkription keinerlei Wert auf den performativen Aspekt der Gespräche gelegt wurde, was aber gerade bei dieser Gesprächsform und der Art, in der Imdahl mit den TeilnehmerInnen spricht, sehr wesentlich scheint.

Darüber hinaus fällt auf, dass es viele Auslassungen gibt, was auch sehr lange Passagen betrifft. Sie sind zwar im Audiomaterial gut verständlich, wurden aber bei der Transkription weggelassen. Bedauerlicherweise wird auch dies nicht durch Auslassungszeichen im Text gekennzeichnet, sondern erschließt sich erst im parallelen Hören des Tonmaterials.[5] Das führt zu inhaltlichen Missverständnissen bei der Lektüre, die beispielsweise durch nicht mehr passende Anschlüsse im Text zustande kommen. Diese Kürzungen wirken wenig systematisch, scheinen teilweise willkürlich vorgenommen zu sein und sind nicht immer nachvollziehbar. Zudem wurden im Transkript an einigen Stellen Begriffe ausgetauscht (beispielsweise „Lebende" statt „Liebende"), auch Satzstrukturen wurden verändert. Manchmal scheint dies bewusst vorgenommen worden zu sein wie im Fall des ‚rheinischen Du', das herausgenommen wurde, teilweise wurden offenbar Begriffe einfach falsch verstanden. In einigen seltenen Fällen werden auch Äußerungen Imdahl zugeordnet, obwohl sie von den TeilnehmerInnen stammen.

Die raue und ungeschliffene Wirkung der Transkripte, die zunächst durch ihre vermeintliche Authentizität eine gewisse Anziehungskraft ausstrahlen, muss nun relativiert werden. Die Gespräche sind zwar im Transkript tatsächlich in vielerlei Hinsicht sehr direkt und roh wiedergegeben, gleichzeitig wurden sie durch die Art der Transkription erheblich verformt, sodass die eigentliche Lebendigkeit, Spannung und Performativität der Gespräche kaum transportiert wurde. Einzig die Monologe von Imdahl erscheinen vollständig und authentisch, alle anderen Teile des Gesprächs können nicht durchgängig als authentisch wiedergegeben gelten.

Da sich unsere Arbeit an den Transkripten vor allem auf den Inhalt bezieht, wurden zitierte Passagen etwas angepasst. Offensichtliche Tippfehler wurden korrigiert, die Abbildungshinweise um das entsprechende Werk ergänzt bzw. in den hier wiederabgedruckten Passagen mit den entsprechenden Abbildungshinweisen unserer Publikation abgeglichen. Auch bei der nachgeholten Transkription fehlender Passagen (Kapitel 5) wurde nicht jeder Laut (z.B. ähm, hm) dargestellt.

Die Transkripte wirken sehr langatmig mit ihren vielen Redundanzen. Imdahls Monologe beherrschen die Gespräche.[6] Die Interaktion der Gruppe tritt völlig in den Hintergrund und scheint sehr auf die Person Imdahls fokussiert. Er wirkt dadurch dominant, zuweilen belehrend und weist die TeilnehmerInnen öfter zurecht. Zudem hat man bei der Lektüre den Eindruck, dass es bei den Teilnehmenden primär zwei Fraktionen gäbe, die einen, die Imdahl sehr kritisch gegenüber auftreten und die anderen, die ihm wiederum sehr wohlwollend begegnen. Insgesamt wirken die Gespräche häufig recht konflikthaft, so dass man den Eindruck gewinnt, als gäbe es teilweise eine streitähnliche Interaktion zwischen Imdahl und den TeilnehmerInnen. Zudem legen die Transkripte ebenfalls nahe, dass es häufiger inhaltliche Sprünge gäbe, die auf Konflikte oder Auseinandersetzungen zurückzuführen seien. Auch verwundert, dass Imdahl vor Drucklegung ganz offensichtliche ‚Fehler', auf die ihn teilweise sogar die Teilnehmenden hinweisen, nicht korrigiert hat: dass die Felder bei Bill keine Rhomben sind, wie Imdahl wiederholt sagt. Oder auch die Tatsache, dass bei Albers keine „optische Täuschung" vorliegt, was die Teilnehmenden oftmals behaupten und was Imdahl fälschlicherweise sogar einmal bestätigt.[7]

Im Unterschied dazu rückt mit dem Audiomaterial die soziale und interaktive Komponente der Gespräche in den Vordergrund. Insgesamt wird eine sehr wohlwollende, vom rheinischen Temperament, Dialekt und Humor geprägte Atmosphäre spürbar, die durch das Audiomaterial dem Gespräch 1 eine völlig neue Grundierung verleiht (vgl. hierzu Kapitel 4). Nun werden die Interaktionen weitaus stärker vom gegenseitigen Austausch und dem Hin- und Her der Diskussion geprägt als von Imdahls Monologen. Überhaupt rückt Imdahl als Bezugsgröße deutlich in den Hintergrund. Er muss teilweise regelrecht um die Aufmerksamkeit der Gruppe ringen, die sich häufig in murmelnden Nebengesprächen verliert. Imdahl wirkt hier sehr viel nahbarer und menschlicher, da seine chaotische, gehetzte und etwas verwirrte Art hervortritt. Gleichzeitig wird aber auch seine Fähigkeit und Lust nachvollziehbar, auf die TeilnehmerInnen einzugehen und mit ihnen gemeinsam die Sache zu verhandeln, die ihm so am Herzen liegt. Außerdem werden seine Leidenschaft und Emphase deutlich, die sich oft in der melodischen Intonation seiner Rede ausdrücken.

Die Teilnehmenden wirken hier viel selbstbewusster, interessierter an der Sache und engagierter im Gespräch. Gleichzeitig treten sie weniger konflikthaft oder provozierend auf, als es das Transkript nahelegt. Zudem werden nun deutlich bestimmte Typen identifizierbar, die mit verschiedenen Ansätzen und Erwartungen an das Gespräch und die Werke herangehen. Besonders überraschend ist die Präsenz von vier Frauen,die sich stark in das Gespräch einbringen. Eine von ihnen kritisiert sogar ganz offen Imdahl und seine Methode, ohne ihn jedoch persönlich anzugreifen.[8] Darüber hinaus fällt auf, dass die Frauen die einzigen Teilnehmenden sind, die ihre Wortbeiträge teilweise mit einer Abwertung ihrer eigenen Kompetenz einleiten.

Das Kürzel „Durcheinander" löst sich im Audiomaterial in ein heterogenes, sehr vielgestaltiges Miteinander-Sprechen auf, das von herzhaftem Lachen bis hin zu unverständlichem Gemurmel reicht, das Imdahls Monologe übertüncht.

Ein weiterer Aspekt des Audiomaterials ist die Musikalität der Gespräche. Es gibt ein ständiges Auf- und Ab in Rhythmus, Tempo und Lautstärke, das das Gespräch strukturiert und lebendig erscheinen läßt. Insbesondere Imdahl spricht relativ schnell im Vergleich zu den Teilnehmenden. Er variiert immer wieder die Lautstärke von leise/zart bis zu laut/leidenschaftlich, betont einzelne Worte und Passagen als wichtig oder richtig empfundene Aussagen der Teilnehmenden („das ist unglaublich, was Sie da sagen"), bringt sich selbst in Schwung und aktiviert die Gruppe. Sein Habitus bzw. die Intonation erinnert an Paul Henckels karikierende Darstellung des Professor Bömmel in der Feuerzangenbowle („Wat is ne Dampfmaschin?"; hier: „Wat is ne optische Täuschung?").

---

1 Insgesamt fanden allein in den Jahren 1979/80 zwölf Gespräche statt, aber nur sechs wurden transkribiert und publiziert. Im Anschluss wurde die Gesprächsreihe fortgesetzt. Allein 1986 wurden nochmals acht Termine zum „Einfluss der bildenden Kunst auf menschliches Verhalten" angefragt (Schreiben der Bayer AG an Imdahl, Nachlass, 29. Oktober 1986), die aber vermutlich nicht mehr zustande kamen, weil Imdahl bereits Ende 1988 verstarb.

2 Vgl. Hoppe-Sailer, Richard (Redaktion): Diskussionen über Malerei mit Max Imdahl, Seminare mit Vertrauensleuten der Bayer AG Leverkusen. Dokumentation, (o.O.) 1988 (unveröffentlicht).

3 Imdahl bespricht im Gespräch 7 zunächst Albers, dann folgen drei Werke von Picasso. Die Werkauswahl entspricht der der Gespräche 1 und 4, wobei Imdahl statt Bills Farbfeldern ein kubistisches Bild mit Streichinstrument von Picasso zur Diskussion stellt. Dieses Gespräch ist stark von vielen langatmigen Monologen Imdahls geprägt, in denen er die gezeigten Werke mehr oder weniger alleine

bespricht. Die Beiträge der Teilnehmenden sind ausgesprochen rar. Imdahl versucht zwar immer wieder, das Gespräch zu öffnen, trifft aber auf eine sehr zurückhaltende Gruppe, die wenig eigene Beiträge anbietet, mit denen er arbeiten kann. Diese wenigen Passagen eines gemeinsamen Sprechens werden vermutlich ausschlaggebend dafür gewesen sein, dass dieses Gespräch nicht für die genannte Publikation von 1982 ausgewählt wurde. Interessant ist, dass dieses Audiomaterial offenbar auch bereits Thomas Loer vorlag, der einige Passagen daraus für seinen Aufsatz transkribierte: Thomas Loer (2000), S. 28ff.

4 Zur Forschungslage s. Einleitung.

5 In der Untersuchung des Audiomaterials im Kapitel 4 wurden diese Passagen entsprechend mit einem Unterstrich gekennzeichnet.

6 Wobei das nachträglich zur Verfügung gestellte Gespräch 7 deutlich macht, dass der Anteil der Monologe Imdahls offenbar noch weitaus größer ausfallen kann als in den publizierten Gesprächen 1–6.

7 I. „Eine optische Täuschung, richtig“ (#4, 100).

8 Siehe Listen der Teilnehmenden in den Publikationen: Max Imdahl: Arbeiter diskutieren moderne Kunst, Seminare im Bayerwerk Leverkusen, Berlin 1982, S. 175 sowie Richard Hoppe-Sailer (Redaktion): Diskussionen über Malerei mit Max Imdahl, Seminare mit Vertrauensleuten der Bayer AG Leverkusen. Dokumentation, (o.O.) 1988 (unveröffentlicht), S. 91.

2 ZIELE DER EINZELNEN AKTEURE

ZIELE MAX IMDAHL

Für Max Imdahl bestand das zentrale Ziel der Gespräche darin, bei Menschen, die bislang wenig Berührungspunkte mit moderner Kunst hatten und ihr üblicherweise eher mit Vorurteilen begegneten, ein „Interesse zu wecken". Er wollte sie „neugierig machen" und bewirken, dass sie sich dieser Kunst gegenüber „öffnen".[1] Damit ging es ihm grundsätzlich um die Kultivierung einer inneren Haltung, die darauf abzielt, sich einzulassen auf bestimmte Erfahrungen, die aus seiner Sicht nur mit und an Werken der (modernen) Kunst zu machen sind.[2] Dieses Anliegen war für Imdahl mit einem „Risiko" verbunden, was er zu Beginn aller Gespräche nachdrücklich betonte. Es bestand für ihn darin, dass, wenn ein Gespräch nicht gelänge, sich die Vorurteile und allgemeine Skepsis gegenüber moderner Kunst verfestigen würden: „(...) dann ist der Sache mehr geschadet, als wenn die Sache gar nicht erst zur Sprache gekommen ist." (#7.1)

Neben diesen allgemeineren Zielen lassen sich Weitere aus den Gesprächen selbst, aber auch aus Interviews mit Imdahl, aus Begleittexten der Gespräche sowie aus Kommentaren von Kollegen wie Gottfried Boehm rekonstruieren. Diese Ziele charakterisiert, dass dabei verschiedene Ebenen eine Rolle spielen und sich gegenseitig bedingen: so Imdahls persönliche Vorlieben, seine fachlichen Fragestellungen, sein gesellschaftlicher Anspruch, aber auch sein durchaus erzieherischer Impuls.

Ein erstes wichtiges Ziel ist bereits mehrfach angesprochen worden. Es ergibt sich aus Imdahls Verhältnis zur damals zeitgenössischen Kunst. Imdahl ist Ende der 1960er Jahre einer der wenigen Kunsthistoriker, der sich überhaupt „intensiv mit der Kunst der Gegenwart" beschäftigt.[3] Er selbst begründet dies damit, dass die moderne Kunst in seiner Zeit in Bochum „noch zu erschließendes Neuland" gewesen sei.[4] Die moderne, vor allem ungegenständliche Kunst, litt immer noch unter der Diffamierung durch das NS-Regime und gelangte erst in der Nachkriegszeit zu einem größeren öffentlichen Ansehen. Trotzdem wurde sie lange von der Kunstgeschichte ausgespart und eher stiefmütterlich behandelt.[5] Bernd Growe spricht noch 1984 in der Zeitschrift Weltkunst von einer „Rezeptionslücke".[6] Imdahl hingegen wollte sich der modernen, speziell der ungegenständlichen Kunst bewusst annehmen.[7]

Die Missachtung, mit der man der modernen Kunst auch noch in der Zeit Imdahls begegnet ist, muss daher für ihn geradezu unerträglich gewesen sein. Diese Haltung ist vor dem Hintergrund seiner eigenen biografischen Erfahrung mit dem NS-Regime und dem Stigma der ‚Entarteten Kunst' zu sehen. So repräsentiert für ihn die ungegenständliche Kunst sicherlich auch einen Gegenpol zum Faschismus und verkörpert ein demokratisches, humanistisches Weltbild. Sie ist viel mehr als ‚nur' eine Kunstform oder Stilrichtung. Sie vertritt in ihrer Autonomie und Selbstbezüglichkeit das Menschliche ganz grundsätzlich. Deshalb wollte Imdahl die ungegenständliche Kunst möglichst vielen Menschen zugänglich machen, sie dafür begeistern und damit diese künstlerische Ausdrucksweise aus ihrer Isolation holen. Schließlich war keine Kunstform für ihn näher am Leben, am Menschlichen. Sie steht für den Aufbruch in ein neues Zeitalter, eine neue Gesellschaft, die sich ihre Grundwerte erst wieder erarbeiten muss, wozu sie einen wesentlichen Beitrag leisten kann.

Diese historische Bezugnahme wird bei Imdahl von einer tiefen Skepsis gegenüber dem zeitgenössisch (noch) ungebrochenen Glauben an den wissenschaftlichen Fortschritt begleitet. Für Imdahl muss dieser Fortschrittsgläubigkeit die Bedeutung der Kunst an die Seite gestellt werden. Mit Berufung auf Schiller ist es das Doppel von Rationalität und Sinnlichkeit, derer eine Gesellschaft bedarf, um sich vital zu entwickeln. So sei es insbesondere die Kunst, die „zur Selbsterfahrung des Menschen als Mensch"[8] anrege, weil sie im Unterschied zur Naturwissenschaft einen „subjektiv-individuellen" Zugang fordere. Die Kunst wird für Imdahl damit zum notwendigen Erkenntnismodell bzw. zum Spiegel gesellschaftlicher Verfasstheit, aber nur in dem Maße, wie ihr dafür Raum gegeben wird.[9]

Imdahls Anliegen, die moderne Kunst einer breiteren Öffentlichkeit zugänglich zu machen, ist im Kontext dieses demokratischen Verständnisses von Kunst zu sehen. So fragt er provokant: „Wie dürfte die Kunst unserer Zeit nur eine Sache für wenige Eingeweihte sein?"[10] und verknüpft damit den Anspruch einer „wirkliche(n) Demokratisierung der Kunst."[11] Für diese Aufgabe eignen sich aus seiner Sicht insbesondere Kunstwerke, die sich rein aus der Anschauung und ohne große Vorbildung erschließen lassen.[12] Aber dieses ‚einfache' Hinschauen gerät schnell zur Herausforderung, weil ungegenständliche Kunst wiederum kein Wiedererkennen von etwas (Vertrautem) ermöglicht, dessen man sich versichern kann. Sie fordert statt eines wiedererkennenden Sehens ein sehendes Sehen, auf das man sich (zunächst vorbehaltlos) einlassen muss. Dafür möchte Imdahl in den Gesprächen Raum geben und den Teilnehmenden aufgrund seines Erfahrungsvorsprungs Wege bahnen.

Dieser damit verknüpfte aufklärerische Impuls gründet in einem immer wieder aufblitzenden Sendungsbewusstsein. In seinen Vorreden, mit denen er die Gespräche einleitet, verneint Imdahl dies zwar mehrfach. Er will die Teilnehmenden ausdrücklich weder zu „Apologeten" noch zu „Fanatikern" oder gar zu „überzeugten Anhängern" machen.[13] „Immer wieder habe ich betont, daß es nicht darum gehen könne, die Teilnehmer binnen zweier Stunden in Fans der modernen Kunst zu verwandeln."[14] Aber gerade die explizite Verneinung und die Häufigkeit der Verwendung dieser Feststellung in jeder Vorrede hinterlassen den Eindruck, dass es ihm eigentlich genau darum ging. Er möchte mit den

Gesprächen nicht nur ein Verständnis für die Sinnhaftigkeit dieser Kunst wecken. Er möchte, dass seine eigene Leidenschaft für die Sache ansteckend wirkt und damit überspringt.

Ein weiteres Ziel kann in der Bereitschaft gesehen werden, sich auf diese Kunst einzulassen. Denn auch wenn es im Umgang mit ungegenständlicher Kunst, wie bereits im ersten Abschnitt angedeutet, keines kunsthistorischen Vorwissens bedarf, keiner Expertise im eigentlichen Sinne, so fordert sie dennoch die Bereitwilligkeit, Neuland zu betreten und sich damit auf ein gewisses Risiko einzulassen. Jeder ist in der eigenen Wahrnehmung gefordert; jeder muss dem eigenen Sehen vertrauen und sich auf die Seherfahrung einlassen. Elisabeth Wagner formuliert das so: „Es bedarf einer Anstrengung, den auf Informationsgewinn und nützliches Bescheidwissen ausgerichteten (Alltags-) Blick zugunsten der Erfahrung des Unbekannten und Fremden zurückzustellen oder sogar auszuschalten."[15] Die Kernvorstellung Imdahls war es also, eine Bereitschaft zu kultivieren, sich auf die gezeigten Werke ‚einzulassen', sich kognitiv und emotional am gemeinsamen Gespräch zu beteiligen und es aktiv mitzugestalten. Für diese Bereitschaft und den damit verbundenen Kraftaufwand lieferte er als Person das Modell: sich mit großer persönlicher und geistiger Intensität in eine Auseinandersetzung zu begeben, manchmal bis an die Grenzen der eigenen physischen Möglichkeiten.

Im Fokus der Gespräche stand daher nicht das wiedererkennende Sehen, sondern das sehende Sehen in Bezug auf eine Kunst, die eine solche Zugangsweise regelrecht einfordert. So formuliert Imdahl programmatisch: „Bilder der modernen, gegenstandslosen Kunst existieren ohne Rückbezug auf eine außerbildlich vorgegebene, figürliche oder auch dingliche Sichtbarkeitswirklichkeit. Sie sind nicht am Maßstab eines außerbildlichen Sichtbarkeitskorrelats zu messen. Gegenstandslose Bilder sind Anschauungssache eigener Art, und der Sinn, den sie offenbaren können, ist ein sich der Anschauung offenbarender Sinn. Bildstruktur und Sinnstruktur sind ein und dasselbe."[16]

Deshalb nutzte Imdahl in den Gesprächen auch nur gelegentlich ein vergleichendes Sehen, um bestimmte Einsichten zu fördern. Es ist vielmehr das Konkretum des einzelnen Werks, das für ihn zentraler Ausgangspunkt und Kristallisationskern in einem ist. Die konkreten Bedingungen des Werks, seine formalen Gegebenheiten, seine innere Struktur, das Zusammenspiel der einzelnen Bildelemente, die eigene, spezifische Sprache des Werks waren für ihn Dreh- und Angelpunkt der Kunstbetrachtung. Die volle Konzentration darauf ist die unabdingbare Voraussetzung für die Erschließung des Werks, aber eben auch nicht mehr als das. Jede Form von Kontextinformation wäre hier störend bzw. wenig hilfreich. Daher konnte davon ausgegangen werden, dass, wenn man diese Werke nur in der Betrachtung, also mithilfe und eines unverstellten Blicks und einer intensiven ‚Augenarbeit' bewältigen und erschließen kann, sich insbesondere die ungegenständliche Kunst gut für die Betrachtung mit Laien eignet.

Neben der Forderung, sich auf diese zwar ‚niedrigschwellige', aber doch ungesicherte Zugangsweise einzulassen, gilt es auszuhalten, dass der Prozess der Erarbeitung in gewisser Weise immer unabgeschlossen bleibt. Das liegt an der Mehrdeutigkeit des Werks, die einerseits ermöglicht, es immer wieder neu und anders zu sehen, die andererseits aber auch eine permanente Aktualisierung abverlangt. Darüber hinaus liegt diese Unabgeschlossenheit des Erkenntnisprozesses auch darin begründet, dass die Wirkung der Werke, ihre eigene (bildnerische) Sprache, die Simultaneität von Ansichten und Bildelementen, nie völlig in der begrifflichen Sprache aufgehen kann. Text und Bild kommen einfach nicht zur Deckung.

So ringt Imdahl immer wieder um die Möglichkeit, überhaupt ansatzweise ein visuelles Werk in eine angemessene Begrifflichkeit zu übersetzen. Und das in dem Bewusstsein, dass dies letztlich ein sinnloses Unterfangen bleibt: „Was immer der Betrachter in einem Werk beobachtet, was immer ihm daran nah erscheint – es ist zugleich ganz fern, bezogen auf unsere diskursiven Möglichkeiten, es definitiv zu bestimmen. Diese Spannung reizt Auge und Verstand, den Abstand auszuloten, sich der Sache, sie bestimmend, anzunähern. Die begrifflichen Mittel und das konkrete Werk lassen sich nicht wirklich zur Deckung bringen."[17]

Insbesondere diese Unmöglichkeit, zu einem Abschluss zu kommen und damit den Erkenntnisprozess in der Schwebe halten zu müssen, schien Imdahl in besonderer Weise zu faszinieren. In der Schulung des Sehens, aber auch des Sprechens, geht es um die Erweiterung des Vorstellungsvermögens, um die Sensibilisierung für die Differenz zwischen Sehen und Sprechen sowie um ein Aushalten der Unabschließbarkeit eines solchen Verstehensprozesses. Gleichsam als Belohnung für die damit verbundenen Anstrengungen winkt für Imdahl das „Evidenzerlebnis" als eine gesteigerte, verdichtete Erfahrung von Präsenz. Ein solches Evidenzerlebnis stellt sich oftmals ganz plötzlich und unvermittelt ein, nach einer längeren Zeit des Nachdenkens und Umkreisens eines Problems als ein Moment unmittelbaren Einleuchtens, charakterisiert von subjektiver Gewissheit. Imdahl benennt das in den Gesprächen immer wieder als den eigentlichen „Pfiff" an der Sache. Dieses Evidenzerlebnis kann dann etwas zutiefst Befriedigendes haben, auch wenn der Verstehensprozess an sich weiter offen bleibt.

Für Imdahl boten diese Gespräche darüber hinaus eine Möglichkeit, seine theoretischen Annahmen sowie sein methodisches Vorgehen, das er sich über die Zeit erarbeitet hatte, zu erproben. So gehörte zu seinen Kernvorstellungen, dass ein einzelnes Werk nicht nur zu erklären, sondern in teilweise repetitiven Schleifen zu aktualisieren, ja „aufzuführen"[18] ist. Ein gemeinsames Durchlaufen des Seh- und Erkenntnisprozesses (ganz im Sinne des hermeneutischen Zirkels) war für Imdahl fundamental.

Zur Orientierung innerhalb eines solchen „kontrollierten Nachvollzug(s)", wie Gottfried Boehm diese „diskursive Überprüfung des Gesehenen"[19] nannte, hatte sich Imdahl zuvor in intensiven Werkbetrachtungen (die er alleine vor dem Original vollzog), teilweise hoch komplexe Thesen erarbeitet. Insbesondere vor Vorlesungen suchte er dann seine Mitarbeiter auf, wie u.a. Richard Hoppe-Sailer, um sie als ‚Sparrings-Partner' zu nutzen und so seine später zu präsentierenden Thesen zu testen bzw. zuzuspitzen. Dabei ging es ihm letztlich nie um eine Inszenierung der eigenen Person, sondern um das Werk, das auf diese Weise gleichsam auf die Bühne gerückt wird.

Ein wesentlicher Aspekt ist für Imdahl die Mehr- bzw. Doppeldeutigkeit insbesondere der abstrakten Kunst. Die Ambivalenz, die ihr zugrunde liegt, verweist für ihn auf grundlegende Fragen und Krisen unserer menschlichen Natur und Existenz. Daher ist ein Strukturmerkmal der Thesen, die er in Bezug auf die Werke formuliert und im gemeinsamen Gespräch mit der Gruppe versucht zu vergegenwärtigen, auf diese Mehrdeutigkeit hinzuweisen bzw. sie besonders hervorzuheben.

Imdahl hat diese Struktur an den Bildwerken einiger Künstler kenntlich gemacht, vor allem jedoch an der *Strukturalen Konstellation* von Josef Albers, die auch in den Gesprächen mit den Vertrauensleuten häufig Gegenstand der Auseinandersetzung ist. Imdahl spitzt die Mehrdeutigkeit dieses Werks in der These ‚das Einfache im Komplizierten' zu. Ihn beschäftigt dabei die Erkenntnis, dass etwas (scheinbar) ganz einfach sein kann und doch gleichzeitig sehr kompliziert ist. So ist die Zeichnung von Albers auf den ersten Blick schlicht, man meint, sie sofort zu verstehen. Bei längerem Hinsehen jedoch wird die Unmöglichkeit ihrer Struktur deutlich. Man kann sie nicht nachbauen, und sie existiert nicht in der uns umgebenden Realität. Sie ist unmöglich und trotzdem hat Albers sie gezeichnet. Gerade diese Spannung, also die Widersprüchlichkeit und damit verbundene Ausweglosigkeit bzw. Unauflösbarkeit sowie die trotzdem darin liegende Erkenntnis faszinieren Imdahl, weil sie „nicht nur der Kunst gilt, (...) aber in der Kunst bewusst wird"[20].

So wirft diese Kunsterfahrung den Rezipienten letztlich zurück auf das existenzielle (Da-) Sein, auf seine unabgeschlossene, nicht gänzlich durchdringbare Existenz. Für Imdahl ging es damit immer um mehr als nur um die Vermittlung einzelner Werke und ihrer Wirkung – für ihn ging es stets ums Ganze. Im Sprechen über Kunst werden die Grundfragen und -probleme der menschlichen Existenz aufgeworfen, denen man sich stellen kann und die es vor allen Dingen auszuhalten gilt. Eine Schulung des Sehens war für Imdahl daher immer auch verbunden mit einem Einüben in die prinzipielle ‚Unvordenklichkeit', in gewisser Weise als eine Erfahrung der Abgründigkeit menschlichen Seins, für die sich wiederum die Kunst als Trost anbietet.

ZIELE EBERHARD WEISE (BAYER AG)

Die Gespräche wurden vom damaligen Werksleiter und Arbeitsdirektor der Bayer AG Leverkusen, Professor Dr. Eberhard Weise, initiiert. Er sprach Max Imdahl gezielt an und versuchte ihn für ein Weiterbildungsprogramm des Unternehmens zu gewinnen. Die Bayer AG besaß bereits seit 1908 eine eigene Kulturabteilung, die über die eigene Arbeitnehmerschaft hinaus für ein kulturelles Programm in der Region sorgte.[21] Weise engagierte sich ab 1977 in diesem Bereich und regte speziell „kulturelle Projekte (an), die sich stärker auf Arbeitsabläufe und Qualifikationserfordernisse der Mitarbeiter bezogen."[22] Auch darüber hinaus scheint Weise ein starkes Engagement im Kunst-, Kultur- und Freizeitbereich auszuzeichnen. So wurde dieses Engagement noch 2017 anlässlich seines 90. Geburtstags vom Kölner Stadtanzeiger besonders hervorgehoben und man betonte, dass er 1980 unter anderem die Galerie am Werk begründet hat, die 25 Jahre später geschlossen wurde.[23]

In seiner Funktion als Arbeitsdirektor organisierte er von 1979 bis 1988 die Gespräche mit Imdahl im Rahmen des Fortbildungsprogramms für Vertrauensleute. Weise verfasste dementsprechend auch als Hauptinitiator ein Vor- bzw. Geleitwort zu den beiden Publikationen, die aus den Veranstaltungen mit Max Imdahl hervorgegangen sind. Es wird hierbei deutlich, dass Weise teilweise selbst bei den Seminaren anwesend war, sich dabei offenbar als „Beobachter des soziokulturellen Rahmens" sah. Er schildert, dass Imdahl ihn hier durchaus „nachdenklich berührt" habe.[24]

Im Vorwort zur Publikation mit den Gesprächen zur modernen Kunst formuliert Weise sehr deutlich die Demokratisierung von Kunst und Kultur als Zielsetzung für die Weiterbildungsprogramme der Kulturabteilung. Kunst und Kultur sind aus seiner Sicht für alle da und das bedeutet in seinen Augen auch, dass alle davon Ahnung haben sollten: „Wir sind von der Voraussetzung ausgegangen, daß unserer Kultur (...) eigentlich jedermanns Sache ist. Sie darf nicht nur wenigen Auserwählten überlassen bleiben. Aber wenn Gegenwartskunst jedermanns Sache sein soll, müssen wir alle bereit sein, uns damit zu beschäftigen. Es bedarf natürlich einer gewissen Vermittlung für diejenigen, die nicht täglich mit der modernen Kunst zu tun haben."[25] Er sieht hier also zum einen eine Art Verpflichtung von Seiten des Arbeitgebers, die Angestellten weiterzubilden und zwar in allen Bereichen, nicht nur jenen, die unmittelbar mit der eigenen Tätigkeit verknüpft sind. Zum anderen bedarf es dazu laut Weise eines geeigneten Vermittlers, wofür Imdahl in seinen Augen offenbar der Richtige war.

Elisabeth Wagner gibt in ihrer Studie zu „Kunstszenarien in Unternehmen" an, dass sich Weise in Bezug auf die Teilnehmenden eine „Reflexion von Vorurteilen" erhoffte, die dann zur allgemeinen „Kreativität und Innovationskraft" beitragen kann.[26] Interessant ist, dass Weise in diesem Zusammenhang einen Begriff benutzt, den auch Imdahl sehr häufig in den Gesprächen und in Texten dazu verwendet: das Experiment. Offenbar waren diese Gespräche auch für Weise ein Experiment, aber sicherlich aus anderen Gründen als für Imdahl. Weise etablierte damit ein ganz neues Format einer Weiterbildung, von dem er nicht wissen konnte, ob es funktionieren würde. Zudem erschloss sich für manche der Teilnehmenden sicherlich nicht unmittelbar, warum sie im Rahmen einer betrieblichen Fortbildung mit einem Professor für Kunstgeschichte über moderne Kunst sprechen sollten. Die Ungewöhnlichkeit dieser Art des Programms wurde damals auch in der Presse hervorgehoben: „Daß die Kulturabteilung eines Chemiemultis ihren Arbeitern und Angestellten Seminare anbietet, die an eine eigenständige Beschäftigung mit moderner Kunst heranführen sollen, ist aber unbedingt die Ausnahme – innerbetriebliche Weiterbildung ist meist auf die unmittelbaren Produktionsziele hin orientiert."[27]

Dies bestätigt auch Elisabeth Wagner: So sei eher eine unkommentierte Integration von Kunstwerken in die gemeinschaftlich-öffentlich genutzten Räume des jeweiligen Unternehmens wie bspw. die Kantine üblich gewesen, die dann vor allem dazu dienen sollten, eine anregende, kreative Atmosphäre zu schaffen. Ein explizites Vermittlungsprogramm bildete die Ausnahme. Wagner betont dabei, dass die Seminare als Teil des ‚Kulturellen Sonderprogramms' bewusst zur Halbzeit der dreitägig angelegten Fortbildungsmaßnahmen angeboten wurden und damit obligatorisch waren. In einem von ihr selbst mit Weise geführten Interview bestätigte er das, weil „ohne sanften Druck" dieses Bildungsprogramm nicht umsetzbar gewesen wäre.[28]

So war die Zielsetzung der Organisatoren zum einen davon bestimmt, dass bei den Teilnehmenden ein Defizit auszumachen sei, dem begegnet werden müsse: ihre „Vorurteile" gegenüber (moderner) Kunst[29] bzw. die mangelnde „Fähigkeit des Zuhörens."[30] Deshalb war es Weise wichtig, dass die verhandelten Zusammenhänge für jeden verständlich und zugänglich sein mussten im Sinne einer Reduktion von Komplexität (was mit einer schulischen Situation vergleichbar ist). Zum anderen gab es durchaus ressourcenorientierte Zielsetzungen, wie Walter Scharf rückblickend rekapitulierte: „Die Schulung der VL (Vertrauensleute) in ihrer Multiplikatorenrolle gegenüber der Belegschaft in Fragen der Bildung und des Geschmacks, Aneignung von Urteilsfähigkeit für die Auseinandersetzung unter Laien."[31] Hier wurde vor allem ganz konkret eine Schulung der Kommunikation und eine Bildung der Persönlichkeit angestrebt, als Ressourcen, die in die Belegschaft hineinwirken sollten.

Grundsätzlich war der Blick dabei ‚nach vorne' gerichtet und zwar, betont Elisabeth Wagner, auf das Gemeinsame von moderner Kunst und Industrie: „Beide leben weitgehend von Innovation und müssen daher progressiv sein. Dies gilt in der Industrie für das Management genauso wie für den einzelnen

Mitarbeiter."[32] Es sollten, so Weise, also nicht nur „unbedachte Vorurteile" abgebaut werden, sondern es galt, die in den Seminaren „gewonnenen Einsichten" zu verbreiten: im persönlichen Umfeld, aber auch im Werk und darüber hinaus.[33] Dem folgt auch die Idee der Publikation. Zudem sei „Kunst (...) hierarchiefrei, so Weise, und bilde deshalb für ihn einen guten Kontrast zur strengen Hierarchie eines großen Unternehmens wie Bayer."[34]

ZIELE TEILNEHMERINNEN

Zunächst muss nochmals betont werden, dass die Teilnahme an diesem „Kulturellen Sonderprogramm" nicht freiwillig war. Es bildete einen verbindlichen Programmpunkt im Rahmen einer dreitägigen Fortbildungsveranstaltung. Diese Fortbildungen wurden speziell für sogenannte Vertrauensleute angeboten und erfolgten auf Einladung des Betriebsrates. An Fortbildungsveranstaltungen nahmen jeweils ungefähr die Hälfte der gewählten VertreterInnen teil.[35] Jede Gruppe bestand aus ca. 30 Personen, darunter im Durchschnitt drei bis vier Frauen.[36]

Das hauptsächliche Ziel der Teilnehmenden wird deshalb zunächst in einer (erfolgreichen) Teilnahme am gesamten Fortbildungsprogramm bestanden haben, zu der auch dieser spezielle Programmpunkt gehörte. Darüber hinaus gehende Ziele lassen sich zum einen aus ihrer Funktion als Vertrauensleute und ihrer Stellung im Betrieb ableiten, zum anderen spielte die besondere Rahmung des Sonderprogramms eine wichtige Rolle: So mussten sie sich sowohl gegenüber den Zielsetzungen der Bayer AG verhalten als auch gegenüber den damit nicht unbedingt deckungsgleichen Imdahls.

Die Funktion der Vertrauensleute impliziert eine spezielle Stellung im Unternehmen. Vertrauensleute werden in den jeweiligen Statusgruppen für eine bestimmte Zeit (ca. zwei Jahre) gewählt. Anders als die Betriebsräte werden sie jedoch nicht für ihre Tätigkeit von ihrer Arbeit freigestellt, sondern bekommen z.B. das Angebot, an Fortbildungen teilzunehmen und haben während ihrer Arbeitszeit die Gelegenheit, als Multiplikatoren über diskutierte Themen zu informieren. Sie sind als Personen in der Regel besonders engagiert, kommunikativ und wollten etwas im Werk bewegen. Viele ihrer Tätigkeiten fallen in die Freizeit, was bei diesem Amt in Kauf genommen werden muss.

Vertrauensleute sind (ähnlich wie Personalräte) Sprachrohr der KollegInnen, Bindeglied zu den Betriebsräten, aber (noch) keine Funktionäre. Es sind oft besonders respektierte Personen, denen man sich anvertraut und die sich bei Problemen einsetzen. Einige, aber nicht alle, nutzen diese Tätigkeit, um in ihrer Karriere weiterzukommen (z.B. als Betriebsrat gewählt zu werden, was jedoch ungleich schwieriger ist).

Insgesamt kann man sagen, dass im Zeitraum der Gespräche mit Imdahl, also Ende der 1970er/Anfang der 1980er Jahre, in den Unternehmen noch eine Hochphase der Politisierung herrschte. Man organisierte sich und war sich sicher, dass sich gemeinsam etwas verändern ließe. So wird man die Teilnahme an den Fortbildungsveranstaltungen und auch an den Gesprächen mit Imdahl in der Regel nicht als eine lästige Pflicht gesehen haben, sondern durchaus als Möglichkeit, sich weiterzubilden, sich selbst zu positionieren und sich dadurch eine größere gesellschaftliche Teilhabe zu ermöglichen.[37]

Unter dem Motto „Kunst für alle" sollte in dieser Zeit vor allem zeitgenössische Kunst den elitären Rahmen von Museen und Galerien verlassen und einem breiten Publikum zugänglich gemacht werden. Insbesondere ‚Arbeiter' gerieten da ins Visier. Sie sollten stärker am Gesellschaftlichen partizipieren, z.B. sollte ihnen der soziale Aufstieg (vor allem durch Bildung) erleichtert werden, um sie zu ermächtigen.[38] Die Aussage von Joseph Beuys „Jeder Mensch ist ein Künstler." (1971) wurde als Feststellung und Aufforderung zugleich wahrgenommen, sich kreativ an der Veränderung der Gesellschaft zu beteiligen. Vor allem im Rheinland verfolgte man seine Aktionen in breiten Bevölkerungsschichten mit einer Mischung aus Skepsis und Neugier.

In den Gesprächen mit Imdahl wird deutlich, dass viele der Teilnehmenden durchaus informiert waren über Tendenzen zeitgenössischer Kunst und sich ihre Meinung dazu gebildet hatten. Auch die documenta in Kassel war ihnen ein Begriff und einige hatten sie sogar besucht. Daher werden einige der Teilnehmenden ebenfalls das (implizite) Ziel verfolgt haben, die Gelegenheit des Gesprächs nutzen zu wollen, um eigene Kenntnisse und Einstellungen zur zeitgenössischen Kunst mit einem Experten auf den Prüfstand zu stellen und gemeinsam zu diskutieren.

Das erklärt, weshalb sich einige durchaus irritiert zeigten, als Imdahl im Laufe des Gesprächs deutlich zu verstehen gab, dass er an allgemeinen Fragen zur modernen Kunst wenig interessiert ist und eine ganz andere Agenda verfolgte. So wies er in den Diskussionen ihre Anliegen öfter zurück bzw. lenkte sie mehr oder weniger geschickt wieder auf die von ihm gezeigten Werke. Letztlich konnte er sie aber immer wieder als Person für sich einnehmen. So erinnerte sich der ehemalige Betriebsratsvorsitzende Rolf Nitzard im Film „Sehenden Auges": „Er war in seinem Sinne ein bisschen verrückt. Aber genau das machte es ja so spannend. Er redet normal mit uns und kann trotzdem die dollsten Dinge erklären."[39]

---

1 Scharf, Walter: Fragen an Max Imdahl, in: Imdahl, Max: Arbeiter diskutieren moderne Kunst. Seminare im Bayerwerk Leverkusen, Berlin 1982, S. 169 und 171.

2 Ebd.: S. 146.
3 Schuchmann, Manfred E.: Beitrag für den Hessischen Rundfunk zur Veröffentlichung von „Arbeiter diskutieren moderne Kunst. Max Imdahl – Seminare im Bayerwerk Leverkusen" vom 19.01.1983, Nachlass Max Imdahl.
4 Vgl. Imdahl, Max (1990), S. 268.
5 Vgl. Boehm, Gottfried: Die Arbeit des Blicks, in: ders. (Hrsg.): Max Imdahl. Gesammelte Schriften, Band III, Frankfurt a.M. 1996, S. 7–41. S. 19f.
6 Vgl. Growe, Bernd: Die Moderne als Abenteuer, in: Weltkunst 54/3 (1.2.1984), zit. in: Hoppe-Sailer, Richard (Redaktion): Diskussionen über Malerei mit Max Imdahl, Leverkusen 1988, S. 16.
7 So wird Imdahl auch in der Presse in Bezug auf die ‚Arbeiter-Gespräche' attestiert, die moderne Kunst für eine breite Masse zugänglich zu machen und damit eine wichtige gesellschaftliche und kulturelle Aufgabe zu erfüllen: die „wirkliche Demokratisierung der Kunst", vgl. Schuchmann, Manfred E., in: Frankfurter Rundschau, Bücher von heute, 05. März 1983, S. IV.
8 Max Imdahl, in: Deutscher Künstlerbund, 30. Jahresausstellung Kunstpalast Düsseldorf (Ausst.katalog), Berlin 1982, S. 12f.
9 Ebd., S. 13.
10 Imdahl 1990, S. 270.
11 Schuchmann, Manfred E., in: Frankfurter Rundschau, Bücher von heute, 05. März 1983, S. IV.
12 Imdahl 1982, S. 130.
13 Ebd.; S. 146.
14 Scharf 1982, S. 171.
15 Wagner 1999, S. 170.
16 Sitt 1990, S. 254.
17 Boehm 1996, S. 8.
18 Handschriftlicher Kommentar Imdahls auf dem Vortragsmanuskript: Moderne Kunst, 1952 (Anlass unklar), Nachlass Imdahl.
19 Boehm 1996, S. 9.
20 Imdahl, Max: Moderne Kunst, in: Jahrbuch der Ruhruniversität Bochum 1982, S. 11, zitiert nach Wagner 1999, S. 148.
21 Wagner 1999, S. 141ff.
22 Ebd.; S. 142.
23 Vgl. Krieger, Ralf: Eberhard Weise wird 90 Jahre alt – Sein Engagement hat Leverkusen geprägt, in: Kölner Stadtanzeiger 18.06.2017. URL: https://www.ksta.de/region/leverkusen/stadt-leverkusen/bayer-werksleiter-eberhard-weise-wird-90-jahre-alt-sein-engagemen-hat-leverkusen-gepraegt-295182 (Zugriff 22.04.2023).
24 Weise, Eberhard: Begleitwort, in: Hoppe-Sailer, Richard (Redaktion): Diskussionen über Malerei mit Max Imdahl. Seminare mit Vertrauensleuten der Bayer AG Leverkusen, Dokumentation, o.O. (unveröffentlicht) 1988.
25 Weise 1982, S. 7.
26 Wagner 1999, S. 142. Sie bezieht sich damit auf Ausführungen von Eberhard Weise in seinem Vorwort in: Weise 1982, S. 7.
27 Schuchmann 1983, S. 3.
28 Vgl. Wagner 1999, S. 144.
29 Weise 1982, S. 7; Willnauer, Franz: Vorwort, in: Imdahl 1982, S. 9; Weise 1988, S. 3.; Scharf, Walter: Sozio-kulturelle Aktivitäten in Leverkusen seit 1977, in: Förderverein Kurt-Lorenz Preis e.V. Leverkusen (Hrsg.): Kunstvermittlung heute, (o.O.) 2000, S. 76.
30 Weise 1988, S. 3.
31 Scharf, Walter: Sozio-kulturelle Aktivitäten in Leverkusen seit 1977, in: Förderverein Kurt-Lorenz Preis e.V. Leverkusen 2000, S. 76.
32 Wagner 1999, S. 142f.

33 Weise 1982, S. 7
34 Meyer, Marion: Mäzen mit großem Herzen, in: Rheinische Post 05.01.2011, URL: https://rp-online.de/nrw/staedte/leverkusen/maezen-mit-grossem-herzen_aid-13659497 (Zugriff 22.04.2023)
35 Vgl. Wagner 1999, S. 144.
36 Ebd.
37 Diese Informationen verdanke ich einem Gespräch mit Rainer Mügel, der nach seinem Lehramtsstudium im Fach Kunst Ende der 1970er Jahre zunächst einige Zeit bei VW in Wolfsburg arbeitete, um sich dort bewusst politisch zu engagieren. Gespräch vom 28.07.2023.
38 Das wird auch der Grund für den zugespitzten Titel der Publikation „Arbeiter diskutieren Moderne Kunst" gewesen sein. Denn es waren ja nachweislich Arbeiter und Angestellte, die an den Gesprächen teilnahmen. So schreibt Eberhard Weise in seinem Vorwort zu „Arbeiter diskutieren moderne Kunst", dass „Arbeiter" für „Mitarbeiter" steht und Angestellte nur in geringerer Zahl an den Gesprächen teilgenommen hätten. Das entspricht einer Studie, die besagt, dass die Zahl der Arbeiter an Unternehmen zwar kontinuierlich sank, es 1950 aber noch 80% und erst 2003 nur noch 35 % waren. Vgl.: Meine, Hartmut: „Arbeiter und Angestellte": Vom Ende und Beharrungsvermögen alter Scheidelinien, WSI Mitteilungen 2/2005, S. 79. Diese beiden Statusgruppen unterschieden sich in den 1970er Jahren noch in entscheidenden Aspekten (verschiedene Tarifsysteme, Kündigungsschutz, Krankenversicherung etc.). Vor allem im Audiomaterial sind unterschiedliche Bildungsniveaus und sprachliche Ausdrucksmöglichkeiten deutlich hörbar. Vermutlich haben sich an den Diskussionen die wenigen Angestellten häufiger beteiligt – besonders dann, wenn es zu einem schnellen Schlagabtausch mit Imdahl kam.
39 Vgl. Dokumentarfilm „Sehenden Auges" von Christoph Böll, 2012.

3 KONZEPT, STRUKTUR, METHODE

KONZEPT

Max Imdahl wurde von Eberhard Weise, dem damaligen Arbeitsdirektor der Bayer AG, angefragt, im Rahmen von Fortbildungsveranstaltungen für Vertrauensleute des Unternehmens eine Reihe an „möglichen Vorträgen über moderne Kunst“ zu halten. Imdahl schlug stattdessen Diskussionen vor „in einer nicht-fachtheoretischen, sondern möglichst verständlichen und natürlichen Form“.[1] Daran knüpft auch der Titel der Publikation aus dem Jahr 1982 an, in der die Transkripte von sechs Gesprächen veröffentlicht wurden: „Arbeiter diskutieren moderne Kunst“.

Dieser Titel unterschlägt zweierlei: Zum einen die Tatsache, dass die Beteiligten nicht einfach locker miteinander diskutierten, sondern dass diese Diskussionen stark von Imdahl gerahmt und gesteuert wurden und so eher einer gelenkten Rede über moderne Kunst entsprachen. Zum anderen waren keineswegs nur „Arbeiter“ daran beteiligt, sondern gewählte Vertrauensleute der Bayer AG, zu denen auch Angestellte zählten. Das ist eine Unterscheidung, die in den späten 1970er Jahren durchaus relevant war, vor allem auch, weil ein anderer Bildungshintergrund vorausgesetzt werden musste.

Obwohl sich weder in Imdahls Veröffentlichungen noch im Nachlass Hinweise finden, dass er sich konzeptuell eingehender mit den Gesprächen befasst hat, weisen sie dennoch markante Strukturen auf, die sich beschreiben und charakterisieren lassen. Vor allem orientiert sich „Imdahls Dialogik“,wie Gottfried Boehm Imdahls Lust an der mündlich ausgetragenen Auseinandersetzung mit Kunst nannte, stark am sokratischen Gespräch.[2] Auch trugen diese Veranstaltungen durchaus Züge eines universitären Seminars, nicht zuletzt angesichts Imdahls kunsthistorischer Präferenz, mit Dias statt vor Originalen zu arbeiten.

Auch wenn Imdahl in seinen Vorreden zu den Gesprächen ausdrücklich versichert, dass er sich mit den Teilnehmenden einfach über moderne Kunst „unterhalten“ möchte, dass er mit ihnen „offen“ diskutieren bzw. „offen hin und her reden“[3] möchte, so realisiert sich dieser Wunsch nur zum Teil. Imdahl hat ganz klare Vorstellungen davon, was er mit den Gesprächen erreichen möchte und weicht davon nur ungern ab. Wenn bspw. aus der Gruppe Fragen allgemeinerer Art an ihn herantragen werden (im Sinne von: Was ist eigentlich Kunst? Was wollte der Künstler?), geht Imdahl darauf meistens zwar ein, aber nur, um dann möglichst rasch wieder zur eigenen Agenda zurückzukehren. Für ihn sind die Fragen der Teilnehmenden eher Schlenker oder gar Ausreißer im Gespräch, die schnell nachjustiert werden müssen, um Werk für Werk intensiv durcharbeiten zu können. Imdahl will dabei jede Art von Abkürzung vermeiden, auch wenn die Teilnehmenden oft gerade darauf abzielen (z.B. die völlig unvermittelte Frage gegen Ende eines Gesprächs: Was halten Sie von Happenings?« (#1, 39)

Im konkreten Sprechen über die Werke legt Imdahl auf formale Aspekte besonderen Wert. Zentral ist für ihn die Komposition. Darauf zielen methodisch auch jene Fragen ab, die er sich vorab zurechtgelegt hat (z.B. zu Albers: Kann man das in der Realität nachbauen?) Aus den Kompositionen ergeben sich wiederum die Thesen (z.B. das Einfache im Komplizierten), die für ihn logische Ableitungen darstellen und worin sich für ihn letztlich auch die Sinnhaftigkeit dieser Kunst begründet.

Um die Teilnehmenden immer wieder auf seine Ziele zu fokussieren, um Prozesse zu beschleunigen und mit seinem ‚Programm' durchzukommen, hebt Imdahl öfter zu längeren Monologen an. Er möchte zwar, dass die Teilnehmenden „sehr offen sprechen" und keine Rücksicht darauf nehmen, „ob etwas richtig ist oder falsch" (#2, 42), macht aber dann in den Gesprächen unmissverständlich klar, wie ernst ihm diese Auseinandersetzung ist, für die er letztlich Anerkennung und vor allem Respekt einfordert: „Also meine Herren, entschuldigen Sie bitte, aber ein Mindestmaß muß ich doch schon irgendwie erbitten können, denn ich mach mich hier halb kaputt und wir machen hier nun mal keinen Karneval." (#5, 140) Es ist also insgesamt ein schmaler Grat zwischen Offenheit und Steuerung, auf dem sich Imdahl in den Gesprächen bewegt und der ihm offenbar einiges abverlangt.

Imdahl steigt in fast alle Gespräche mit dem Hinweis ein, dass diese Veranstaltung ein Experiment sei, verbunden mit einem Risiko. Er betont, dass das Risiko ganz auf seiner Seite liege, bewertet das aber in den jeweiligen Vorreden unterschiedlich. Das kann dann so klingen: „Und wenn das Unternehmen scheitert, dann ist der Sache mehr geschadet, als wenn die Sache gar nicht erst zur Sprache gekommen wäre" (#7, 1) oder auch so: „und wenn das vollkommen mißlingt, ist das natürlich auch ein Ergebnis, eine Erfahrung." (#5, 130)

Mit dem Begriff „Experiment" verknüpfen sich für Imdahl mehrere Bezüge: Es bezeichnet (in Verbindung mit dem Risiko) einen ganz persönlichen, von ihm vor allem auf sich selbst bezogenen Anspruch des Gelingens. Imdahl stellt sich damit ins Zentrum des Gesprächs und übernimmt die Verantwortung. Die Teilnehmenden dienen mehr oder weniger als Resonanzboden. Dieser Anspruch des Gelingens bezieht sich primär auf sein Ziel, die Teilnehmenden für die Sinnhaftigkeit der modernen Kunst zu öffnen und damit einer grundsätzlichen Skepsis entgegenzutreten, die ihr in Form von Vorbehalten bis hin zu Vorurteilen entgegengebracht wird. Er möchte sie neugierig machen. ‚Scheitern' hieße, die Skepsis zu verfestigen und latente Ablehnung zu manifestieren.

Für Imdahl verknüpft sich ein Gelingen auch mit dem erfolgreichem Nachvollzug der einzelnen Erkenntnisschritte (darauf zielt er ab, wenn er immer wieder nachfragt: „Ist das zu verstehen?") sowie der Einsicht in die Plausibilität seiner Thesen. So ist das Experiment für ihn ebenfalls eine Herausforderung, um zu testen, ob seine Thesen gegenüber einem Laienpublikum, aber auch gegenüber seinen eigenen Ansprüchen, bestehen können. Es finden sich immer wieder Passagen, in denen er sich selbst ganz berührt zeigt von dem, was er mit der Gruppe als Erkenntnis herausgearbeitet hat, was ganz authentisch klingt.

Seine Thesen wollte Imdahl auf ihren fachlichen Gehalt testen, er wollte sie im Gespräch einem Eisen gleich ‚ausschmieden'. Das heißt, dass Imdahl einerseits die Offenheit des „Experiments" brauchte, um sich selbst und seine Thesen ausprobieren zu können. Andererseits musste das Experiment für ihn kalkulierbar bleiben, damit er sich sicher sein konnte, dass er die Kontrolle behält.

Imdahls selbst geäußerte Angst vor diesem Experiment ist dabei gut nachvollziehbar, ist doch die von ihm wenig erprobte Form des Gesprächs mit Laien sehr viel unkalkulierbarer als z.B. ein Vortrag oder die universitäre Lehre. Er sagt in einem Interview zu den Gesprächen: „Man muß da sehr flexibel sein und sich nach den jeweiligen Aussagen, die die Teilnehmer machen, richten. (...) Die Diskussion ergibt sich jedesmal und jedesmal anders."[4] Der Interviewer spricht Imdahl direkt auf seine innere Angespanntheit an, zu der er sich wiederholt in seinen Vorreden bekennt, was Imdahl dann mit dem Begriff des Risikos verbindet. Er stellt zwar klar, dass ihm das Auf und Ab der Diskussion durchaus die Angst vor dem Risiko nimmt. Trotzdem habe er vor jeder Veranstaltung diese Angst: „Im Übrigen glaube ich, daß Spannung schon sein muß, in welchem Verhältnis zum Temperament auch immer."[5]

Diese ganz normale Unsicherheit wird vermutlich verstärkt durch eine persönliche Grundangst: „Er traute dem Boden nicht auf dem wir stehen",sagte Werner Hager in seinem Nachruf auf Imdahl.[6] Er spielte damit auf die ‚Urangst' Imdahls an, verkörpert als sein „schmerzliches Ich", wie Hager es nannte, mit der sich Imdahl vermutlich auch in der Erfahrung ungegenständlicher Kunst konfrontiert sah.

Imdahl benutzt den Begriff „Experiment" jedoch auch ganz einfach im Sinne von ‚ausprobieren' in Bezug auf den Gegenstand: „Einen Moment, machen wir mal ein Experiment. So, hier habe ich das Blau mal weggemacht. Wie ist es denn jetzt (...)?" (#2, 50 zu Mondrian); oder auch: „Jetzt machen wir sozusagen für Sie das Experiment, ob eine längere Anschauung möglicherweise Ihr Urteil oder Ihre Voreinstellung ‚Das sagt mir nichts!' ein wenig revidiert – ja das werden wir dann ja sehen." (#3, 72 zu Mondrian); oder wie hier: „Das könnte man auch experimentieren, wenn man das fotografieren würde – in Schwarz-Weiß – dann würden Sie wahrscheinlich hier überhaupt keinen Unterschied mehr feststellen können (...)." (#4, 108 zu Albers)

STRUKTUR

Die sechs vorliegenden Gespräche sind unterschiedlich lang (zwischen 9.000 und 14.000 Wörtern in den publizierten Transkripten), was einer Gesprächsdauer von etwa zwei Stunden entspricht. In einigen Gesprächen gab es zwischendurch eine kurze Pause.

Die Gespräche gliedern sich in einen einführenden Teil, die Vorrede, in der Max Imdahl sich vorstellt und ausführt, was er vorhat. Nach der Vorrede erfolgt dann auf das erste Dia ein mehr oder weniger abrupter Übergang ins Gespräch, das wiederum durch drei bis sechs als Dia projizierte Kunstwerke gegliedert ist. Zu den Kunstwerken fertigte Imdahl während des Gesprächs einige Zeichnungen an, um seine Überlegungen anschaulich zu machen. Der konkrete Verlauf der Gespräche ist bis auf wiederkehrende Fragestellungen oder Formulierungen bzw. bis auf die Thesen, auf die die Gespräche jeweils abzielen, grundsätzlich offen, was Imdahl selbst betont: „Natürlich hatte ich Dias von den Bildern, um die es gehen sollte. Die Bilder gaben natürlich einen bestimmten Rahmen. Wie aber die Bildbesprechungen im Einzelnen ablaufen, kann man nicht vorherbestimmen."[7]

Die Gespräche fanden in einem Seminarraum der Bayer-Werke statt. Alle Teilnehmenden saßen vermutlich an Tischen, an die Stirnwand des Raumes wurden je ein bis zwei Dias projiziert. Den Tonaufzeichnungen nach zu urteilen, scheint Imdahl nicht zu sitzen, sondern sich fast unentwegt im Raum zu bewegen. So geht er vermutlich zwischendurch auch nach vorne, um etwas zu zeigen (Flipchart, OHP, Tafel oder ähnliches). Gegen Ende des Gesprächs fasst Imdahl in der Regel die von ihm verhandelten Werke bzw. seine Thesen dazu nochmals in einem längeren Monolog zusammen. Der Abschluss erfolgt dann eher knapp und informell.

Inhaltlich sind die gemeinsamen Gespräche auf die jeweilige Auswahl von Werken moderner Kunst ausgerichtet. Die sechs Gespräche lassen sich drei verschiedenen Themenfeldern zuordnen, in denen, bis auf wenige Ausnahmen, jeweils die gleichen Werke verhandelt werden. Der Begriff „Themenfeld" taucht im Kontext der Publikation der Gespräche auf und wird im Vorwort von Eberhard Weise sowie im kurzen Kommentar zur Dokumentation von der Redakteurin Ewa Szatkowski verwendet. Beide erläutern ihn jedoch nicht näher.[8]

Wir greifen diese Formulierung auf, weil die Gespräche zwar alle auf moderne Kunst im weitesten Sinne abzielen, sie aber durch die Auswahl der Werke und ihre Abfolge maßgeblich geprägt werden und dadurch einen ganz eigenen Charakter entwickeln. So werden sie deutlich davon bestimmt, ob sie mit einem ungegenständlichen oder aber einem gegenstandsbezogenen Werk beginnen bzw. ob überhaupt ein gegenstandsbezogenes Kunstwerk zur Diskussion steht. Selbst die spezifische Wahl eines Werks ungegenständlicher Kunst ist entscheidend, je nachdem wie hermetisch es sich präsentiert. So bietet *Tlinko* von Vasarely ganz andere Möglichkeiten des Zugangs, als die Farbfelder von Bill oder Fruhtrunks *Grüne Akzente,* was sich wiederum deutlich auf die Dynamik der Gespräche auswirkt. Trotz dieser charakteristischen Unterschiede lassen sich letztlich alle Gespräche gut miteinander vergleichen, weil Imdahl methodisch ähnlich vorgeht und auf verwandte Themen bzw. Thesen hinaus will.

Im THEMENFELD I (Gespräch 1 und 4) wählt Imdahl den Einstieg mit einem gegenstandslosen Werk (Josef Albers), diskutiert darauf die ebenfalls ungegenständlichen Farbfelder von Max Bill und vergleicht diese wiederum mit einem gegenstandgezogenen Werk von Pablo Picasso.

Im THEMENFELD II (Gespräch 2 und 3) geht er genau umgekehrt vor. Er steigt mit einem gegenstandbezogenen Werk von Georges Seurat ein, darauf folgt das ungegenständliche Werk von Piet Mondrian – bei #3 zusätzlich noch Albers – und den Abschluss bildet Barnett Newman.

Im THEMENFELD III (Gespräch 5 und 6) arbeitet Imdahl ausschließlich mit Werken gegenstandloser Kunst. Er beginnt mit zwei Werken der Optical Art: Victor Vasarely (#5) bzw. François Morellet (#6), dann folgen Mondrian in #5 bzw. Vasarely und Albers in #6, um schließlich beide Gespräche mit einem Werk von Günter Fruhtrunk abzuschließen.

Neben den ausgewählten Werken gibt es, wie bereits gesagt, eine Reihe an Thesen, auf die Imdahl in den Gesprächen abzielt. Um diese Thesen zu erarbeiten, nutzt er spontane Zeichnungen, die die inhärente Logik der jeweiligen Komposition anschaulich machen sollen. Dabei gilt es, (zunächst) eine einfache, klare Seite der jeweiligen Komposition herauszuarbeiten, um dann Widersprüche aufzuzeigen, die das Ganze gleichzeitig kompliziert machen. Es sind die Kompositionen der jeweiligen Werke, in denen diese gedanklichen Figuren enthalten sind (z.B. das Einfache im Komplizierten), als eine Art geistige Essenz, die den jeweiligen Werken als ihr Sinn zugrunde liegt. So geht Imdahl davon aus, dass ein Werk erst dann verstanden ist, wenn man sich diese geistige Essenz erarbeitet hat. Der Weg zum Werk führt für ihn also über das Sehen zum Erkennen.

METHODE

Ein methodisch konsistentes Vorgehen Imdahls, wie es Elisabeth Wagner in ihrer Untersuchung feststellt, konnten wir bei unserer Lektüre der Transkripte nur bedingt nachvollziehen.[9] So lässt sich zwar zeigen, dass Imdahl mit jedem neuen Werk zunächst spontane Kommentare der Teilnehmenden einfordert, um dann einen gemeinsamen Raum des Sehens zu öffnen. Aber eine Phase sich daran anschließender „mimetischer Annäherung", wie sie Elisabeth Wagner ausmacht, ist nicht immer erkennbar. Eher dominiert der Eindruck eines langatmigen, redundanten und zuweilen sogar vergeblichen Bemühens um Verständnis und Einsicht bei den Teilnehmenden, das immer wieder auch auf Nebenwege gerät. Sie können zwar punktuell Aspekte dessen, was sie sehen und was Imdahl ihnen zu sehen gibt, mit ihren Erfahrungen und Vorstellungen verknüpfen. Überwiegend zeigen sie sich jedoch eher verständnislos gegenüber Imdahls Thesen, die ihnen letztlich zu abstrakt bleiben und kaum ihre eigenen Fragen berühren.

Insgesamt lassen sich in den Gesprächen lange Passagen ausmachen, die relativ ‚glatt' verlaufen, zumeist im klassischen Frage-Antwort-Schema. Hier kann Imdahl weitestgehend ungehindert seine Argumentation entwickeln. Andere Passagen sind ‚holpriger' und enthalten z.B. ausgedehntere Witzeleien bis hin zu Reibereien oder gar Störungen. Konflikte beziehen sich zwar meist auf die Sachebene, die Beziehungsebene wird jedoch häufig (mit)verhandelt. Diese Reibereien finden sich direkt in den Dialogen, aber auch in Passagen (wie es das Audiomaterial nahelegt), die in der Transkription als „Durcheinander" benannt werden.

Als methodische Eigenheiten können die regelmäßig von Imdahl verwendeten Impulsfragen gelten: Können Sie das nachbauen? (Albers) Wie lassen sich die Felder weiterdenken? (Bill) Auch wiederholt sich in seiner Argumentation ein von ihm immer auf ähnliche Weise geführtes „fiktive(s) Gespräch" (#4, 107), mit dem er möglichst sinnfällig die „eigentliche Pointe" eines Kunstwerkes herausarbeiten möchte: „Sie sagen mir, das gäbe es und ich sage Ihnen, Sie haben einen Vogel. Und dann kommen Sie mit dem Ding, und dann bin ich derjenige, der einen Vogel hat. Weil es das ja dann doch gibt! Sie können es doch sehen!" (Ebd.)

Auch wenn Imdahl tendenziell eher intuitiv vorzugehen scheint, lassen sich deutliche Bezüge zum Konzept des sokratischen Gesprächs herstellen, das eine Weiterentwicklung der vormals auf den Dialog ausgerichteten sokratischen Methode darstellt. Insbesondere in den 1970er Jahren waren Überlegungen dazu durchaus präsent, weil die gesellschaftlich verhandelten Themen wie Mündigkeit, Emanzipation und Aufklärung adäquate Methoden ihrer Realisierung einforderten.

In der Philosophie bzw. den Geisteswissenschaften entwickelten Karl-Otto Apel und Jürgen Habermas die Diskurstheorie, die die Grundlage lieferte, um die Bedingungen von Diskursen, Argumentationen bzw. dem kommunikativen Handeln ganz allgemein aufzudecken und zu erläutern. Spätestens 1981 wird Imdahl mit diesen methodischen Ansätzen der Forschung und Kommunikation in Berührung gekommen sein und zwar anlässlich des XI. Kolloquiums der Forschergruppe „Poetik und Hermeneutik" zum Thema „Das Gespräch", in dem es unter anderem um den sokratischen Dialog bzw. um die Diskurstheorie ging.[10]

Grundidee des sokratischen Gesprächs ist es, Lernende so zu begleiten, dass sie sich selbständig mit einem Problem auseinandersetzen und zu einer Lösung kommen. Entsprechend möchte Imdahl die Bilder nicht erklären, sondern die gezeigten Werke exemplarisch nutzen, damit sich die Teilnehmenden – mit seiner Hilfe – selbst einen Zugang zur modernen Kunst verschaffen können. Es komme, so Birnbacher und Krohn, gewissenmaßen darauf an, „den Dialogpartner die Wahrheit selbst finden zu lassen", was einer „gewisse(n) Willensanstrengung" bedarf, „weil die Wahrheit vielfach hinter dem Schleier der Konventionen, des Vorurteils und der Illusionen verborgen ist".[11] Entsprechend blockt Imdahl auch jene Beiträge ab, die ihm zu sehr ins Allgemeine gehen und lenkt das Gespräch immer wieder auf die Sache selbst, bis sich für ihn die Wahrheit – als Werkthese – enthüllt hat.

Das sokratische Gespräch nutzt die Gruppe idealtypisch zur Wahrheitsfindung, in der „jeder der Teilnehmer die Chance hat, als ‚Hebamme' für die Gedankenentwicklung jedes anderen zu fungieren".[12] Entsprechend gibt es in den Gesprächen mit Imdahl hier immer wieder kürzere oder längere Passagen (in den Transkripten als „Durcheinander" bezeichnet), in denen die Teilnehmenden miteinander diskutieren. Imdahl greift dann durchaus einzelne Aspekte auf, um sie zur allgemeinen Diskussion zu stellen. Dennoch fällt insbesondere am Audiomaterial auf, dass vor allem dann, wenn es in Richtung Thesenfindung geht, Imdahl hörbar Feuer fängt und dann primär das gelenkte Frage-Antwort-Schema nutzt (ähnlich wie die sokratische Methode des Dialogs, die ja zurecht als „suggestiv, sogar manipulativ" kritisiert wurde).[13] Auch stellt Imdahl in solchen Situationen gern Suggestivfragen, zum Beispiel „Was ist wahr?" oder „Ist das denn ganz falsch?" oder „Ist das eine Lüge, dass...?", um wichtige Einsichten zu sichern und dann einen Schritt weiter gehen zu können.

Es wird deutlich, dass Imdahl durchaus um ein „sokratisches Gespräch" bemüht ist. Dennoch bringen ihn sein eigenes Sendungsbewusstsein und nicht zuletzt auch seine Ungeduld immer wieder davon ab, die Teilnehmenden auf ihrem (streckenweise sehr mühsamen und umständlichen) Weg der Erkenntnis entsprechend zu begleiten. Folglich unterbricht Imdahl häufig unvermittelt das Gespräch, steuert es immer wieder unnötig bzw. nimmt vor allem in seinen teils langatmigen Monologen Ergebnisse vorweg.

Zu solchen methodischen ‚Rückfällen' trägt sicherlich bei, dass Imdahl die Ebene der Selbstreflexion seines Vorgehens und seiner Wirkung auf den konkreten Prozess wenig zugänglich scheint. Er kann zwar situativ sein Gesprächsverhalten korrigieren (z.B. im Gespräch 5, in dem ihm von einem Teilnehmenden massiv vorgeworfen wird, einzelne Beiträge der Teilnehmenden in seinem Sinne zu manipulieren), integriert aber solche Anpassungen kaum nachhaltig in seine Gesprächsstrategie.

Eine weitere methodische Besonderheit dieser Gespräche ist, dass Imdahl mit den Gruppen nicht vor Originalen spricht, sondern Dias zeigt. Das verwundert, weil für ihn als Kunsthistoriker die unmittelbare Seherfahrung essentiell notwendig war, geradezu eine Voraussetzung darstellt, um ein Werk überhaupt verstehen zu können. Nicht zuletzt in seiner Lehre vertrat er die Auffassung, dass Kunst in einem direkten Umgang erfahren werden muss. Dafür hat er eigens an der Universität Bochum eine Sammlung aufgebaut, die es vor allem den Studierenden ermöglichen sollte, sich in ihrer persönlichen Auseinandersetzung mit Kunst vor dem Original zu üben.

Deshalb ist schon erstaunlich, dass Imdahl diese Möglichkeit, sich mit den Teilnehmenden in einem Museum oder gar in der Kunstsammlung der Universität Bochum zu treffen und die Situation vor Ort für die Gespräche zu nutzen, offenbar gar nicht in Erwägung zog. Selbst dann nicht, als immer wieder Probleme mit der Projektion der Werke auftauchten: Sei es, dass sich der Seminarraum nicht genügend abdunkeln ließ und so die *Strukturale Konstellation* von Josef Albers schwer erkennbar war, oder dass durch die Reproduktion bei Bill die Farben falsch wiedergegeben wurden bzw. dass, wie im Fall von Newmans *Who's Afraid of Red, Yellow and Blue?*, sich eine bestimmte Erfahrung erst gar nicht machen ließ, weil der Abstand zum Werk nicht entsprechend hergestellt werden konnte. In den Transkripten sind dazu entsprechend häufig Kommentare zu lesen. Darunter litten die Gespräche und das muss auch die Teilnehmenden irritiert haben.

---

1 Weise 1982, S. 7.
2 Boehm 1996, S. 10.
3 Imdahl 1982, S. 42 und S. 12.
4 Scharf 1982, S. 171.
5 Ebd.
6 Hager, Werner: Der junge Max Imdahl in: Heinz Liesbrock (Hrsg.): Die Unersetzbarkeit des Bildes. Zur Erinnerung an Max Imdahl, Münster (Westfälischer Kunstverein) 1996, S. 59.
7 Scharf 1982, S. 169.
8 Weise, Eberhard: Vorwort und Szatkowski, Ewa: Zur Dokumentation, in: Imdahl, Max 1982, S. 7 und 10. Eberhard Weise gibt hier an, dass bisher zwölf Gespräche stattgefunden hätten, in denen drei Themenbereiche erörtert wurden. Für die Dokumentation wurden wiederum jeweils zwei Gespräche pro Themenfeld ausgewählt, s. S. 7.
9 Wagner 1999, S. 174.
10 In die Forschergruppe „Poetik und Hermeneutik" war Imdahl seit Beginn ihres Bestehens eingebunden. Als Ergebnis des XI. Kolloquiums erschien der Band: Stierle, Karlheinz u. Warning, Rainer: Das Gespräch, München 1984, in dem auch Max Im-

dahl mit einem Beitrag vertreten war: „Sprechen und Hören als szenische Einheit – Bemerkungen im Hinblick auf Rembrandts Anatomie des Dr. Tulp". In diesem Band findet sich unter dem Stichwort „Systemische Aspekte" ebenfalls ein Aufsatz von Jürgen Mittelstrass: Versuch über den sokratischen Dialog, S. 11–28.

11 Birnbacher, Dieter u. Krohn, Dieter: Einleitung, in: dies. (Hrsg.): Das sokratische Gespräch, Stuttgart 2002, S. 7.

12 Ebd., S. 8.

13 Ebd., S. 7.

4 DAS GESPRÄCH VOM 06.02.1979

4.1 VERGLEICH TRANSKRIPT UND AUDIOMATERIAL

TRANSKRIPT UND AUDIOMATERIAL

Für das Gespräch vom 06.02.1979, dem ersten Gespräch der 1982 publizierten Transkripte, ergab sich im Laufe unserer Untersuchung die besondere Situation, dass unverhofft dazu das Audiomaterial auftauchte. Dadurch wurde das zunächst im Transkript linear rekonstruierte Hin- und Her der Beiträge plötzlich ganz plastisch. Imdahl wurde für uns zu einer realen Person, sogar zum ‚Performer', weil er seine Rolle als Gesprächsleiter in besonders beeindruckender Weise ausformte. Auch aus den „T." im Transkript wurden nun einzelne klar identifizierbare Personen.

Das Gesprächsprotokoll wurde nun auch durch Momente ergänzt, in denen nichts passiert oder in denen sich Gespräche überlagern, wenn z.B. Imdahl vorne ganz für sich sprechend beschäftigt ist, während hinten in der Gruppe leise diskutiert wird. Auch hinter dem „Durcheinander" verbargen sich ganz unterschiedliche Szenen: als lebendiges ‚Mitgehen', zustimmendes Gemurmel, Gelächter etc. Zusätzlich wird im Audiomaterial deutlich, dass viele Nebengespräche mit den Nachbarn bzw. über die Tische hinweg geführt werden, die aber, soweit sich das im Einzelnen heraushören lässt, durchaus an der Sache orientiert sind. Konflikte erscheinen nun in der Regel gemildert. Es tauchen sogar Passagen auf, die im Transkript weggelassen wurden, bis hin zu Wortverdrehern oder fälschlichen Sprecher-Text-Zuordnungen.

Weil vermutlich nicht jeder die Gelegenheit hat, in das Audiomaterial hineinzuhören bzw. die Transkripte als Ganzes zu lesen, möchten wir die Möglichkeit bieten, sich das Gespräch in seiner Vielschichtigkeit zu erschließen. Zunächst erfolgt passagenweise der Nachdruck des Transkripts aus dem Band „Arbeiter diskutieren moderne Kunst, Seminare im Bayer Werk Leverkusen", Berlin 1982, wobei nur ganz offensichtliche Tippfehler korrigiert wurden. Dann folgt eine Rekonstruktion des entsprechenden Audiomaterials, um den atmosphärischen Gesamtkontext nachzubilden, was dann jeweils interpretiert wird. Hieran gewonnene Eindrücke und Einsichten lassen sich, auch wenn die Gruppen wechselten, durchaus auf andere Gespräche übertragen.

Nun zunächst zur konkreten Situation dieses Gesprächs: Die Gruppe besteht aus ca. 20 Teilnehmende, überwiegend Männern, aber auch vier Frauen, von denen sich immerhin drei rege beteiligen. Insgesamt wirkt die Gruppe motiviert. Alle scheinen am Gespräch interessiert, viele machen mit, das heißt, sie beteiligen sich aktiv. Insgesamt ist es eine heterogene Gruppe mit unterschiedlichen Vorerfahrungen im Umgang mit Kunst (z.B. zur documenta), aber auch bezüglich ihrer Bildung oder den Möglichkeiten ihres sprachlichen Ausdrucks.

Es sind offenbar auch einige offizielle Personen anwesend, wie z.B. Eberhard Weise von der Bayer AG, der das Gespräch mit Imdahl organisiert hat. Daneben gibt es einen oder mehrere Assistenten, die sich um die Dias kümmern. Wie sich heraushören lässt, sitzt die Gruppe an Tischen. Die Dias werden nacheinander an eine Wand projiziert, wobei manchmal zwei Bilder nebeneinander gestellt werden zum Vergleich. Imdahl hat keine feste Position im Raum. Er scheint sich oft und teils heftig zu bewegen, was an der unterschiedlichen Laustärke seiner Stimme auf dem Band deutlich wird. Zudem zeichnet er immer wieder zu den gezeigten Werken. Es entsteht der Eindruck, dass Imdahl dafür ein Flipchart nutzt, da an einer Stelle hörbar wird, wie während des Zeichnens Papier umgeblättert wird.

PASSAGEN AUS DEM TRANSKRIPT

I_TRANSKRIPT (S. 12)

I. Ich darf mich Ihnen zunächst vorstellen, mein Name ist Max Imdahl. Ich bin Professor für Kunstgeschichte an der Ruhr-Universität, ich bedanke mich sehr für die Einladung, hier ein Experiment zu machen, denn es ist ein Experiment. Wir hatten das ja schon mal gemacht in einem solchen Kreis und mit dem Anspruch oder mit dem Wunsch, daß ich versuche, Ihnen ein wenig zu erklären über moderne Kunst, wobei das Wort Kunst schwer zu definieren ist, wenn sie vorliegt, wann liegt keine Kunst vor, das ist gar nicht so einfach. Zunächst, das Risiko liegt wirklich auf meiner Seite, denn es ist ein Experiment, ich möchte Ihnen keinen Vortrag halten, ich möchte mit Ihnen gerne vier oder fünf Werke diskutieren, hin und her fragen, mit Ihrem gleichzeitigen Einverständnis, alles auf Band aufzunehmen, um zu sehen, wie unser Gespräch läuft. Vielleicht legt sich das mal nieder in einem Text, dann können Sie das lesen, und es kommen dann die Bilder dazu.
Ich will Sie nun nicht zu überzeugten Anhängern der modernen Kunst machen, aber vielleicht gelingt es, daß wir zusammen etwas diskutieren, daß Ihnen dann vielleicht am Ende die Bilder nicht gefallen werden, aber daß Sie sie auch nicht mehr für den hellen Unsinn halten. Das wäre also das Programm. Ich wollte ursprünglich, um das ganz ehrlich zu sagen, zuerst ein

anderes Dia zeigen, aber für das andere Dia ist es nicht dunkel genug und dieses hier ist eine relativ einfache Zeichnung, die man jetzt schon gut erkennen kann. Sie stammt von einem Maler namens Josef Albers, der in Bottrop geboren ist und der in hohem Alter kürzlich gestorben ist – in Amerika, und der es in Amerika zu großem Ruhm gebracht hat, ein weltberühmter Konstrukteur, kann man sagen. Will sich jemand zu der Zeichnung äußern (Abb. 1)?

T. Ich habe noch nicht ganz verstanden, wollen Sie spontane Äußerungen?

I. Ja, ja, nur zu!

T. Wie wir uns das vorstellen, was wir darauf sehen?

I. Ja, zum Beispiel.

T. Darf ich dazu was sagen, ich sehe da eine Räumlichkeit – eine vierte Dimension schon.

I. Was ist die vierte Dimension?

T. Ja, die kann man nicht wahrnehmen, die ist unserem Begreifen nicht näher faßbar.

I. Sehen Sie, das ist unglaublich, was Sie da sagen. Sie sagen: Ich sehe da die vierte Dimension; dann frage ich: Was ist die vierte Dimension? Ja, – sagen Sie, die kann man nicht sehen, die entzieht sich meiner Wahrnehmung, und jetzt, sagen Sie aber, Sie sehen sie. Was ist nun los?
Durcheinander

T. Er meint, die vierte Dimension zu sehen, aber immerhin bleibt er dabei, denn das sagen Sie doch immerzu, daß Sie etwas sehen, was man an sich nicht wahrnehmen kann.

T. Ja, man kann einen Endpunkt und einen Anfang und doch nichts Gleichbleibendes sehen.

I. Ja, dann beschreiben Sie mal die Sache, mit der vierten Dimension. Kann ich mal eine konkrete Frage stellen? Kann man das – jetzt gebe ich Ihnen einen Draht oder mehrere Drähte – kann man das nachbauen?
Durcheinander

I. Kann man das nachbauen? Können Sie es räumlich nachbauen?

T. Es sind da zwei Perspektiven miteinander vermixt.

I. Kann man das räumlich nachbauen?

I. Ich habe eben meinen ersten Eindruck von dem Bild direkt festgehalten, ich möchte sagen, es ist für mich eine kubistische Raumaufteilung, und den Architekten, den Sie erwähnten – ich möchte mal sagen, der Mann muß auch gleichzeitig Architekt gewesen sein – und zwar steckt da eine gewisse – wie in einer technischen Zeichnung – eine dreidimensionale Wiedergabe, die findet man da schon wieder. Deshalb staune ich, daß der Kollege da eine vierte Dimension erkennt.

I. Ja, das wollen wir erklären, das ist eine wichtige Frage, wirklich konkret gefragt. Können Sie das Ding räumlich nachbauen? (...)

Im weiteren Verlauf wird die Diskussion um das Nachbauen-Können der *Strukturalen Konstellation* von Albers fortgeführt. Die Teilnehmenden können sich nicht einigen, ob sie nachbaubar ist oder nicht. Imdahl möchte diese Frage dann abstimmen lassen, aber auch das führt zu keinem klaren Ergebnis.

II_TRANSKRIPT (S. 14)

T. Müßte ungefähr das Gleiche herauskommen.

I. Exakt kommt das Gleiche heraus. Und das nennt man, wenn ich das richtig weiß – das ist eine bestimmte Form von Symmetrie – die nennt man, glaube ich – Inversionssymmetrie. Also, dann müßte man sagen, hier gibt es – zunächst mal ganz einfach, meine Damen und Herren – eine Symmetriekonstruktion, in der das, was links oben erscheint, in Umkehrung rechts unten erscheint. Und wenn ich die Sache um ihren Mittelpunkt drehe, ändert sich nichts (Abb.1a). Es ist immer dasselbe Ding. Das ist also von der Fläche her vollkommen klar. Klarer kann es nicht sein. Was ich also oben links habe, habe ich in Entgegensetzung rechts unten. Sehr leicht durchschaubar, oder ist das schwer zu durchschauen?

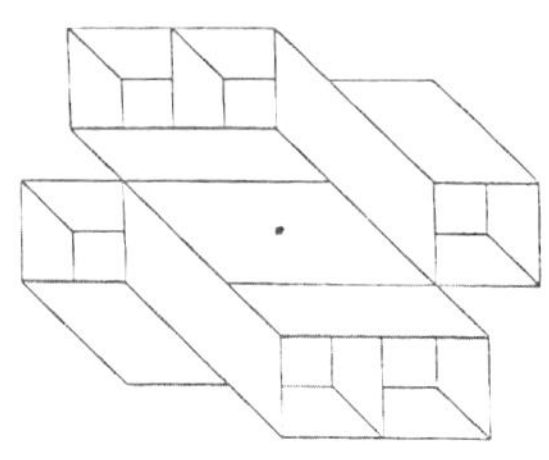

Abb.1a

T. Nein!

I. Also wahnsinnig einfach, im Grunde.

T. Ich habe noch eine Frage. Mein erster Gedanke, als ich das Dia nur ganz kurz gesehen habe, war, daß ich dachte, das sieht aus wie aufgeklappte Kartons.

I. Gut, ja, das ist auch richtig. Ja, Sie können jetzt ganz ohne weiteres sagen: Von links her, sehe ich von oben nach unten in die oberen Schachteln, von rechts her sehe ich von unten nach oben in die unteren Schachteln.

T. Ich würde sagen, das sind alles quadratische Röhren.

T. In einer gewissen Anordnung beobachtet.

I. Also gut, Schächte, oder wie man das nennen will. Vollkommen in Ordnung. (Abb.1b) (...)

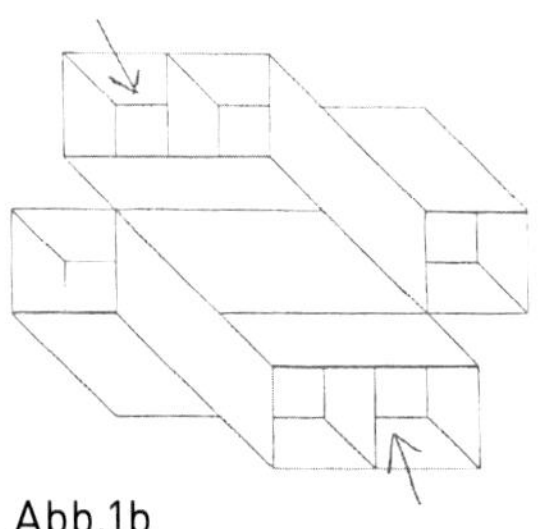

Abb.1b

Im weiteren Verlauf führt Imdahl weitere, für ihn zentrale Begriffe ein, wie den „Umsprineffekt" (S. 15) oder die „Täuschung" (S. 16) in Bezug auf die perspektivische Darstellung, die aber wieder nur Varianten der immer gleichen

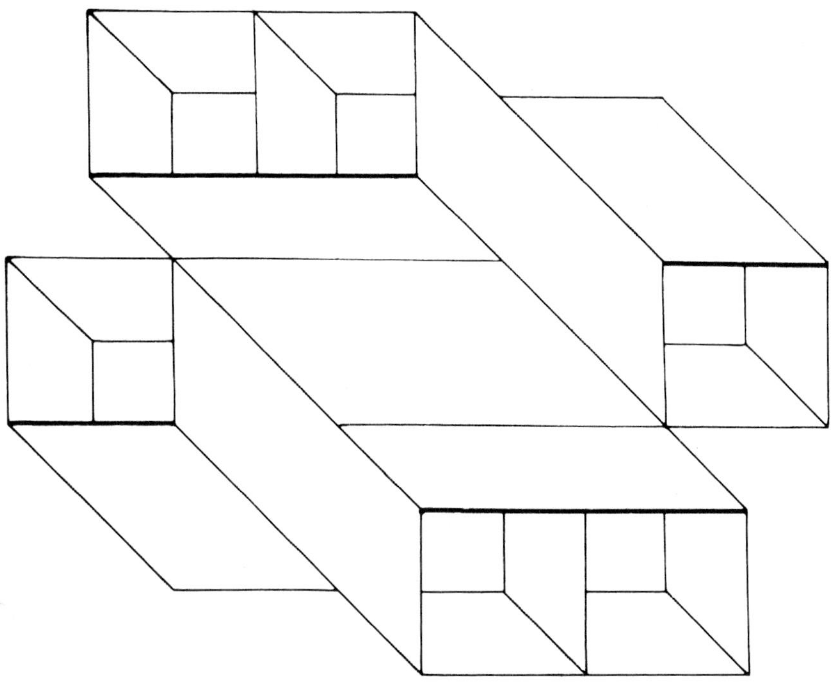

Abb. 1, Josef Albers: *Strukturale Konstellation*, 1957

Thesen/Vorannahmen Imdahls sind und das Gespräch nicht wirklich qualitativ weiterführen. Es kommt dabei mehr und mehr zu längeren monologisierenden Passagen von Seiten Imdahls. Dadurch, dass er sich am sokratischen Gespräch orientiert und gleichzeitig spürt, dass die Teilnehmenden nicht mitkommen, dass sie nicht verstehen, worum es ihm geht, reißt er das Gespräch immer mehr an sich und liefert schließlich die Ergebnisse selbst. Um trotzdem eine gewisse Zustimmung zu bekommen, spitzt er seine Fragen zu und fragt beispielsweise, ob „das gelogen ist" (S. 16), was bisher gesagt wurde. Das erscheint vor dem Hintergrund der Situation befremdlich, da der Begriff der ‚Lüge' hier fehl am Platz ist und das Ganze ‚dramatisiert'.

Inhaltlich hat Imdahl mit seiner Frage, ob sich das nachbauen lasse, für ein Missverständnis gesorgt, denn nicht allen Teilnehmenden ist klar, ob er damit eine dreidimensionale oder eine zweidimensionale Konstruktion meint. Die Überlegung „Mit Draht ginge es..." stimmt insofern, als es sich mit Draht zweidimensional nachbauen ließe, was wiederum Imdahl zunächst nicht versteht, denn er geht von einem dreidimensionalen Nachbauen aus. Dieses Missverständnis sorgt für ein langatmiges Hin und Her, das auch in der folgenden Passage noch nachwirkt.

III_TRANSKRIPT (S. 17)

T. Also ich möchte behaupten, wenn ich die Kästen zuerst schaffe und sie dann in dem Winkel zueinander, so wie sie mir da gegeben sind – die müßte ich natürlich abgreifen in Form von Winkelmessern usw. es ist ja eine technische Angelegenheit, aber es ist durchführbar.

I. Die Winkel sind alle projizierte rechte Winkel.

T. Die würde ich so aneinanderhängen, wie die Winkel sich ergeben, müßte ich das Bild wieder hinkriegen.

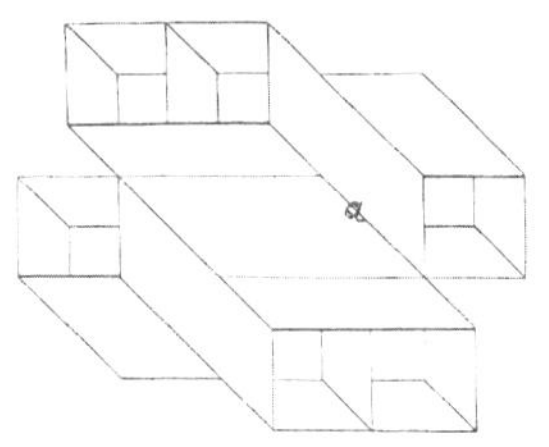

Abb.1c

I. Was machen Sie denn mit dieser Linie hier *(Abb.1c, Linie a)*?

T. Dann ergibt sich die Mittelfläche nachher automatisch von selbst.

Durcheinander

T. Eine Frage, bisher war ich immer der Meinung, Kunst kommt von Können. Kunst soll ja auch einen Zweck erfüllen. Wenn man sich die alten Künstler betrachtet, was die motiviert hat, ihre Kunstwerke zu schaffen, da sieht man heute noch nach Jahrhunderten immer noch einen gewissen Sinn drin. Vielleicht hat die Nachwelt an solchen Dingen mehr Spaß. Ich würde sagen, ich sehe da vielleicht ein Experimentierfeld, aber als Kunst fällt mit schwer, das zu bezeichnen (Abb. 1).

T. Das muss ich auch sagen.

I. Ist prima, verstehe ich vollkommen. Sie können also mit Recht sagen, also das akzeptiere ich nicht als Kunst. Die Frage wäre, ob Sie dann aber auf der anderen Seite nicht doch akzeptieren müssen, daß Sie hier etwas in anschaulicher Klarheit vor Augen geführt bekommen, was es sonst nicht geben kann.

Schließlich versucht dann einer der Teilnehmer, mit Imdahl auf einer anderen inhaltlichen Ebene zu sprechen und stellt ihm eine grundsätzliche Frage zur Kunst. Für Imdahl ist an dieser Intervention sicherlich schwierig, dass die Frage des Teilnehmers gerade auf das zielt, was Imdahl vermeiden will: einer leichtfertigen Disqualifizierung dieses Werks aufgrund der vermeintlich fehlenden ‚Könnerschaft' des Künstlers. Der Teilnehmer will damit zwar nicht unbedingt mit Imdahl rangeln, er möchte aber gesehen werden und Augenhöhe herstellen. Für diese Intervention bekommt er von anderen Teilnehmenden Zustimmung. Imdahl beantwortet die Frage zum Teil, macht aber klar, dass auch, wenn man das nicht als Kunst akzeptiert, es einen gewissen Sinn ergibt. Imdahl hat den Eindruck, die Frage des Teilnehmers nach der Definition von Kunst beantwortet zu haben, möchte aber im Folgenden die Fragen auf das Werk gerichtet wissen: „Sie können ganz einfach Fragen stellen! Man kann unglaubliche Fragen daran stellen, zum Beispiel (...)" (S. 17) Wenig später interveniert jedoch recht abrupt ein weiterer Teilnehmer:

IV_TRANSKRIPT (S. 17)

T. Eine Frage, was bezwecken Sie damit? Wollen Sie uns jetzt auf das Feld führen dieser modernen Bilder hier? Daß Sie uns eine Einführung geben wollen über die Bilder, die Sie uns nachher zeigen, daß wir verstehen diese Bilder zu...

I. Nein, nein, zunächst bezwecke ich, Ihnen einfach mal, im Grunde genommen den ersten Eindruck, den Sie gehört hatten, den gewissermaßen intellektuell, also mit dem Kopf aufzuarbeiten. Also ich kann nicht sehr viel mehr bezwecken, als was sich zusammenfassen läßt in der Bemerkung, hier sehen wir etwas in Klarheit, ganz präsent, ganz gegenwärtig, was man eigentlich nicht sehen kann. Ich würde allerdings schon der Frage nachgehen, ob die Kunst – in Gänsefüßchen – es nicht doch zu tun hat mit der Sichtbarmachung von Sachverhalten, die man sonst nicht erfahren kann. Wenn Sie einem mal klar machen wollen, daß etwas Einfaches unauflöslich kompliziert ist, daß es auf der einen Sinnebene ganz klar ist, in dieser Klarheit aber sozusagen eine Sehbewegung in Gang setzt, räumlich, die gar nicht mehr zur Ruhe zu bringen ist – wenn Sie einem das klar machen wollen, wenn Sie einem das sprachlich klar machen wollen, oder wenn Sie sagen:

Die Klarheit ist die Bedingung des Widerspruchs, wenn Sie einem das sagen, dann sagt der: Du hast einen Vogel. Oder: Zeig mir das mal, wie sieht denn das aus. Dann können Sie hergehen und sagen: Es ist das (Abb. 1). Klarheit ist die Bedingung des Widerspruchs. Dieses Bild ist zunächst natürlich vorgeführt unter dem Gesichtspunkt überhaupt – sagen wir mal – das Sehen zu aktivieren, und das Nachdenken über das Sehen oder das Nachdenken über das, was man sieht, zu aktivieren.

Durcheinander

I. Und ich glaube, es ist ganz gut, mal etwas irritiert zu werden, könnte ja sein. Denn wir haben hier eine strenge Zeichnung, die also klar ist...

Imdahl möchte im weiteren Verlauf weiter an dem Bild von Albers arbeiten, damit die Teilnehmenden seinen Ansatz verstehen. Bei ihnen scheint aber irgendwie ‚die Luft raus zu sein', sie haben genug. Sie nutzen jede Gelegenheit, um ihn zu necken, nehmen ihn nicht ganz ernst. Allerdings bleibt eine der Teilnehmerinnen am Ball und knüpft erneut an die Frage nach der Kunst an. Sie versucht auf diese Weise, mit Imdahl ins Gespräch zu kommen. Das funktioniert aber nur bedingt. Imdahl bleibt schlagfertig, monologisiert jedoch immer mehr und versucht, seine Thesen unterzubringen, bis er schließlich unvermittelt abbricht und das Bild von Max Bill zeigen lässt.

V_TRANSKRIPT (S. 19)

I. Ich zeige Ihnen ein anderes Bild. Wie finden Sie´s (Abb. 2)?
T. Ja, man sieht die obere Ecke nicht, die Farben...
T. Doch, ist grün.
I. Die Farben kommen jetzt nicht besonders gut heraus, es müßte draußen etwas dunkler werden. Aber wir können es ja mal versuchen. Also, es sieht ja ganz wahnsinnig einfach aus. Und nachmachen können wir das Bild, wenn wir sehr geduldig sind, allemal. Aber ob wir das Bild erfinden können ist wieder eine andere Frage. Das weiß ich nicht. Meine Damen und Herren, das ist also ein Quadrat, ist ziemlich regelmäßig untergliedert, in verschiedene Rauten und verschiedene Dreiecke, die alle auch wieder verschieden gefärbt sind. Alles ist ganz klar. Wir haben in der Mitte eine schwarze Senkrechte, die ist gebildet aus zwei Rauten und aus zwei Dreiecken, die sich oben und unten befinden. Dann haben wir links dasselbe in Rot und rechts dasselbe in Grün. Und wir haben eine waagerechte Richtung in Weiß, also in der Mitte zwei Rauten, rechts und links ein Dreieck. Darüber dasselbe System in Blau und darunter dasselbe in Gelb. Ganz klar. Meine Damen und Herren, jetzt stelle ich einfach einmal eine Frage – aber ich bin dabei selbst unsicher, auch für mich gibt es natürlich Unsicherheiten, Unsicherheiten

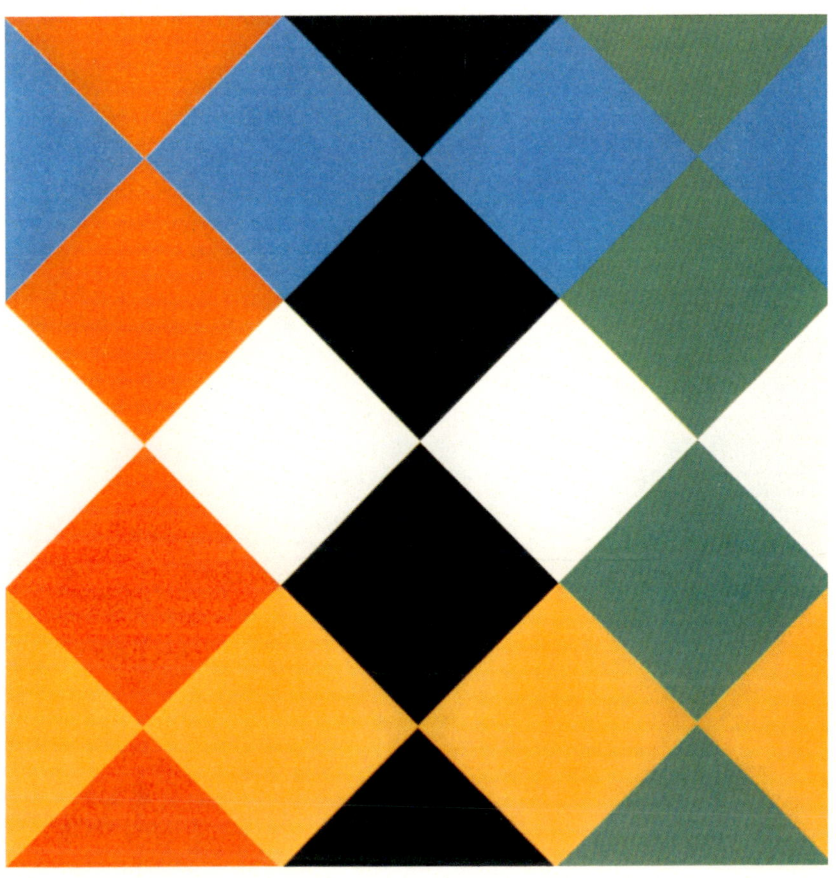

Abb. 2, Max Bill: *Feld aus sechs sich durchringenden Farben*, 1966–67

sind zum Beispiel die beste Möglichkeit um einzusteigen, auch das Bild von Albers hatte damit unerhört viel zu tun, daß man nicht zu schnell auf sein mitgebrachtes Hantieren vertraut. Oder jedenfalls nicht mit der Wirklichkeit verwechselt.
Soll man sich nun dieses Schwarz – diese vier schwarzen Elemente – als abgeschlossen, begrenzt, oder als fortlaufend vorstellen? Geht das weiter, oder hört das auf?

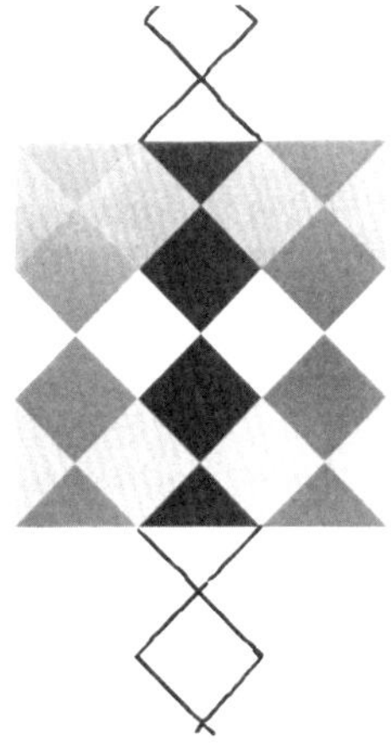

(Abb. 2a)

T. Das ist weiter vorstellbar.

I. Also, es geht dann unten weiter und oben weiter, das Dreieck ergänzt man sich weiter wieder zum Quadrat und dann weiter und immer weiter und ebenso auch oben. Kann man sich das vorstellen (Abb. 2a)?

T. Ja.

I. Finde ich gut. Dasselbe gilt auch für die roten und für die grünen Elemente, und dasselbe in der Waagerechten gilt für die gelben, für die weißen und für die blauen Elemente (Abb. 2b). Ja, dann hätten wir ja im Grunde genommen ein System aus Reihen, Farbreihen könnte man da ja sagen – das wäre dann ein Ausschnitt aus der Unendlichkeit.

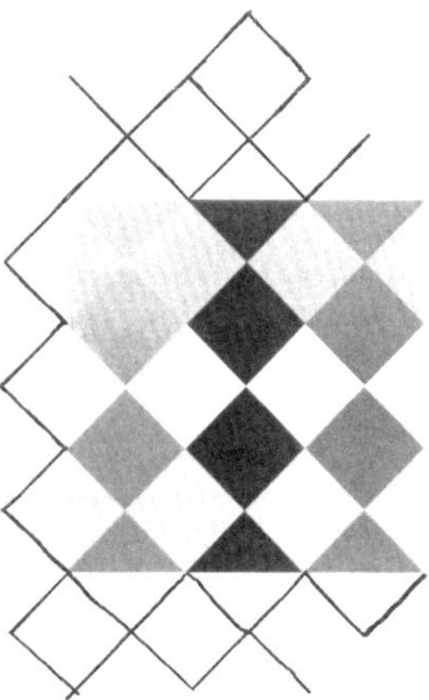

(Abb. 2b)

T. Nein, denn wenn ich jetzt die Reihe durchgehe und diese Reihe durchgehe, dann fehlt mir doch jeweils unten aus der Ecke ein Teil.

I. Können Sie das mal zeigen?

T. Wenn ich jetzt hier im Roten weitergehe und hier im Gelben weitergehe, dann fehlt mir hier noch eine Ecke (Abb. 2c).

I. Natürlich hat er Recht. Er hat vollkommen Recht. Was Sie sagen ist richtig. Jetzt können wir weiterfragen...

T. Ich habe mal eine andere Frage. Ich bin wahrscheinlich geometrisch hoffnungslos unbegabt, aber ich käme nie auf die Idee, diese Figuren da fortzusetzen. Ich lasse

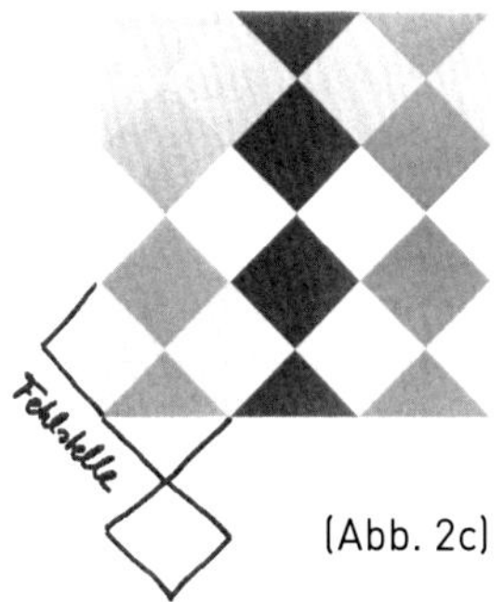

(Abb. 2c)

mich vielmehr da von den Farben faszinieren. Denn ich finde zum Beispiel dieses Orange und das Rot – die sind doch dominierend im Bild.

I. Ja, auch das Schwarz und das Weiß als starker Gegensatz. Aber vielleicht zuerst doch wiederum eine andere Frage. Was kann man an diesem Bilde denn nicht weiterdenken *(gemeint sind der blaue, weiße und gelbe Rhombus)*?

Hier folgt nun eine lange Phase des Austauschs, in der sich viele Passagen nicht im Transkript wiederfinden, sondern offenbar ausgelassen wurden. Imdahl und die Teilnehmenden diskutieren und arbeiten gemeinsam intensiv an der Frage, ob das Bild fortsetzbar ist oder nicht bzw. wie man es fortsetzen könnte, wobei es Imdahl immer wieder um das Paradox als geistiger Figur geht. Die Teilnehmenden sind hingegen mehr mit der konkreten, anschaulichen Ebene beschäftigt und können Imdahl nicht ganz folgen. Sie haben den Eindruck, dass es doch eine eindeutige Lösung geben müsste und verstehen nicht, was Imdahl an diesem Paradox so reizvoll findet.

Imdahl ist mit der Entwicklung seines Gedankens viel weiter als die Teilnehmenden in ihrer Erfahrung/Anschauung. Alle sind zwar sehr engagiert, man merkt aber, dass, je ernsthafter Imdahl um die Sache ringt, die für ihn mit „großen Schwierigkeiten" verbunden ist, desto belustigter einige der Teilnehmenden reagieren.

Ein Teilnehmer versucht Imdahl schließlich sehr umständlich zu befragen, was denn die Leistung des Künstlers daran sei, das könnte doch auch ein Kind malen. Imdahl reagiert darauf recht abweisend bzw. ausweichend. Eine andere Teilnehmerin setzt dann dazu an, das Gespräch zu Bill diplomatisch abzurunden, indem sie Imdahl in seinem Bemühen bestätigt, sich solche Sachen ruhig mal genauer anschauen zu können:

VI_TRANSKRIPT (S. 25)

T. Was für mich phänomenal ist an der ganzen Sache, wenn ich diese beiden Bilder (Abb. 1, 2) in der Ausstellung gesehen hätte, ich weiß nicht, ob ich diese Ausstellung überhaupt besucht hätte, hätte ich wahrscheinlich jedem Bild nur einen Augenblick gewidmet. Aber die Tatsache, daß – das ist für mich ein Phänomen – die Tatsache, daß wir hier über diese beiden Bilder schon eine Stunde reden und uns Gedanken machen über dieses Bild und doch nicht zurande kommen, das ist für mich phänomenal. Und ich würde sagen, damit hat der Künstler schon einen ganz großen Zweck erreicht, zum Denken anzuregen.

I. Zum Beispiel.

T. Mehr sehe ich im Moment noch nicht.

I. Sehen Sie, wenn wir uns bei der Diskussion über diese Sachen nicht gelangweilt haben, dann muß da schon was dran sein. Ob Sie das nun für Kunst halten, oder keine Kunst – aber irgendwie, verstehen Sie, hat das, worüber wir gesprochen haben, glaube ich, mit der Kunst sehr viel zu tun, grundsätzlich.
T. Ich möchte es fast vergleichen mit – es gibt so eine Art Geschicklichkeitsspiel – wo man auch stundenlang drüber brüten kann, wie man den letzten Stein noch irgendwie da rein kriegt...
I. Nur hat man hier die Lösung!
T. Die ist auch da bekannt. Nur muß man es können. Wir können es ja auch hier nicht. Das hat sich ja herausgestellt.
I. Nein, verstehen Sie, hier fehlt ja kein Stein im System. Das Problem ist hier...
T. Warum suchen wir dann krampfhaft nach einer Lösung?
I. Ja, die gibt es nicht! Da sind wir wieder an unserem Punkt. Das kriegen Sie nicht gelöst, Sie kriegen es nicht auf einen Begriff gebracht, daß ein Phänomen (Abb. 2) Elemente enthält, die auf Unendlichkeit drängen, und daß ein Phänomen Elemente enthält, die auf Begrenzung drängen. (...)

Im Folgenden führt dieses Vorgehen von Imdahl dazu, dass erneut eine Diskussion um die Frage entsteht, was Kunst ist, warum dieses Bild Kunst ist etc. Diese Fragen sind für Imdahl nicht vorrangig, so wiederholt er, statt zu antworten, mantraartig seine Thesen, die sich für ihn an diesen Werken zeigen lassen. Die Teilnehmenden berührt das wenig, sie sind mit ihren eigenen Fragen beschäftigt, die eher auf eine grundsätzliche Ebene von Kunst und Kunstverständnis zielen:

T. Besteht da nicht eine Gefahr drin, in dieser Kunst. Ich meine, ich sehe jetzt das Bild und sage: So, es ist da. Aber wenn ich jetzt anfange damit zu experimentieren und ich sage, es könnte so sein, dann wird doch mein Selbstbewusstsein total zerstört und ich bin so verunsichert, daß ich jetzt gar nicht mehr klar denken kann. Ich glaube jetzt alles. Male ich mir jetzt aus, was da ist, was ich sehe und sage: Das kann ja auch anders sein. Das braucht ja gar nicht so zu sein. Ich weiß dann gar nicht mehr, was wirklich nun ist. Wie soll man sich nun verhalten?
T. Du meinst, du kommst zum Schluß dahin, daß für Dich keine festen Begriffe und keine Fixpunkte mehr existieren.
I. Aber jedenfalls nicht mehr die alten, oder nicht nur die alten. (Transkript, S. 26)

Hier offenbart ein Teilnehmer, der offensichtlich sehr aufmerksam die Diskussion verfolgt hat, dass er damit nicht klar kommt und sich überfordert fühlt. Das zeigt die unterschiedlichen intellektuellen Voraussetzungen der Gruppe. Ein anderer Teilnehmer kann das sprachlich eher fassen und mit Imdahls Idee zusammenbringen, auch wenn er trotzdem nicht ganz das Paradox versteht. Diese etwas labile Situation nutzt eine Teilnehmerin, um Imdahl recht provokant anzugreifen: „Dieses dauernde Reden um das, was mal irgendwie sein könnte, also das halte ich persönlich für sinnlos." (S. 26). Imdahl pariert das mit einem langen Monolog zu Bill. An dieser Stelle hat man den Eindruck, dass die Teilnehmenden mehr oder weniger aus dem Gespräch aussteigen und sich nur einige wenige die Bälle zuspielen. Bevor Imdahl zum nächsten Bild übergeht, ergibt sich allerdings noch eine interessante Passage, die offenbart, wie schwer es für die Teilnehmenden ist, die von ihnen geforderte Ambivalenz auszuhalten:

T. Aber bei aller Mühe, die man sich gibt, Herr Professor, würde ich sagen, möchte man doch irgendwo mal zum Ziel kommen. Und das ist ja hier – wenn ich das mal so sagen darf – die Gemeinheit der beiden Bilder. Man kommt einfach nicht zum Ziel.
I. Vielleicht ist das ja gar nicht schlecht. (Transkript, S. 28)

VII_TRANSKRIPT (S. 28)
I. Ich zeige Ihnen jetzt ein Bild von Picasso aus dem Jahre 1932 (Abb. 3). Wir sehen uns das Bild jetzt unvoreingenommen an. Was kann man erkennen?
T. Eine Frau sitzt im Sessel, dahinter eine Tapete.
T. Sie ist am Träumen.
I. Sie ist am Träumen?
Durcheinander
I. Wie viele Frauen sind denn zu sehen?
T. Zwei.
I. Wieso zwei?
T. Ich sehe nur eine. Zwei Arme nur und einen Kopf, der Kopf...
Durcheinander
I. Also, meine Damen und Herren, es handelt sich tatsächlich um eine Sache... also erst mal würde man ja sagen, es ist interessant. Es ist schon mal ganz interessant, jeder weiß, das ist eine Frau, und es gibt ja auch Merkmale, die darauf schließen lassen, daß es eine Frau ist. Aber eine Frau sieht so natürlich nicht aus. Aber trotzdem ist es eine Frau. Und jetzt ist davon die Rede, daß es zwei Frauen sind. Sind es denn zwei? Sind es zwei Ansichten von der selben oder wie?
T. Zwei verschiedene.
I. Wieso zwei verschiedene?
T. Einmal das helle Gesicht, einmal könnte es der Schatten dahinter sein.
I. Ja, aber wieso zwei verschiedene?
T. Zwei lebende Frauen!

Durcheinander

T. Ich möchte sagen, dieses Bild könnte, im weitesten Sinne eine gespaltene Persönlichkeit darstellen.

I. Könnte sein. Aber jetzt zunächst mal ganz einfach, von der Anschauung her, wir haben hier einen Kopf, der hört hier oben, über der Augenbraue übrigens auf, das tut ja normalerweise kein Kopf. Und dann haben wir hier also diese Nase, und hier haben wie den Mund und hier das Kinn, und das hier ist hell, und das hier ist ein Schatten, haben wir ja schon gesagt. Und dann haben wir dasselbe dann aber noch einmal im Profil, in der Seitenansicht. Hier den Kopf, das ist gewissermaßen die Seitenansicht, zwar jetzt alternativ – also als Gegenangebot zu der Hauptansicht, aber wiederum so, daß die Seitenansicht der Hauptansicht nicht widerspricht. Denn unter dem Aspekt der Hauptansicht bzw. Vorderansicht ist das, was wir als Profilkopf bezeichnen können, die lichte Seite. Man kann – soviel kann man schon mal sagen – man kann die Vorderansicht nicht ohne die Seitenansicht sehen, das kann man nicht. Man kann andererseits wohl die Seitenansicht unabhängig von der Vorderansicht sehen. Sie haben gesagt, es sei eine gespaltene Persönlichkeit, was ist daran gespalten?

T. Weiß ich nicht... gerade der Kopf als Sinn des Verstandes, nehmen wir doch wenigstens an... Vor allem – der Künstler hat mit zweierlei Farben gearbeitet, mit hellen und dunklen. Hell als Farbe der guten Eigenschaften und dunkel als Farbe der schlechten Eigenschaften. So würde ich versuchen das zu deuten.

I. Möglicherweise, aber nun passen Sie mal auf. Also wenn nun jetzt zwei Ansichten dargestellt sind von diesem Kopf, sicher bedeutet das doch etwas. Das ist also nicht so ganz einfach. Wenn Sie diesen Kopf als Vorderansicht ansehen, dann lächelt der Mund so ein wenig – könnte man sich ja vielleicht vorstellen. Und wenn man sich die Seitenansicht ansieht, dann ist er leicht geöffnet, wie beim Atmen oder so. Und das ist schon eine Sache, denn mach mal einen Mund, der in der Seitenansicht etwas anderes ausdrückt als in der Vorderansicht, so daß also... Das Bild heißt der Traum. Und jetzt haben Sie davon gesprochen, das verstehe ich auch, das wäre also gespalten. Ist denn sozusagen alles, was verdoppelt ist, eine Spaltung?

T. Also gerade der Traum – da sagen doch die Psychologen – ich habe mal ein Buch gelesen von Sigmund Freud: Gerade im Traum, da würde die Seele doch teils den Körper verlassen.

I. Aber können Sie sich dann vorstellen, daß hier in diesem Kopf dargestellt ist – ja verstehen Sie, das läßt sich ja weiter denken...

T. Ist das nicht eins seiner letzten Bilder...

I. Ein späteres Bild...

T. ... wo er doch selbst schon mit sich im Zweifel war...

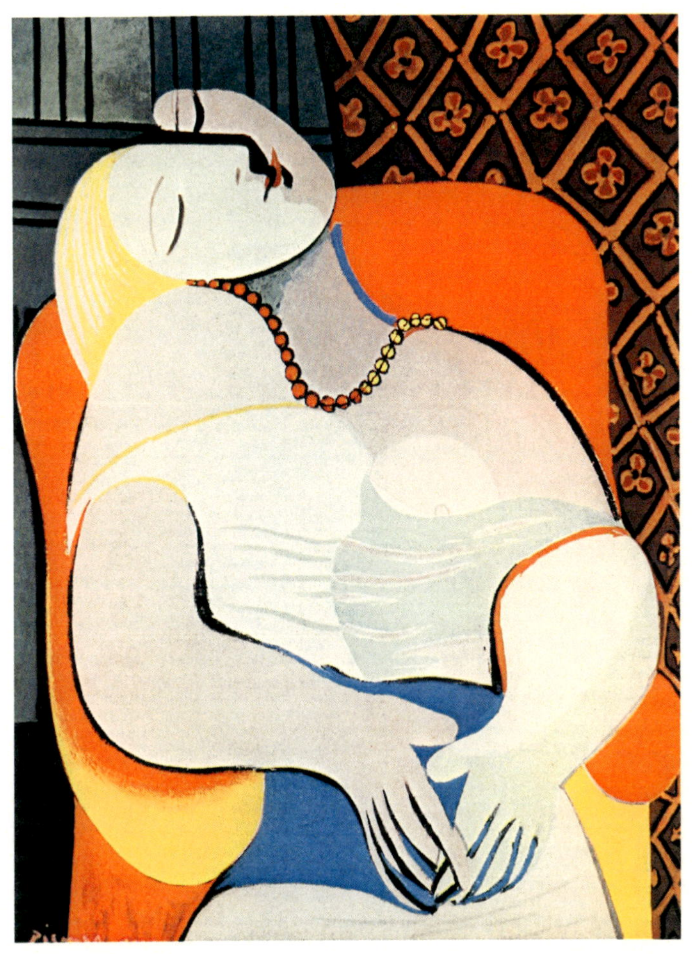

Abb. 3, Pablo Picasso: *Der Traum*, 1932

I. ...nein, wissen Sie, ich würde das gar nicht so furchtbar auf Zweifel – also ich meine, auch sie haben ja mehrere Ansichten, verstehen Sie, es gehört ja nicht zum Kopf, daß er nur eine Ansicht hat. Jeder Kopf hat eine Vorderansicht und eine Rückansicht und eine Profilansicht und...

T. Ja, sehen Sie, das gehört ja vielleicht nur zur Technik...

I. Ich weiß es nicht! Aber jedenfalls wird hier doch mehr angeboten...

T. Der Künstler wollte auch Stimmungen ausdrücken.

I. Ja, die Stimmungen, die sind ja auch zweifellos drin. Zum Beispiel ist die Stimmung des Kopfes im Profil eine andere Stimmung, als die Stimmung des Kopfes von vorne – im en-face nennen wir das. So daß also im Grunde genommen, das kann man schon sagen, die Figur sozusagen in verschiedenen Verhaltensweisen, jetzt nicht nur in verschiedenen Ansichten, sondern auch in verschiedenen Verhaltensweisen zur Geltung kommt, wobei die Verhaltensweise, die in der Seitenansicht gezeigt wird, möglicherweise eine Steigerung dessen ist, was an Verhaltensweise in der Ansicht der Vorderseite zum Ausdruck kommt.

T. Das könnte wahrscheinlich dadurch passieren, daß man die totale und die Seitenansicht, die helle – wahrscheinlich durch die Sonnenstrahlung – das da zusammen mit dem Bewußtsein...

Ab diesem Zeitpunkt trennt sich das Gespräch zunehmend. Imdahl möchte jetzt endlich seine These und seine Erkenntnisse Schritt für Schritt entwickeln und zu Ende bringen. Die Teilnehmenden sind hingegen ganz woanders ‚unterwegs' und es kommt zu kurzen Einwürfen, die Imdahl aber einfach hartnäckig übergeht. Sein dozierender Ton wird immer deutlicher, lauter und insistierend, die Monologe werden länger. Imdahl möchte das Gespräch zu Picasso auf seinem kunsthistorischen Niveau abschließen.

Besonders zentral ist dabei für ihn, dass das, was zunächst in der Anschauung deformiert wirkt, formal nicht deformiert ist. Es kann etwas sichtbar machen und stellt so die Lösung für ein künstlerisches Problem dar. Die Komplexität dieser Figur, so Imdahl, kann nur dadurch, dass sie so und nicht anders darstellbar ist, sichtbar werden: „(...) was Sie hier sehen können, können Sie auf keine andere Weise zu Gesicht bekommen." (S. 35) Damit erübrigt sich auch der naturalistische Bewertungsmaßstab, der hier nicht mehr legitim angelegt werden kann. Es wird deutlich, dass Imdahl alle seine Deutungen aus dem Formalen ableitet.

Imdahl versucht diesen Gedanken auch auf Albers und Bill zu beziehen, als ein „ganz ähnliches Anliegen", die „Wirklichkeit im Grunde genommen auf eine Weise faßbar zu machen" (S. 36), wie man sie sonst so nicht sehen kann. Viele Teilnehmende können das in der Intensität, wie es Imdahl offenbar beschäftigt, nicht nachvollziehen und möchten auf allgemeine Fragen zur Kunst zu sprechen kommen:

VIII_TRANSKRIPT (S. 37)

T. Ich habe mal eine Frage zur Kunst schlechthin. Und zwar in der Richtung. Der Künstler, speziell der Maler, der wird ja der bildenden Kunst zugerechnet, und wer Bildung übermittelt, verbringt doch mehr oder weniger an der Menschheit eine Dienstleistung. Möchte sich jeder Maler so verstanden wissen, dann sollte er doch auch – wie soll man sagen – etwas verständlicher malen.

I. Haben Sie etwas nicht verstanden?

T. Ja, allerdings.

I. Was haben Sie nicht verstanden?

T. Zum Beispiel dieses Ding (Abb. 2). Sie haben – von der Lösung wollen wir jetzt mal ganz abgehen –...

I. Zwischenruf

T. Moment, ich war noch nicht fertig. Lassen Sie mich erst mal meine andere Frage formulieren. Zum Beispiel, daß die Leute die Bilder besser verstehen können, oder eine passende Erklärung dazu geben. Wenn irgend jemand – also ich will jetzt hier nicht, zum Beispiel die Sache mit dem Waschmittel vergleichen – eine ungeheure Werbung für sein Bild macht – so war es hier wohl nicht, aber Erklärungen doch mal, denn die Bilder sagen einem doch ohne fachgerechten Vortrag zu wenig. Deshalb müssen wir Ihnen in gewisser Weise dankbar sein, daß Sie sich mal die Mühe gemacht haben, uns ein bißchen einzuführen in die moderne Kunst. So, das war die Frage einerseits. Jetzt die Frage andererseits. Ich habe auch manchmal das Gefühl, daß Künstler ihre Verpflichtung Bilder zu übermitteln, manchmal nicht ernst genug nehmen, daher die Sache mit dem Strich. Als wenn die Leutchen hergehen wollen und wollen die Bürger oder die Leute schlichtweg veräppeln.

I. Ich verstehe da, aber wäre möglicherweise auch vorher von unseren Bildbeispielen gesagt worden...

T. Aus der Kunstverpflichtung heraus oder aus der Verpflichtung heraus, Kunst beziehungsweise Bildung zu übermitteln, sollte so etwas nicht passieren. Und jetzt noch mal – denn da waren wir noch gar nicht – zu diesen Bildern...

I. Ja, gern.

T. Ich habe die Bilder, die Sie uns gezeigt haben, es waren vier an der Zahl. Wir haben eben festgestellt, das erste (Abb. 1), dieses Bild hat mit Picasso einiges gemein. Und zwar die Raumaufteilung, in der Dimension und so weiter. Aber das zweite Bild – aus Karos (Abb. 2) – die passen meinetwegen in diesen Zyklus, den Sie eben beschrieben haben, nicht rein. Weil das von der Aufgabenstellung her ganz anders ist.

I. Ja, aber wissen Sie, es ist natürlich genau dasselbe Problem der Einfachheit und der Kompliziertheit, die sozusagen dasselbe wären wie bei Albers.

Ich möchte Ihnen eins sagen, wissen Sie, ich will mal so sagen, daß also eine gewisse – ich will nicht sagen Lernfähigkeit – zum Verständnis... Also normalerweise muss ja alles verstanden werden, und dazu gibt es auch bestimmte Verfahren, wie man etwas versteht. Daß die Kunst oder solche Phänomene, wie wir sie hier betrachtet haben, erklärungsbedürftig sind, ist wohl klar. Denn sonst würden Sie im Grunde genommen von der Sache gar nichts abstauben. Aber der Künstler – also verstehen Sie, die Schwierigkeit besteht darin, wenn Sie zum Beispiel den heutigen Abend so betrachten, ist das Werk, das wir betrachtet haben und das wir irgendwie erläutert haben und zu dem wir uns Verständigungszugänge verschafft haben – ist das nun sozusagen von Ihrem Begriffsvermögen so wahnsinnig weit entfernt?

T. Nein, die Bilder von Picasso komischerweise nicht.

I. Oder das hier (Abb. 2)?

T. Das Bild mit dem Karo, das hat mich echt irritiert.

I. Ja, verstehen Sie, die Irritation kann ja die Botschaft selber sein!

T. Ja, aber man ist sich jetzt nicht im Klaren, ob das Kunst sein soll oder eine Rechenaufgabe oder eine Tüftelaufgabe.

I. Das spielt doch gar keine Rolle mehr! Die Frage ist, wie Sie über Ihre eigenen Verstehensmöglichkeiten und über das, was Ihnen sozusagen zugemutet werden kann an Beschäftigung, wie Sie sich selber dazu stellen.

T. Ist klar.

I. Ja!

T. Aber wir haben doch eben gesagt, wir leben nun mal heute in einer Zeit, wo man aus der Gewohnheit heraus, Dinge gerne abhakt oder als...

I. Ja, genau das muß demontiert werden!

T. Nein, das würde ich nicht sagen, das ist unsere Natur!

T. Nein, das ist nicht wahr...

I. Das ist unsere halbe Natur...

T. Nein, das ist unsere Bequemlichkeit...

I. Unsere halbe Natur...

T. Wenn Denken angeregt wird...

T. Und wenn etwas da ist, was man nicht verstehen kann, trotz größtem Grübeln. Wir haben eben hier im ganzen Kreis gegrübelt. Sie gaben selbst zu, daß Sie das Bild nicht weiterführen können.

I. Ja, gut. Aber verstehen Sie, da...

T. Da sind wir mit unserem Latein am Ende.

I. Nein!

T. Jetzt die Frage. Regt Sie das nicht auf? Mich regt so etwas persönlich auf.

I. Mich regt – verstehen Sie, wenn ich die Erfahrung mache, daß ich sozusagen mit meinem Latein nicht weiterkomme, und trotzdem – wenn ich zum

Beispiel dieses Ding, wenn ich also sehe, daß ich im Einlösen, im Wahrnehmen dieses Gebildes nicht fertig werde, obwohl es ganz einfach ist, wenn ich mir die Frage stelle, wie ist es möglich, daß das Einfache die Bedingung des Komplizierten ist und umgekehrt. Verstehen Sie, ich bin dankbar, offen gestanden, daß es solche Bildungsangebote gibt, bei denen ich gerade nicht abhaken kann. Denn das ist das entscheidende, das ist jedenfalls derjenige Teil unserer menschlichen Natur, der mir der Kunst was zu tun hat.

T. Dann befriedigt Sie also Ihre eigene Unvollkommenheit. Daß Sie das nicht erfassen können.

I. Ach, wissen Sie, es ist ja nicht so, daß ich etwas nicht erfassen kann. Sondern ich erfasse ja die Unfaßbarkeit. Das ist ja der Punkt. Es ist ja nicht so, daß... Sie verstehen ja, Sie begreifen ja die Unbegreiflichkeit, es ist ja nicht einfach Chaos. (...)

Interessant an dieser letzten Passage sind vor allem zwei Aspekte: Zum einen, dass einer der Teilnehmer den Begriff der Bildenden Kunst sehr wörtlich nimmt und daraus einen Bildungsauftrag bzw. eine Verpflichtung für bildende Künstler ableitet, „verständlicher" zu malen. Auf diesen Ansatz möchte Imdahl sich natürlich nicht einlassen, denn das würde bedeuten, die Kunst irgendeiner Form von äußerer Zweckmäßigkeit oder Funktionalität zu unterwerfen. Gerade das Fehlen dieser Funktionsgebundenheit, die sich auch im ‚l'art-pour-l'art' Konzept ausgedrückt, ist ein wesentliches Merkmal speziell dieser Kunst.
Zum anderen konfrontiert ein Teilnehmer Imdahl gegen Ende des Gesprächs mit seiner Feststellung, dass Imdahl offenbar durch seine „eigene Unvollkommenheit" befriedigt werde. Er durchschaut Imdahls Motivation und Begeisterung insbesondere für diese spezielle Form der ungegenständlichen Kunst: Etwas nicht vollends klären und abschließen zu können, ist etwas, was bei Imdahl einen neuralgischen Punkt trifft.

PASSAGEN DER AUDIOSPUR MIT INTERPRETATIONEN

Im Folgenden wurde die Darstellung so gewählt, dass analog zu den ausgewählten Passagen des Transkripts zunächst die entsprechende Audio-Spur beschrieben wird, der dann direkt die Interpretation folgt. Unterstrichen sind jene Teile der Beiträge gekennzeichnet, die auf der Audiospur hörbar sind, aber im Transkript ausgelassen wurden. Über den QR-Code kann direkt ins Gespräch hineingehört werden.

I_AUDIO (01A_0:10–5:45)
Die Ton-Aufnahme startet unvermittelt. Imdahl spricht bereits und stellt sich vor. Er ist gut zu verstehen, spricht relativ laut und deutlich. Sein rheinischer Akzent wie auch sein leichtes Lispeln sind deutlich hörbar. Er hat eine lockere Sprechweise, obwohl er insgesamt fahrig wirkt. Er spricht frei. Die Teilnehmenden stellen sich nicht vor und sind nicht zu hören. Auch sind offenbar weitere Personen im Raum, beispielsweise für die Technik. Imdahl gibt Anweisungen zum Dia, aber auch diejenigen, die dafür zuständig sind, werden nicht vorgestellt.

Imdahl spricht nicht besonders flüssig (viele „Ems" und „Ähs", Zögerlaute). Er verbessert sich während des Sprechens und sucht nach passenderen Worten (z.B. „Anspruch" wird ergänzt durch „Wunsch" oder „Konzept" durch „Programm"). Zwischendurch stockt seine Rede häufig, andere Passagen formuliert er hingegen ganz flüssig und schnell, hier gehen die Sätze fast ineinander über.

Imdahl betont Begriffe oft auf der zweiten Silbe: Experiment, Unsinn, Konstrukteur... am Satzende geht er mit der Stimme tendenziell nach oben. Dadurch entsteht ein eigenwilliger Singsang.

Der Satz: „Ich will Sie nun nicht zu überzeugten Anhängern machen" wird hier von ihm ergänzt: „das ist so schnell auch gar nicht möglich". Auch klingt seine Bemerkung, das Gespräch aufzeichnen und dann eventuell publizieren zu wollen, im Audio sehr viel vager: „wir machen mal einen Versuch, äh, vielleicht hat das ihr Einverständnis, das ein bisschen aufzunehmen, äh, um mal zu gucken, wie so was läuft, vielleicht legen wir's mal nieder in einem Text, das können Sie dann lesen, da kommen dann die Bilder dazu. Äh..."

Ein technisches Problem irritiert Imdahl: „Ich werd' also, äh, ich wollte ursprünglich, um das ganz ehrlich zu sagen, vielleicht gucken wir mal das Dia an, zuerst ein anderes Dia zeigen, aber für das andere Dia ist es noch nicht dunkel genug, äh, und das ist ja eine relativ einfache Zeichnung, äh, die man also gut erkennen kann, ähm, das ist von einem Maler..." Im Unterschied dazu sind seine Ausführungen zu Albers als Künstler wiederum sehr klar und konzentriert.

Auf die erste Frage Imdahls: „...ja, will sich jemand zu der Zeichnung äußern?" reagiert sofort eine Teilnehmerin, die offenbar von diesem abrupten Einstieg irritiert ist. Sie fragt zögerlich nach. Es fällt auf, dass Imdahl ihr zwar sofort bestätigend, aber vehement ins Wort fällt. Er wirkt ungeduldig und möchte zu den Inhalten.

Der erste dialogische Austausch vollzieht sich in schnellen Wechseln. Ein Teilnehmer hat sofort eine Idee, die er recht laut und klar äußert. Imdahl greift sie auf und fragt nach: „Was ist die vierte Dimension?" Der Teilnehmer kann direkt darauf antworten. Imdahl wird lauter, läuft offenbar durch den Raum und scheint regelrecht euphorisiert von der Aussage: „Sehen Sie, das ist unglaublich interessant. Das ist so interessant was Sie sagen..." Dann konstruiert er entlang der Aussage des Teilnehmers bereits den Widerspruch, auf den er bei Albers hinauswill: „Er sieht etwas, was aber nicht zu sehen ist…“ und fragt: „Was ist nun los?“

Darauf entsteht ein längeres Durcheinander: Die Teilnehmenden reagieren belustigt, es wird gekichert, alle scheinen ein wenig irritiert. Ein anderer Teilnehmer wiederholt leicht ironisch: „Er meint sie zu sehen“. Imdahl greift das ganz ernsthaft auf und betont das „meint“, womit er auf den Widerspruch abzielt. Der Teilnehmer mit der ersten Idee „vierte Dimension“ versucht es noch einmal: „Ja, man kann einen Endpunkt und einen Anfang…“ Imdahl merkt, dass man hier nicht weiterkommt und springt zu seiner Leitfrage, mit der er das Paradox bei Albers herausarbeiten möchte: „Kann man das (…) nun nachbauen?“

Es entsteht wiederum eine längere Passage des Durcheinanders, viele Teilnehmende beteiligen sich, es gibt einige Ideen, was aber im Transkript weitestgehend weggelassen wurde. Einige Teilnehmende fühlen sich z.B. in ihrem Sachverstand angesprochen („Ich müsste da 'nen Schweißapparat nehmen und…“). Die Mehrheit ist dafür, dass es nicht nachzubauen ist. Es wird sogar eine (richtige) Begründung geliefert: „Es sind zwei Perspektiven miteinander vermixt…“, die Imdahl aber nicht aufgreift, weil er hier offenbar zunächst die Erfahrung des Widerspruchs vertiefen will.

Dann äußert sich ein Teilnehmer, der kenntnisreich und in einem betont ruhigen Tempo spricht, mit einem längeren Beitrag, in dem er einen ganz anderen Aspekt einbringt: „technische Zeichnung“. Imdahl geht jedoch nicht auf ihn ein und bleibt bei seiner Frage: „Kann man das nachbauen?“ Der gleiche Teilnehmer liefert als Antwort: „Ja, mit Schweißdraht…“ Imdahl lässt sich auch davon nicht abbringen und wiederholt einfach seine Frage. Er wird lauter, betont sie. Imdahl verwendet hier viele Füllsätze, mit denen er Kontakt zur Gruppe hält. Insgesamt sind die Sprechanteile an dieser Stelle nicht so klar getrennt, wie es der Text suggeriert. Imdahl redet schnell und formuliert scharf. Die Gruppe diskutiert immer wieder lebhaft und sachorientiert.

INTERPRETATION

Imdahl hat zu Beginn für seine einleitenden Worte (Vorrede) keine Notizen, kein Skript. Er versucht, improvisierend seinen eigenen Modus zu finden. Die Technik muss parallel vorbereitet werden. Er scheint sich nicht gut präpariert zu haben und hangelt sich entsprechend von Stichwort zu Stichwort. Diese Stichworte fallen auch in den anderen Vorreden und bilden offenbar eine Art Orientierungsrahmen: Experiment, Risiko, Anhänger der modernen Kunst, zusammen etwas diskutieren, hin und her fragen. Imdahl springt zu Beginn zwischen den Themen (Format, Medien, falsches Dia) und wirkt insgesamt wie der Typus „verwirrter Professor“. Es fällt hier im Unterschied zu den anderen Gesprächen auf, dass Imdahl eingangs recht viel zum Künstler selbst und seiner Bedeutung sagt.

Der Übergang ins Gespräch selbst kommt dann sehr unvermittelt. Mit seinen Ausführungen zu Albers gerät Imdahl zunächst in einen Redefluss, den er abrupt unterbricht, als hätte er kurz vergessen, dass er ja ein Gespräch führen und keinen Vortrag halten möchte. Dann startet eine Art Schlagabtausch zwischen Imdahl und den Teilnehmenden, ausgelöst durch eine Antwort: „Vierte Dimension". Imdahl scheint aus dem Konzept gebracht, weil statt einer Beschreibung, die er wohl vermutete, bereits eine Deutung geliefert wird. Er reißt in Folge die Sprecherrolle stark an sich und versucht, über die Lautstärke seiner Rede und das ‚Reinsprechen' bzw. ‚Unterbrechen' einzelner TeilnehmerInnen seine Position als Gesprächsleiter zu behaupten.

Dann setzt er zwei Impulse in einem: Der Erste zielt auf eine Beschreibung des Werks, der Zweite auf das Nachbauen der Konstellation. Damit führt er den Widerspruch zu Albers ein (das Einfache im Komplizierten). Imdahl geht hier zu schnell vor bzw. geht damit inhaltlich über die Gruppe hinweg und setzt gleichzeitig eine inhaltliche Zuspitzung/methodische Wendung. Man hat den Eindruck, Imdahl dauert in dieser Phase alles zu lange, er will vorankommen und wird ungeduldig. So muss er immer sofort reagieren und kann die Teilnehmenden nicht ausreden lassen, auch wenn es nur bestätigend ist (‚richtig'/ Lehrerecho).

Ein Teilnehmer äußert sich dann in einem betont ruhigem und sachlichen Ton. Er nimmt sich Raum für seine Ausführungen und bremst Imdahl damit aus. Inhaltlich lehnt er den von Imdahl in den Raum gestellten Widerspruch ab und möchte zurück zu den Fakten: „Ich habe meinen ersten Eindruck direkt festgehalten, ich möchte sagen..." Imdahl geht darauf nicht ein, sondern wiederholt seine Frage: „Können Sie das Ding räumlich nachbauen?" Man merkt, die Äußerungen der Teilnehmenden interessieren ihn hier nicht wirklich. Er möchte sein Programm durchziehen.

II_AUDIO (7:15 – 8:58)

Im Folgenden möchte Imdahl nun zunächst das Einfache der *Strukturale Konstellation* von Albers herausarbeiten, das für ihn in der Symmetrie liegt. Auf seine Frage „(...) wenn man das Ding auf den Kopf stellt, was würde dann sein?" liefert der bereits sehr präsente, ernsthaft interessierte Teilnehmer ein wichtiges Stichwort: „Müsste ungefähr das gleiche herauskommen." Imdahl bestätigt: „Exakt kommt das gleiche raus." Seine sich anschließenden Ausführungen wirken im Transkript wie ein konsistenter Monolog. Im Audio klingt das viel uneinheitlicher. Man hört viele „ähs", z.B., wenn Imdahl einen Begriff sucht. Zwischendurch wird auch zustimmend gemurmelt oder man hört Imdahl plötzlich nach vorne gehen, um etwas zu zeigen, was er dann recht salopp kommentiert: „... dann wäre das also so, was hier so ist, wäre da also so... wenn man das Ding jetzt mal auf den Kopf stellt..." Durch Fachvokabular versucht er schließlich, in einen anderen Modus des Sprechens zu kommen und beginnt dann sogar, einleitend mit der Floskel „meine Damen und Herrn", zu dozieren. Man bekommt hier den Eindruck, dass er nun mit seinen Gedanken richtig in Schwung gerät.

Dann interveniert eine Teilnehmerin und steuert das Stichwort „Kartons" bei, was Imdahl wohlwollend aufgreift und konkret die verschiedenen „Schachteln" der Konstellation zeigt. Ein Teilnehmer nennt ein weiteres Stichwort: „quadratische Röhren"; Imdahl echot: „Schächte", wobei man merkt, dass er langsam ungeduldig wird, weil er weiter im Prozess der Erkenntnis möchte.

INTERPRETATION

Es herrscht immer noch Unklarheit zu Albers. Die Teilnehmenden wissen nicht wirklich, worauf Imdahl hinauswill. Er bietet ihnen mehrfach Varianten seiner Ausgangsfrage zum Nachbauen der *Strukturale Konstellation* an als Gedankenexperiment, das funktioniert aber nicht. Imdahl nimmt dann selbst das Tempo raus: „Jetzt wollen wir mal in aller Ruhe" und beginnt neu. Gleichzeitig setzt er mit dem Begriff „Inversionssymmetrie" für sich einen Bezugspunkt. Das ist auch der Moment, in dem er anfängt zu zeichnen, um Zusammenhänge anschaulich zu machen.

Imdahls Fragen offenbaren hier sein mäeutisches Verständnis dieser Gespräche: Er möchte eigentlich Fragen stellen, auf die die Teilnehmenden klar mit ‚Ja' oder ‚Nein' antworten. Zusätzlich wird deutlich, dass es ihm um bestimmte Begriffe geht (z.B. „einfach"), was sich aber für die Teilnehmenden nicht erschließt, weil sie nicht wissen können, dass diese Begriffe für Imdahls Thesen so zentral sind.

Eine Teilnehmerin, die sich zu den „Schachteln" äußert, macht klar, dass die Gruppe eigentlich noch bei der Eingangsfrage ist, nämlich, sich frei und assoziativ zum Bild zu äußern. Auch ein anderer Teilnehmer hat noch eine Idee: „quadratische Röhren". Das Gespräch droht an dieser Stelle zu zerfasern. Imdahl hingegen möchte weitermachen und unbedingt zeigen, dass die *Strukturale Konstellation* ganz einfach und dabei doch komplex ist. Er kann offenbar nicht antizipieren, was daran für die Teilnehmenden so schwierig ist. Es wirkt deshalb, als hätte er hier Scheuklappen auf, weshalb die ‚bremsenden' Beiträge der Teilnehmenden von ihm ganz freundlich aufgenommen und dann wieder fallen gelassen werden.

III_AUDIO (16:58 – 18:44)

Nach einer längeren Passage des Durcheinanders vieler Überlegungen setzt wiederum der ernsthafte Teilnehmer ein: „Als Handwerker möchte ich behaupten...", um zu demonstrieren, wie man die Konstellation nachbauen kann. Er wird dann von Imdahl unterbrochen: „Die Winkel sind alle rechte." Als der Teilnehmer kurz Luft holt, unterbricht Imdahl ihn und liefert lautstark ein Gegenargument. Der Teilnehmer wehrt sich aber: „Moment, ich bin noch nicht am Ende." Er wirkt jedoch nicht brüskiert, sondern folgt Imdahl und beantwortet seine Frage.

Hier herrscht dann ein großes Durcheinander, das im Transkript nicht vermerkt wird. Die Teilnehmenden diskutieren immer noch sehr lebhaft, ob das Gebilde gebaut werden kann oder nicht. Der Teilnehmer setzt erneut an mit einer ganz grundsätzlichen Frage an Imdahl (Einleitung mit „Herr Professor..."). Imdahl reagiert darauf: „Jetzt hören wir eine Frage!", was für Aufmerksamkeit sorgt. Es herrscht Ruhe, Imdahl lässt den Teilnehmer ausreden, antwortet auch, geht dann aber wieder direkt in seiner Agenda weiter.

INTERPRETATION
Hier kommt es also zu einer längeren Auseinandersetzung zwischen Imdahl und einem Teilnehmer immer noch zu Albers und der Frage, ob man diese Konstellation nachbauen könne. Der Teilnehmer geht zu Beginn auf Imdahls Impuls ein und versucht trotzdem, seine eigene These unterzubringen. Imdahl hört ihm jedoch nicht richtig zu, obwohl die Aussage „dann müsste ich das Bild wieder hinbringen", eigentlich nicht falsch ist (zweidimensional könnte man diese Konstellation tatsächlich nachbauen). Imdahl möchte aber unbedingt auf die Aussage hinaus, dass die *Strukturale Konstellation* grundsätzlich nicht nachbaubar ist. Er will mit aller Macht die These verständlich machen, dass es ganz einfach und trotzdem kompliziert ist. Dabei scheut er auch nicht davor zurück, den Teilnehmer in seiner Rede vehement zu unterbrechen, wogegen sich dieser aber wehrt. Das übergeht Imdahl jedoch.

IV_AUDIO (19:33 – 22:27)
Jetzt äußert sich ein anderer Teilnehmer, der ganz grundsätzlich wissen möchte, worum es geht. Imdahl scheint davon irritiert, merkt aber, dass dieser Teilnehmer wirklich nicht verstanden hat, worum es ihm geht und äußert sich jetzt möglichst klar und einfach. Er wiederholt sich dabei, setzt immer wieder neu an und redet in Halbsätzen. Trotzdem versucht er seine komplexe These zu vermitteln (das Einfache bringt etwas Kompliziertes in Bewegung, mit dem man an kein Ende kommt), wobei er sich teilweise etwas in seinen Aussagen verstrickt.

Im „Durcheinander" wird klar, dass die Teilnehmenden sehr wohl auf Imdahls Ausführung reagieren und das unter anderem so kommentieren: „da kommt man ja mit den Gedanken durcheinander, da weiß man nicht mehr, wie man das zusammenbringen soll." Imdahl bestätigt das: „vielleicht ist es auch mal ganz gut irritiert zu werden" – daraufhin allgemeine Belustigung.

INTERPRETATION

Ein etwas ‚begriffsstutziger' Teilnehmer nutzt die Frage seines Vorgängers, um nochmal ganz grundsätzlich nachzuhaken. Imdahl geht darauf ein, merkt aber, dass dieser Teilnehmer Verständnisprobleme hat. Deshalb versucht er nun, so einfach wie möglich zu formulieren und trotzdem die Komplexität dessen, um die es geht, zu integrieren. Damit werden seine Aussagen gegen Ende hin auch wieder recht abgehoben. Er wiederholt Formulierungen in verschiedenen, komplizierten Wendungen. Man bekommt den Eindruck, Imdahl ist regelrecht hin- und hergerissen zwischen den beiden Ansprüchen, etwas einfach und doch in aller Komplexität erklären zu wollen.

Dies erzeugt durchaus Irritationen: Die Teilnehmenden versuchen zu reagieren, gleichzeitig offenbart sich hier, dass sie nicht so ganz verstehen, was er meint. Dem begegnet Imdahl mit einer sehr entwaffnenden, passenden Wendung: „Ich glaube, es ist ganz gut, mal etwas irritiert zu werden."

Anschließend ergibt sich ein großes Gelächter, das die Situation auflöst. Es wirkt, als sei das ebenfalls ein Versuch der Teilnehmenden, damit diese Diskrepanz abschließen zu können.

V_AUDIO (29:07–36:33)

Abrupter Übergang zum Bild von Max Bill. Imdahl kündigt es an, weil er glaubt, es sei jetzt dunkel genug. Dann stellt er aber fest, dass die Projektion ‚nicht schön sei', also, dass es nicht dunkel genug ist. Er lässt das Dia aber trotzdem stehen. Man merkt, dass er durch die mediale Situation verunsichert ist. Es kommt zu Pausen, unvollständigen Sätzen. Imdahl wirkt nun sehr fahrig. Mit der Frage: „Wie finden Sie das?" kommen spontane Bemerkungen zu den Farben: „Man sieht die obere Ecke nicht" oder: „Doch, grün" „Blau...". Daran schließt sich ein langer Monolog Imdahls an, in dem er nach einer Überleitung mit einigen suchenden Halbsätzen schließlich ganz flüssig das Bild beschreibt. Imdahl fragt anschließend, ob man die schwarzen Elemente im Bild weiterführen könne. Viele Stimmen sind hörbar, die das bejahen. Ein Teilnehmer sagt nachdrücklich „Nein" und führt das aus: die Ecke links unten im Bild ist unbestimmt. Dem stimmt Imdahl überschwänglich zu. Immer wieder hört man ein zustimmendes Gemurmel der Gruppe.

Dann fehlt eine ganze Passage im Transkript (32:50–35:20 min.). Hier gibt es eine Diskussion. Imdahl zeigt etwas oder macht mit Skizzen anschaulich: diese ganzen Reihen sind unendlich weiter zu denken (wobei er den Begriff „unendlich" oft wiederholt und betont). Einer der Teilnehmer kommt wieder mit dem Einwand der „Ecke". Dann interveniert eine Teilnehmerin, die lieber auf der Ebene der Farbe weitermachen möchte. Imdahl reagiert etwas ungehalten mit: „Nein, es muss ja auch nicht so sein" und weiteren Halbsätze, um dann wieder zu einer seiner beiden Leitfragen in Bezug zu Bill überzugehen: „Was kann man denn nicht weiterdenken im Bild?"

INTERPRETATION

Imdahl ist zunächst durch die Helligkeit im Raum aus dem Konzept gebracht. Es wird klar, dass man das Werk von Bill nicht gut sehen kann, was Imdahl verunsichert. Er wirkt fahrig und versucht, sich neu zu orientieren. Man fragt sich, warum er an der Stelle nicht abbricht und ein anderes Bild wählt. Er beendet dann diese Phase der Unsicherheit, indem er in den Raum stellt: „Wir versuchen es mal." Darauf folgt monologisch eine Art Bildbeschreibung, die auch deshalb notwendig ist, weil die Farben bei der Lichtprojektion des Bildes offenbar nicht stimmen.

Imdahl ‚wurschtelt' dann im Anschluss vor sich hin mit sehr vielen unzusammenhängenden Sätzen. Über die Aussage in Bezug auf Bill: „da bin ich mir unsicher", versucht er, das Gespräch wieder zu öffnen: Damit sei für ihn eine echte Frage verbunden, womit er die Teilnehmenden zu motivieren versucht. Weil das Gespräch sehr schleppend beginnt, geht Imdahl wiederum recht mäeutisch vor. Er stellt geschlossene Fragen und bewertet die knappen Antworten auch gleich: „Finde ich gut!"

Methodisch geht es ihm bei Bill zunächst darum, zunächst ein erstes formales Element herauszuarbeiten, konkret: dass sich da im Bild etwas in der Vorstellung weiterdenken lässt. Das gelingt rasch und wird von der Gruppe zustimmend begleitet, bis schließlich ein Teilnehmer widerspricht. Imdahl fordert ihn auf, seinen Einwand (an der Tafel?) zu veranschaulichen. Imdahl unterstützt ihn: „Er hat vollkommen recht", greift diesen Einwand aber nicht weiter auf, weil er bereits den Übergang zum nächsten Erkenntnisschritt vorwegnimmt (als den komplizierten Teil der Konstruktion). Imdahl möchte zunächst alle Farbreihen im Einzelnen durchgehen, die sich ‚einfach' weiterdenken lassen (er zeigt das am Dia oder an der Tafel bzw. macht Skizzen), um diesen ersten Teil seiner These für alle zu sichern.

Mit Abschluss dieses Prozesses wird Imdahl von einer Teilnehmerin abrupt unterbrochen, die sich zunächst selbst abwertet: „Ich bin wahrscheinlich geometrisch völlig unbegabt", um dann sehr resolut jenen Aspekt zu vertreten, der sie persönlich an dem Bild fasziniert: die Farben. Imdahl bügelt sie ziemlich lautstark und etwas unwirsch mit einer Reihe unzusammenhängender Halbsätze ab, d.h. er geht gar nicht auf das Gesagte ein, weil er nur auf seine These hinaus will: „Was kann man an diesem Bilde denn nicht weiterdenken?" Darauf folgt ein langes Schweigen der Gruppe, bis einer etwas sagt, was ziemlich kleinlaut wirkt (nicht zu verstehen) und das Imdahl zwar bestätigt: „Richtig", aber lachen muss, vermutlich, weil er gemerkt hat, wie sehr seine Frage die Teilnehmenden irritiert. Imdahl setzt dann ganz frisch mit der Frage ein: „Wie kompliziert ist das Einfache? Denn das ist wahnsinnig einfach."

VI_AUDIO (55:44 – 56:57 min.)
Der bereits sehr präsente Teilnehmer fasst nun das bisher Geleistete aus seiner Sicht zusammen und setzt sich damit auch gegenüber Imdahl durch, der ihn schon wieder unterbrechen will. Für ihn ist „phänomenal an der Sache", dass „wir hier schon eine Stunde reden und uns Gedanken machen über dieses Bild und doch nicht zurande kommen". Das Paradox, um das es Imdahl geht, wird von ihm aber nicht erfasst, weshalb Imdahl noch einmal versucht, es ins Spiel zu bringen.

Er wird dann aber von einem anderen Teilnehmer unterbrochen, der das Bild mit einem „Geschicklichkeitsspiel" vergleicht. Dann kommt es zu einem sehr schnellen Wortwechsel zwischen den beiden, weil für Imdahl dieser Vergleich nicht passt. Für ihn ist das kein Geschicklichkeitsspiel, weil man hier nur eine ‚Lösung' im Sinne seiner These hat, die es beim Geschicklichkeitsspiel nicht gibt.

INTERPRETATION
Eigentlich bietet sich hier für Imdahl eine Möglichkeit, das Gespräch zu Bill abzuschließen. Ein Teilnehmer erkennt die Leistung des Gesprächs an, obwohl er das Paradox nicht fassen kann. Er kann anerkennen, dass der Prozess schon ca. eine Stunde dauert und dass das durchaus eine Qualität hat.

Imdahl ‚vermasselt' den Abschluss aber selbst, indem er die Frage der Kunst nochmal aufwirft, was diesen Teilnehmer dazu bringt, in Bezug auf Albers von einem „Geschicklichkeitsspiel" zu sprechen. Dem muss Imdahl widersprechen, weil für ihn diese Analogie nicht stimmt. Imdahl gibt sich hier betont schlagfertig, verheddert sich aber in seiner eigenen Argumentation, was den Zusammenhang für die Teilnehmenden immer unverständlicher macht. Ihnen wird nicht klar, auf welcher Ebene Imdahl gerade argumentiert, wenn er einerseits sagt, dass es (im Gegensatz zum Geschicklichkeitsspiel) bei Bill „eine Lösung" gäbe (und zwar als Paradox) und ein paar Sätze später, dass es eben hier wiederum gerade „keine Lösung" gibt, weil man beim Kunstwerk mit der Erfahrung letztlich an kein Ende kommt.

VII_AUDIO (01A_1:11:15–1:17:40 min.)
Imdahl bittet um eine Pause, dann erfolgt der direkte Einstieg mit Picassos *Der Traum.* Die Einleitung Imdahls fehlt teilweise im Transkript: Er sagt zu Picasso: „Der hat ja nun alles gekonnt ungefähr... nur diese geometrischen Sachen, die hat er nicht ge... nie gemacht."

Die Teilnehmenden reagieren recht aktiv auf die Einstiegsfrage: „Was kann man erkennen?" mit vielen Stichworten. Imdahl merkt, dass ein Teilnehmer eine unbewusste Deutung vornimmt: „Sie ist am Träumen". Er hakt nach, weil er auf die formale Ebene kommen will: „Wie viele Frauen sind es?“ Im „Durcheinander“ sind viele Spekulationen der Teilnehmenden zu hören, denen Imdahl auch Raum gibt. Dabei entsteht eine komische Situation: Einer der Teilnehmer, der ein wenig unorientiert ist, formuliert: „Zwei liebende Frauen“ statt, wie im Transkript geschrieben, „zwei lebende Frauen“. Imdahl muss laut lachen und alle anderen steigen belustigt ein.

Dann meldet sich erneut der besonders engagierte Teilnehmer zu Wort und kommt mit einer völlig neuen Deutung: „gespaltene Persönlichkeit“. Darauf reagiert Imdahl mit einem längeren Monolog und in einem eher dozierenden Sprachduktus. Imdahl endet dann abrupt und geht überraschenderweise wieder auf die vorherige Äußerung des Teilnehmers ein: „Was ist daran gespalten?“ Dieser kontert sofort, formuliert deutlich, aber vorsichtig, tastend. Imdahl reagiert auf ihn, spricht ebenfalls sehr bedacht, weniger dozierend und greift das Argument auf. Er nennt dann relativ unvermittelt den Titel des Bildes: *Der Traum.*

Dann meldet sich wieder der gleiche Teilnehmer zu Wort, greift den Titel auf und verknüpft es mit seinem Wissen: „Ich habe mal ein Buch gelesen von Sigmund Freud“. Darauf reagiert Imdahl nur mit einem zustimmenden, aber gleichgültigen, eher fahrigen ‚Mhm'. Imdahl möchte weiter an formalen Aspekten arbeiten. Derselbe Teilnehmer unterbricht ihn jedoch immer wieder mit seinem Wissen zu Picasso, also zur „Epoche“, zur „Technik“, zu den „Stimmungen“ etc., worüber er das Bild erklären will. Imdahl reagiert zunehmend genervter, weil das für ihn die falschen Zugänge sind. Er beginnt wieder zu dozieren.

INTERPRETATION

Es ist seltsam, dass Imdahl Picasso (wie bereits auch Albers) mit einer Bewertung bzw. Einschätzung einführt. Hier spürt man, dass er Picasso sehr ambivalent gegenübersteht. Auch sein Versprecher, in dem er sich fast zur Äußerung hinreißen lässt, dass Picasso diese „geometrischen Sachen“ (gemeint ist Albers) nicht ge..konnt (statt ge..macht) habe, weist darauf hin. Damit beeinflusst er natürlich den Blick der Teilnehmenden.

Imdahl sucht nun nach einem neuen Impuls, will Tempo rausnehmen. Ihm ist hier wichtig, vorschnelle Interpretationen und Vorverurteilungen zu vermeiden. Er scheint überrascht von der ersten Deutung: „Sie ist am Träumen“ – vielleicht, weil der Titel des Bildes zu dem Zeitpunkt noch gar nicht genannt wurde. Er kann aber nicht auf diese Deutung eingehen, weil er ja zunächst die formale Ebene klären möchte.

Dafür öffnet er nun deutlich das Gespräch, was sich zunächst lebendig entwickelt. Als sich der Teilnehmer vom Anfang jedoch zu einer weiteren Deutung hinreißen lässt („gespaltene Persönlichkeit“), interveniert Imdahl durch ein relativierendes „Könnte sein“ und macht deutlich, dass er erst eine Bildbeschreibung einbauen möchte, die er dann in einer längeren Ausführung selbst liefert.

Offenbar ist die Wendung „Meine Damen und Herren" für Imdahl eine Möglichkeit, den dozierenden Modus einzuleiten. Das Ganze wirkt wie ein Einschub, indem er sich selbst auch nochmal als Experte („wir nennen das en-face") profilieren muss. Der Teilnehmer versucht nun, seine These mit der gespaltenen Persönlichkeit auszuführen, was Imdahl zunächst mit „möglicherweise" abwiegelt, dann aufgreift, um zu verdeutlichen, dass diese Deutung möglich, für ihn jedoch nicht passend ist.

Trotz des Gerangels zwischen Imdahl und dem Teilnehmer, wer hier eigentlich die Deutungshoheit hat, entsteht tatsächlich für einen Moment ein Gespräch. Der Teilnehmer möchte eher auf die anschauliche, konkrete Ebene, auf die Ebene der Wirkung und die Deutung kommen, Imdahl kann sich darauf aber nicht einlassen und möchte ihn immer wieder auf seinen eigenen Weg, also auf das Formale der Komposition ‚umleiten'. Der Titel *Der Traum* wird von Imdahl als Abrundung des Diskurses eingeführt, einerseits, um auf die Deutung zu reagieren, andererseits, um das Gespräch auf eine neue Ebene zu bringen („alles, was verdoppelt ist, ist eine Spaltung"). Das funktioniert nicht, denn der gleiche Teilnehmer greift nun den Begriff „Traum" auf, um auf der Stimmungsebene zu bleiben. Imdahl reagiert nicht auf ihn, ist völlig woanders und fokussiert sich selbst ganz auf die formalen Aspekte.

VIII_AUDIO (01A Fortsetzung zweites Band_03:16–11:13 min.)
Hier fängt ein neues Band an, das erst eingelegt werden muss. Das Gespräch beginnt mitten in einer Diskussion, Teile davon sind vermutlich nicht aufgezeichnet worden. Es folgt eine längere Passage, die nicht transkribiert wurde, in der es um Fragen rund um die documenta und bestimmte Kunstwerke und -formen geht (fotorealistische Malerei und Skulptur), die dort gezeigt wurden und zu denen Imdahl seine Einschätzung abgibt.

Erneut setzt dann der Teilnehmer ein, der mit Imdahl bereits ein Expertengespräch zu Picasso geführt hat und möchte nun nochmal ganz grundsätzlich über die bisher verhandelten Kunstwerke sprechen. Auf Imdahls Frage: „Haben Sie etwas nicht verstanden?", antwortet er: „Ja, einiges" und spielt damit auf das Bild von Bill an. Imdahl unterbricht ihn, weil er meint, dass dieser Teilnehmer wieder auf das Stichwort „Lösung" im Kontext des „Geschicklichkeitsspiels" hinauswill, was bereits diskutiert wurde. Ihm geht es aber um etwas anderes, und er bleibt beharrlich bei seinem Redebeitrag. Imdahl wird fahriger. Er versucht, den Teilnehmer immer wieder zu unterbrechen und muss spürbar nach einer Argumentation suchen. Dann führt er seine Gedanken zu den gezeigten Werken nochmals länger aus und schließt mit der Frage, ob alles so unverständlich sei. Darauf reagiert der Teilnehmer erstaunlich ruhig und unbeeindruckt und wiederholt seine Forderung, dass die Künstler die Verpflichtung hätten, sich verständlicher zu artikulieren. Er kommt auch nochmal sehr differenziert auf die gezeigten Bilder zu sprechen. Imdahl ist die ganze Zeit sehr ungeduldig und versucht, dazwischen zu gehen, der Teilnehmer kann aber sein Unverständnis gegenüber dem Bild von Bill darlegen.

Imdahl formuliert seine Antwort sehr abwägend. Ihm geht es natürlich darum, dass sich vor allem auch der Kunstbetrachtende etwas abfordern muss, tut sich aber schwer, das so zu formulieren, dass es von den Teilnehmenden angenommen werden kann. Vor dem Stichwort „Lernfähigkeit" zögert er lange und meint letztlich etwas anderes. Er wendet dann diplomatisch sein Statement zu einer Frage: Ob das denn alles so schwer zu verstehen gewesen wäre? Derselbe Teilnehmer antwortet differenzierend: nur mit Bill habe er Probleme. Imdahl kontert geschickt: „Ja, verstehen Sie, die Irritation kann ja die Botschaft selber sein!". Der Teilnehmer lässt aber nicht locker, weil er sich fragt, ob das überhaupt Kunst sei. Jetzt wird Imdahl deutlicher: Es gehe darum, wie er sich selbst dazu stelle, was er sich abzuverlangen bereit sei. Man spürt, dass Imdahl sehr engagiert bei der Sache ist und sich nicht ‚die Butter vom Brot nehmen' lassen will.

Imdahl unternimmt dann einen längeren Monolog, in dem er, auch von der Intonation her, zwischen verschiedenen Ebenen springt: zwischen sehr theoretisch abgehobenen, fast merkspruchartigen Thesen: „Kunstverdacht besteht jedenfalls in dem Maße, wie die Erfahrung, die Sie machen und die Überlegung, die Sie an die Erfahrung anknüpfen, ungemacht blieben und unbedacht blieben, wenn es solche Sachen nicht gäbe" und Lob: „finde ich übrigens schön, dass Sie Bild und Bildung so in eins gesetzt haben..." bis hin zur klaren Forderung, dass man sich einfach um ein Werkverstehen bemühen müsse: „Sie müssen auch bei einem Musikstück eine Stunde lang zuhören."

Dann kommt es zu einem Schlagabtausch zwischen Imdahl und einem Teilnehmer, der diese letzte Forderung Imdahls klar zurückweist: Es sei die menschliche Natur, Dinge gerne abzuhaken. Eine Teilnehmerin versucht sich einzumischen und dieses Statement zu relativieren: „das ist unsere Bequemlichkeit." Der Teilnehmer hakt jedoch nach und will Imdahl zu dem persönlichen Bekenntnis zwingen, dass es doch eine unangenehme Erfahrung sei, mit seinem ‚Latein' am Ende zu sein: „Jetzt die Frage. Regt Sie das nicht auf? Mich regt so etwas persönlich auf."

Imdahl muss sehr nach einer passenden Antwort suchen (viele Halbsätze, die nicht weitergeführt werden). Er kommt wieder ins Dozieren und hebt fachlich immer mehr ab („Metaphysik"), um nicht direkt auf die Frage des Teilnehmers zu antworten. Dieser legt nach: „Dann befriedigt Sie also Ihre eigene Unvollkommenheit. Dass Sie das nicht erfassen können." Imdahl wirkt aufgewühlt (betont z.B. einzelne Worte ungewöhnlich heftig, wie Paukenschläge), versucht aber ruhig zu antworten bzw. geht im längeren Monolog wieder ins Dozieren über. Schließlich versucht eine andere Teilnehmerin, die auch vorher bereits um Harmonie bemüht war, beide Positionen zu versöhnen.

INTERPRETATION
Imdahl wirbt hier noch einmal sehr für die gezeigten Kunstwerke. Vor allem jener Teilnehmer, der im ganzen Gespräch sehr präsent ist, zeigt sich besonders skeptisch gegenüber Bill. Imdahl scheint unsicher, wie er diesen Vorbehalten argumentativ begegnen kann. Er spricht in vielen Halbsätzen, springt zwischen den Ebenen und weiß nicht so recht, wie deutlich er aussprechen kann, dass es natürlich auch eine Sache der eigenen Haltung ist, wie viel man sich selbst abverlangen kann und sollte. Er bemerkt vermutlich die deutlichen kognitiven Unterschiede zwischen den Teilnehmenden und bleibt dann schließlich mit seiner Forderung eher allgemein, dass man sich einfach Zeit nehmen müsse für diese Kunst.

Es kommt zu einem längen Wortwechsel zwischen Imdahl und dem Teilnehmer, der auch nach längeren Monologen Imdahls immer wieder an seinen Gedanken anknüpft. Er möchte einfach wissen, was Imdahl an dieser Kunst, vor allem an Bill, so ‚kunstwürdig' findet. Schließlich ‚stellt' er Imdahl, auch wenn ihm das vermutlich selbst nicht bewusst ist. Er bringt ihn nämlich mit seinen Fragen an den Punkt seiner persönlichen Ambivalenz, die sich Imdahl (hier) nicht eingestehen möchte: Dass ihn zwar befriedigt, das Einfache im Komplizierten nicht erfassen zu können und ihn das aber gleichzeitig auch wieder nicht befriedigt („eigene Unvollkommenheit"), weshalb er (wie die Teilnehmenden) „krampfhaft nach einer Lösung sucht", nämlich nach der der paradoxen These.

ZUSAMMENFASSUNG

Durch das Audiomaterial wird den Gesprächspassagen des Transkripts ‚Leben eingehaucht'. Im Unterschied zu den Transkripten, bei denen der Fokus stark auf das Inhaltliche gelenkt wird, rückt mit dem Audiomaterial die Interaktion in den Vordergrund. Es wird deutlich, dass hier wirklich um etwas gerungen wird: dass Imdahl eine ganz klare Vorstellung davon hat, worauf er hinauswill und mit welchen Schritten der Erkenntnis er das erreichen möchte, aber dass sich die Teilnehmenden auch nicht einfach ‚vor seinen Karren spannen lassen', sondern sich sehr selbstbewusst mit ihren Anliegen und Vorstellungen immer wieder zu Wort melden.

Es wird deutlich, dass dieses Gespräch nicht zuletzt durch die aktive Beteiligung eines einzelnen, besonders interessierten Teilnehmers an Kontur gewinnt, der Imdahl auch sprachlich gewachsen ist. So erweisen sich insbesondere die Gesprächspassagen zwischen ihm und Imdahl für das gesamte Gespräch als besonders fruchtbar und prägend. An seiner Person wird zugleich deutlich, wie schwer es ist, selbst mit großer Anstrengung und Ernsthaftigkeit, zu jenen Einsichten zu kommen, um die es Imdahl geht. Selbst dieser Teilnehmer hat es am Ende nicht ganz verstanden.

4.2 DIE BETEILIGTEN

Wir möchten nun basierend auf dem vollständigen Audiomaterial des ersten Gesprächs einen kurzen Exkurs vornehmen. Dabei wollen wir auf die Protagonisten eingehen, die dazu beitrugen, dem Gespräch seine charakteristische Form zu verleihen.

So ist bereits mehrfach der Bezug zur Musik genannt worden, der für Imdahl elementar war. Er sprach unter anderem davon, dass ein Kunstwerk wie ein Musikstück aufgeführt werden soll, um seine volle Wirkung zu entfalten. Beim Anhören des Audiomaterials wird dieser musikalische Bezug noch auf einer anderen Ebene hörbar und zwar in der Art und Weise, wie einzelne Stimmen in der Konversation gleichsam dazu beitragen, das Gespräch zu ‚orchestrieren'. Unser Ziel ist es nun, jene Stimmen zu charakterisieren, die sich im Gespräch deutlich abheben und es durch seine damit verknüpfte Haltung der Thematik und dem Gespräch gegenüber grundlegend prägen.

MAX IMDAHL ALS PERFORMER

Durch die Erweiterung des Transkripts um das Audiomaterial wird deutlich, dass Imdahl mehr ist als ‚nur' ein Gesprächsleiter. Er wird zum Performer, weil er authentisch, also überzeugend sowie mit einer expressiven Nutzung seiner Stimme und Körpersprache, seiner Leidenschaft für diese Kunst Ausdruck verleihen kann. Im Folgenden werden nun einige Aspekte seines Ausdrucksrepertoires zusammengetragen, die nur dem Audiomaterial zu entnehmen sind. Sie sind wichtig, um zu verstehen, welche Facetten seiner Performance ihm diese Präsenz und Wirksamkeit verliehen haben, die ihm von vielen attestiert wurde, die ihn seinerzeit erlebt haben.

Imdahls Stimme ist, wenn er leiser spricht, hell, klar, voll, weich und warm. Sobald er lauter wird, erscheint sie eher kratzig, schnarrend. Die Lautstärke der Stimme hängt stark von seinem eigenen Erregungszustand ab. Sein rheinischer Akzent ist deutlich hörbar und wird in Diskussionen stärker. Er setzt ihn teilweise sogar bewusst ein, wenn er in eine direkte Interaktion mit den Teilnehmenden tritt. Zudem lispelt Imdahl leicht. Insgesamt wird eine große

Bandbreite in der Stimmmodulation deutlich, ein Variantenreichtum mit einem zuweilen schnellen Registerwechsel.

Imdahls Stimme hat etwas dezidiert Musikalisches. Es wirkt, als nimmt sie die Rolle verschiedener Instrumente ein, weshalb Imdahl zuweilen ‚Dirigent' und ‚erste Geige' in einem ist. Er variiert die Stimme stark, je nach Erregungszustand und Atmosphäre des Gesprächs und kann damit eine sehr dramatische und theatralische Stimmung aufbauen, teilweise wie in einer Oper. Entsprechend gibt es ganz unterschiedliche Tonalitäten seines Sprachflusses:

BESCHREIBEND / MODERIEREND: Beispiel für eine monologisierende Eingangspassage: Stimme moderat, ruhig, klar, wenig Tempo, instruierend. Beispiele im dialogischen Sprechen: Wenn er etwas rekapituliert/wiederholt, wesentliche Aussagen nachverfolgt, häufige Formulierung: „Jetzt wollen wir mal in aller Ruhe..."

IN RAGE / AGITATORISCHES SPRECHEN: Weniger in seinen Monologen, mehr im Dialog als Reaktion auf Teilnehmende. Beispiele: Wenn die Diskussion nicht ins Banale abdriften darf oder Imdahl keinen Widerspruch duldet: „Was ist es denn jetzt? Jetzt aber bitte mal mit den Wörtern...". Oder, wenn es darum geht, sich wieder an der Sache zu orientieren bzw. das Phänomen in den Fokus zu rücken: „Ja, aber er (der Künstler) ist der Sache genauso ausgesetzt wie wir." Imdahl will sich hier um jeden Preis behaupten, fällt den Teilnehmenden ins Wort.

IM MODUS DES ENTERTAINMENTS: Imdahl wird unterhaltsamer, wenn er merkt, dass die Teilnehmende nicht so mitgehen bzw. nicht einsteigen. Dann wird er zu einer Art ‚Rattenfänger' und will die Teilnehmenden ein bisschen locken. Besonders deutlich wird dies bei Bill, der offenbar sehr schwer zu besprechen ist. Hier wirbt Imdahl mit seiner mitunter auch koketten, etwas femininen Art: „Ich bin mir da jetzt, meine Damen und Herrn, nicht vollkommen sicher, wie ich bekenne." Er gibt ihnen ‚Zucker', indem er zugibt, dass er selbst unsicher sei, dass er es nicht wisse – dabei wird er stimmlich sehr weich. Er nutzt dann das Understatement, das auch die Frauen in dieser Runde oftmals benutzen. Auch bei Picasso verwendet er diese lockende, weiche Art: „Ja, das ist eben die Frage..." Das ist ein subtiles Vorgehen, das aber auch etwas manipulativ wirkt.

Grundsätzlich fällt auf, dass Imdahl dazu neigt, in einen Redefluss zu verfallen, den er selbst kaum noch stoppen kann. Das mag zwar daran liegen, dass er eventuell Angst hat, ihm könnte die Gruppe sonst entgleiten. Jedoch ist wahrscheinlicher, dass er versucht, durch Sprechen seine Gedanken zu formen, wobei es ihm hilft, wenn er sich dabei bewegt. Insbesondere bei längeren

Passagen ist er häufig in Bewegung, was an der unterschiedlichen Lautstärke seiner Stimme auf dem Audioband deutlich wird. Er hat teilweise auch viel gezeichnet oder gezeigt, gerade bei Bill. Dann versucht er, Dinge gemeinsam zu entwickeln und im Prozess etwas herzustellen.

Charakteristisch sind in diesem Zusammenhang die vielen unabgeschlossenen Sätze, das Neuansetzen in der Rede, das spontane Ersetzen von Begriffen mit solchen, die besser passen. Auch verschachteln sich Sätze dadurch zuweilen so stark, dass Ende und Anfang nicht mehr zusammenpassen. Diese Tendenz wird besonders deutlich, wenn Imdahl versucht, unpassende Bemerkungen der Teilnehmenden in seinen Gedankenfluss zu integrieren. Besonders dann spricht er sehr bruchstückhaft, fragmentarisch und braucht eine Weile, bis er wieder in den Gesprächsfluss kommt.

Weiterhin gehört zu seinem charakteristischen Ausdrucksrepertoire das rheinische ‚Du' in Diskussionen, das mitunter eine Verbrüderungsfunktion hat und nicht im Transkript übernommen wurde. Er nutzt zudem häufig einige sprachliche Wendungen, um das Gespräch zu steuern. Beispielsweise, um das Tempo zu modellieren: „Jetzt wollen wir mal in aller Ruhe...", „Jetzt müssen wir furchtbar aufpassen...". Oder, um nicht ganz passende Äußerungen der TeilnehmerInnen zwar anzuerkennen, sie aber nicht aufgreifen zu müssen: „Möglich...", „Vielleicht...", „Kann sein..." Er verwendet auch spezielle Formen der Bestätigung, um Zeit zu gewinnen: „Ist prima, versteh' ich vollkommen..." Hier stimmt Imdahl eigentlich nicht zu, braucht aber Zeit, um seine Argumentation neu auszurichten.

Wenn Imdahl den Eindruck hat, dass das Gespräch zu sehr vom Gegenstand abdriftet, fordert er deutlich auf, bei der Sache zu bleiben bzw. auf sie zurückzukommen: „Also was ist jetzt die Frage/also das ist jetzt die Frage", „Also bitte jetzt mal mit den Wörtern", „Das ist nicht nur lustig, es ist auch ernst." Oder er greift zurück auf ganz grundlegende, einfache Fragen wie: „Ist es denn 'nen Kopf?", „Kann man es denn nun nachbauen?", die die Teilnehmenden nur mit Ja oder Nein beantworten können. Das dient der Disziplinierung der Teilnehmenden, denn sie sollen keine schnellen Thesen äußern oder etwas vorverurteilen, sondern sich die Sache zunächst genau anschauen.

In Passagen, die sehr zäh sind und/oder in denen es den Teilnehmenden offenbar schwerfällt, Imdahl zu folgen, nutzt er sehr emphatische Formulierungen: „Das ist wahnsinnig wichtig!" (überhaupt verwendet er das Wort „wahnsinnig" auffallend oft). Belobigungen verwendet er entsprechend einer ‚Leckerli-Technik': Ich lobe dich jetzt und dann kommst du noch ein bisschen weiter mit und dann hast du's doch schon!

Charakteristisch sind auch moralische Kategorien in seiner Gesprächsführung, die ihm offenbar dazu dienen, Wahrheiten etablieren zu können: „Ja ist das gelogen?", „Finden Sie das unmenschlich?" Solche Fragen kann man kaum bejahen. So schützt Imdahl das Kunstwerk vor Abwertung und macht es stark als Autorität. Schließlich gibt es auch eine Reihe an griffigen ‚Kalender-Sprüchen': „Zweifel ist ein halber Fortschritt", „Die moderne Kunst ist ein Abenteuer", „Unsicherheit ist ein guter Ausgangspunkt". Damit gibt er den Teilnehmenden etwas an die Hand, was sie mitnehmen bzw. sich aufschreiben können.

EINZELNE ‚TYPEN' UNTER DEN TEILNEHMENDEN

Im Audiomaterial lassen sich verschiedene Personen durch Stimme, Sprachduktus, Habitus, Akzent identifizieren. Insbesondere fällt die Präsenz der wenigen Frauen auf, was im Transkript nicht erkennbar war. Im Folgenden werden die einzelnen Personen, die sich im Audiomaterial heraushören lassen, zu Typen modelliert, um daran die jeweiligen Dynamiken im Gespräch herauszuarbeiten bzw. diese charakterisieren zu können. So kann auch die Interaktion mit Imdahl besser verstanden werden. Bei allen Vorbehalten, dass Typologien natürlich vereinfachte Modelle sind und die Vielfalt des menschlichen Verhaltens nicht abbilden können, hat die Rezeption des Audiomaterials doch gezeigt, dass hier besonders markante Stimmen eine Art Charakterbildung erfahren und spezifische Rollen verkörpern.

DIE KRITISCHE: Ganz leichter Akzent, sehr präsent, selbstbewusst. Sie will mit Imdahl ‚rangeln'. Sie hat einen Anspruch an ihn, der auch mitunter fordernd wirken kann. Sie widerspricht Imdahl zwischendurch deutlich und ist im Gespräch immer wieder mal präsent. Sie liefert eigene Beiträge, unterstützt aber auch andere Teilnehmende; vor allem den „Experten". Dabei hat sie klare eigene Vorstellungen und möchte gern in ihrer Phantasie angeregt werden. Imdahls Interesse für das Formale teilt sie nicht, sondern möchte mehr über Farben und Stimmungen sprechen. Im „Herumgerede" sieht sie keinen Sinn, das Kunstwerk verliere dadurch sogar und werde ‚zerredet'.

DIE ZARTE: Zarte Stimme, zaghaft, vorsichtig, mädchenhaft, ist sehr unsicher. Sie möchte den Prozess nicht mitgehen, sondern gleich die Erkenntnis ‚zum Mitschreiben'. Es fällt auf, dass sie von der Haltung her kritischen Beiträgen anderer gern zustimmt. Imdahl reagiert auf sie zunächst eher genervt, eventuell wegen ihrer etwas ‚mädchenhaften' Art. Er wird einmal sogar unwirsch, als es ihm um einen sprachlichen Erkenntnisprozess geht, sie aber mit ihrem Beitrag eine Abkürzung nehmen will. Sie möchte sich auch später wieder einbringen, interveniert dann zunächst mit einem unsicheren Nachfragen und zum Schluss ganz unvermittelt mit einem ganz neuen Aspekt: „Was halten Sie von Happenings?"

DIE AFFIRMATIVE: Hat einen deutlicheren Akzent als die anderen Frauen, steigt mit ihren Beiträgen um einiges später ein und dann direkt mit einer starken Wertung zu Albers und der *Strukturalen Konstellation:* „Das finde ich direkt genial." Anschließend führt sie das etwas unbeholfen aus: „Ich finde es eine geniale Überlegung (...)" und versucht, nochmal etwas nachzulegen, kommt damit aber nicht mehr durch. In dieser Gesprächspassage wirkt Imdahl sehr dominant und gleichzeitig unbeholfen, weil er das Ruder nicht richtig in die Hand bekommt. Der Begriff des Genialen scheint ihm hier nicht passend, vermutlich, weil eine solche Setzung die jeweilige Erfahrung ausspart und den Künstler unangemessen idealisiert. Idealisierung oder Entwertung sind für ihn die beiden Pole, die dazu führen, dass man keine neue Erfahrung machen kann.

Diese Teilnehmerin äußert sich bei Bill wieder, bestätigt Imdahl nachdrücklich und versucht, in der Situation offensichtlich Harmonie herzustellen: „Ich finde, Sie haben uns eigentlich überzeugt, dass man normalerweise viel zu oberflächlich an solche Betrachtungen herangeht." Diesen Kommentar übergeht Imdahl. Später versucht sie wieder, für Harmonie zu sorgen, indem sie Imdahl beipflichtet, nun auf einer sehr basalen Ebene: „Hier wird aber echt etwas kreatives geschaffen." Sie findet es erneut „genial". Es folgt eine weitere Affirmation: „Ja, aber trotzdem ist mir jetzt klargeworden, dass man sich damit auch Mühe machen muss." Am Ende widerspricht sie Imdahl auch mal: „Nein, das würde ich nicht sagen, das ist unsere Natur" und schließt sich ihm dann aber wieder an, jedoch nun aus einer eigenen Vorstellung heraus: „Ich glaube, das ist für uns schwer zu ertragen, dass uns Grenzen aufgezeigt werden. So sehe ich das."

DER SCHLAUE: Er spricht in seinem rheinischen Akzent relativ schnell, ist sehr bei der Sache und bringt sofort eine fertige These ins Spiel: „Darf ich dazu was sagen, ich sehe da eine Räumlichkeit – eine vierte Dimension schon."

DER EXPERTE: Klare, laute Stimme, leichter Akzent. Er spricht langsam und bedacht. Er ist von Anfang an im Gespräch sehr präsent und prägt es von allen Teilnehmenden am stärksten. Er hat Wissen und möchte es zeigen bzw. teilen. Er denkt über das nach, was andere sagen, kritisiert sie aber auch. Zudem stellt er Vermutungen an: „der Mann muss auch gleichzeitig Architekt gewesen sein" und argumentiert insgesamt sehr gründlich. Dieser Teilnehmer will mit Imdahl auf Augenhöhe sprechen und mit ihm gemeinsam nachdenken. Er bleibt auch durchweg sehr ernsthaft insbesondere in heiteren Situationen und wirkt wie ein ‚Traktor', der langsam und beständig das Feld pflügt – egal, was zwischendurch alles passiert.

Zum ersten Mal taucht dieser Teilnehmer gleich mit einer längeren Passage auf und formuliert seinen eigenen Standpunkt, der sich von dem des „Kollegen" vorher unterscheidet: „Ich habe eben meinen ersten Eindruck von dem Bild festgehalten, ich möchte sagen, es ist für mich eine kubistische Raumaufteilung, (...) und zwar steckt da eine gewisse (...) eine dreidimensionale Wiedergabe, die findet man schon wieder. Deshalb staune ich, daß der Kollege da eine vierte Dimension erkennt." Er geht von seiner handwerklichen Erfahrung aus und misst daran das Werk. Entsprechend bekommt er nun als Handwerker von Imdahl ein Problem vorgelegt, das er nun lösen muss: „Mit Hilfe von Schweißdraht zum Beispiel, müsste das gehen." Später hört man ihn in einer längeren Passage: „Als Handwerker möchte ich behaupten, wenn ich die Kästen zuerst schaffe und die dann in dem Winkel zueinander (...)", die dann Imdahl ungeduldig unterbricht. Der Teilnehmer will aber seine Gedanken ausführen: „Ich bin noch nicht zu Ende" und bleibt konstant bei der Sache. Er reagiert auch nicht beleidigt oder entrüstet auf die häufigen Versuche Imdahls, ihn zu stoppen.

Zu Bill äußert er sich nicht (später wird er anmerken, dass ihm dieses Werk unverständlich geblieben ist), erst wieder zu Picasso, wo er mit Imdahl ein Gespräch zwischen Experten sucht: „Ist das nicht eins seiner letzten Bilder... wo er doch selbst schon mit sich im Zweifel war..." Hier greift Imdahl seine Aussagen meist sehr anerkennend auf. Später im Gespräch unterhält sich der Teilnehmer eine ganze Passage lang mit Imdahl, bietet ihm Thesen an: „Aber Herr Professor, Sie verlieren sich immer so in die Technik des Bildes. Lassen wir das doch mal weg, lassen Sie uns doch mal einfach von der Stimmung leiten." Imdahl fragt nach: „Also, und was meinen Sie dazu?" Er führt dann seinen Einwurf weiter aus und äußert sich zusammenfassend zu den einzelnen Werken, die Imdahl gezeigt hat.

Insgesamt versucht dieser Teilnehmer, Imdahl zu leiten und zu flankieren. Wenn ihn der inhaltliche Zusammenhang interessiert, ist er sehr präsent und wird zum Co-Moderator. Bei aller Kritik an der Sache, bleibt er durchgängig wohlwollend und wertschätzend. Er äußert sich differenziert: Was er verstanden hat und akzeptieren kann – und was auch nicht.

DER DIFFUSE: Helle Stimme, rheinischer Akzent, fragender bisweilen auch verwunderter Ton, eine Art Singsang. Insgesamt wirkt dieser Teilnehmer etwas diffus, ist aber durchaus aufmerksam, auch wenn er seine Argumente und Erkenntnisse oft nicht richtig sprachlich fassen kann. Er stellt Dinge in Frage: „Zum Beispiel eine Zeichnung, da kann man sich etwas drunter vorstellen, die regt die Phantasie an. Wir hatten jetzt letztens im Erholungsraum – welcher Künstler das war, weiß ich nicht – der hatte Bilder unter anderem ausgestellt, das war – ich nehme zum Beispiel mal eins – da war ein Bleistiftstrich (...)". Dann bringt er das ‚Duchamp-Argument', durchdenkt es aber nicht und präsentiert es unklar: „Dann brauche ich als Künstler nur irgendwas in den Raum stellen (...)" Insgesamt lässt er sich auf den Erkenntnisprozess ein, bleibt aber eher kritisch. Er kennt offenbar viele Werke, jedoch fällt es ihm schwer, dieses Wissen mit seiner konkreten Erfahrung zu verknüpfen. Er versucht wiederholt vergeblich eine Verbindung herzustellen.

DER BODENSTÄNDIGE: Tiefe Stimme, spricht unklar, sehr starker rheinischer Akzent. Insgesamt bedient er eher ein Alltags-Niveau. Drängt sich oft mit ganz anderen Erfahrungen ins Gespräch und unterbricht es damit abrupt, will dann auf eine ganz einfache Ebene hinaus und zwar zu seinen persönlichen Ansichten. Gleichzeitig ist er recht geltungsbedürftig, bremst dadurch das Gespräch. Dieser Teilnehmer versteht nicht, worum es geht: „Eine Frage, was bezwecken Sie damit?" Für ihn stellen sich die Phänomene ganz einfach dar. Daher beteiligt er sich auch bereitwillig am Gespräch, wenn ganz konkrete Fragen gestellt werden. Bei Bill denkt er sofort problemlos die Farbreihe weiter; hakt zwar auch hier nach und hat Schwierigkeiten, dem Gespräch zu folgen: „Habe ich das jetzt richtig verstanden?" Er ist aber ganz engagiert.

Dann setzt er wiederum auf einer Ebene an, die Imdahl ‚versehentlich' selbst geöffnet hat: „Ich entsinne mich, als Kind habe ich diese Art von Würfel auch mal gemalt (...) Ist das Kind deshalb ein Künstler?" Imdahl macht daraus einen Witz und versucht, von der Diskussion um den Künstler wieder wegzukommen. Auch wenn das Gespräch schon recht weit gediehen ist, unterbricht dieser Teilnehmer und bringt seine eigene, grundlegende Einschätzung ein: „Wenn ich mir die obere Hälfte des Bildes anschaue, also das ist ein bisschen geschmackvoll (...)", „Das wäre viel natureller". Er lenkt ab, indem er über die Leute spricht, die sich so ein Bild an die Wand hängen, ohne es verstanden zu haben. Imdahl reagiert genervt: „Wieviel Leute gehen sonntags in die Kirche und denken ans Frühstück?" Damit trifft er in gewisser Weise die Ebene des Teilnehmers.

DER SPASSVOGEL: Interveniert zwischendurch: „Hans, wenn du das baust, dann kannst du das verkaufen. (...) Wenn du das schaffst, dann können Sie Ihre Professur abgeben." Imdahl greift diese Interventionen auf und kontert beispielsweise: „Das würde ich dann auch machen", was allgemeine Heiterkeit auslöst.

ZUSAMMENFASSUNG

Dieses Gespräch ist insgesamt ein sehr typisches und auch interessantes Gespräch, weshalb es ein Glücksfall war, dass ausgerechnet dazu das Audiomaterial bereitgestellt werden konnte.

Zum einen konzentriert es sich auf die Werkfolge Albers-Bill-Picasso, die Imdahl besonders wichtig war und lässt zum anderen die für die gesamten Gespräche signifikanten Schwierigkeiten nachvollziehbar werden, auf die Imdahl mit seinem methodischen Vorgehen, aber auch mit seinen Thesen stieß. Es ist den Teilnehmenden letztendlich kaum möglich, einen Zugang zu Kunstwerken zu finden, die weder eine Referenz zur Wirklichkeit aufweisen, noch mit starken Emotionen oder Reaktionen arbeiten (wobei z.B. später bei Newman, aber auch bei Vasarely, wo es ebenfalls um eine Überwältigung des Betrachtenden geht).

Insgesamt sind es diese acht herausgearbeiteten Personen, die neben Imdahl das Gespräch aktiv mitgestalten. Andere sind immer wieder im Hintergrund zu hören: sie stimmen zu, murmeln (mit Nachbarn), lachen oder leisten kurze Beiträge vor allem bei konkreten Fragen, z.B. wie viele Frauen bei Picassos *Der Traum* zu sehen sind oder ob sich Albers *Strukturale Konstellation* nachbauen lasse.

Am stärksten ist in diesem Gespräch der ‚Experte' präsent, der sehr ernsthaft an der Sache interessiert ist und inhaltlich maßgeblich zum Gespräch beiträgt. Imdahl kann gut mit ihm umgehen, weil er eine ruhige und ernsthafte Art hat und ihm auch sprachlich die Stirn bietet. Zudem reagiert er gelassen auf Imdahls impulsive Art, ihn bisweilen zu unterbrechen bzw. ‚abzuwürgen'.

Trotz der recht sperrigen visuellen Kost, die Imdahl den Teilnehmenden in diesem Gespräch anbietet (insbesondere das Werk von Bill), handelt es sich um ein ergiebiges und interessantes Gespräch. Vor allem die Eindrücke der Tonspur relativieren den zunächst zähen, redundanten Eindruck des Transkripts. Dazu tragen Imdahls Humor, seine rheinische Art und der akustisch deutlich vernehmbare Habitus eines ‚zerstreuten' Professors bei, wodurch die gesamte Atmosphäre doch recht heiter und kurzweilig wirkt. Auch das gemeinsame ‚Gerangel' um die Sache wird nun sehr viel plastischer.

5 GESPRÄCHE IM VERGLEICH

	THEMENFELD I	THEMENFELD II	THEMENFELD III
Gespräche	#1_06.02.1979 #4_22.04.1980	#2_05.11.1979 #3_08.01.1980	#5_20.05.1980 #6_28.10.1980
Kunstwerke	Albers Bill Picasso	Seurat Mondrian (van Doesburg) (Albers) Newman	Vasarely/Morellet (Albers) Mondrian Fruhtrunk

Im Folgenden werden nun alle sechs als Transkript vorliegende Gespräche miteinander verglichen, um zu einer Einschätzung ihrer spezifischen Qualitäten zu kommen. Dazu wird versucht, ihre charakteristischen Aspekte und Merkmale herauszuarbeiten, die Strategien im Vorgehen Imdahls sowie Muster der Kommunikation zu identifizieren und innerhalb der drei Themenbereiche abzugleichen.

Folgende Fragen bildeten die Grundlage für den Vergleich: Konnte Imdahl den Teilnehmenden verständlich machen, worum es ihm ging und was er im Gespräch von ihnen erwartete? Kamen die Gespräche innerhalb der einzelnen Themenfelder zu gleichen bzw. unterschiedlichen Ergebnissen und welchen Anteil hatte daran die jeweilige Gruppe? Es stellte sich auch die Frage, ob Imdahl sein grundlegendes Ziel erreichen konnte, die Teilnehmenden für Phänomene moderner Kunst zu öffnen? Konnte er sie von der Sinnhaftigkeit dieser Kunst überzeugen und waren dafür seine Thesen hilfreich? Welche Konflikte ergaben sich und welche Wirkung hatten sie auf den jeweiligen Prozess? Insgesamt: lassen sich an den Gesprächen Qualitäten ablesen und wie sind diese zu charakterisieren?

Die Gespräche werden durch zwei wesentliche Einflussfaktoren geprägt und untergliedert. Erstens beeinflusst die jeweilige Gruppe und ihre Dynamik den Verlauf und die Atmosphäre, zweitens werden sie inhaltlich durch die drei Themenfelder sowie strukturell durch die Auswahl der Werke bestimmt. Zudem hatte Imdahl immer noch ein paar Dias in der Hinterhand, die er spontan einsetzen konnte (das betrifft die Werke in Klammern).

5.1 THEMENFELDER

THEMENFELD I

#1	06.02.1979	Josef Albers: *Strukturale Konstellation*, 1957 Max Bill: *Feld aus sechs sich durchdringenden Farben*, 1966/67 Pablo Picasso: *Der Traum*, 1932 sowie die *Zeichnung eines Frauenkopfs*, 1940
#4	22.04.1980	Josef Albers: *Strukturale Konstellation*, 1957 Max Bill: *Feld aus sechs sich durchdringenden Farben*, 1966/67 Pablo Picasso: *Der Traum*, 1932 sowie die *Zeichnung eines Frauenkopfs*, 1940

Charakteristisch für das Themenfeld I ist, dass Imdahl in beide Gespräche direkt mit einem Werk ungegenständlicher Kunst einsteigt und zwar der *Strukturalen Konstellation* von Josef Albers. Im Anschluss präsentiert er dann die Farbfelder von Max Bill, ein weiteres ungegenständliches Werk, das sogar noch hermetischer wirkt als Albers. Auch wenn den Teilnehmenden mit dem dritten Werk, dem Gemälde *Der Traum* von Pablo Picasso, sicherlich ein künstlerisch vertrauteres Beispiel geboten wird, das zudem eine Referenz zur Wirklichkeit hergestellt, so wirken die Schwierigkeiten der Rezeption nach, die mit den ersten beiden Bildern entstanden sind. (Die Abbildungen von Albers, Mondrian und Newman finden sich im Kapitel 4.)

Auffallend ist, dass Imdahl in der Vorrede zu Gespräch 1 sehr viel programmatischer einsteigt als in der Vorrede zum Gespräch 4. Letztere klingt zwar insgesamt vager, Imdahl wirbt hier jedoch deutlich stärker um die Teilnahme am gemeinsamen Gespräch. War es Imdahl im Gespräch 1 noch besonders wichtig, den Begriff des „Experiments“ hervorzuheben, gekoppelt an ein „Risiko“, so kreist seine Vorrede zu Gespräch 4 stärker um die Bereitschaft der Teilnehmenden, auf das, was er ihnen jetzt zeigen wird, zumindest „ein paar Gedanken" (#4, 100) zu verwenden. Er wendet sich hier auch direkter an die Gruppe und bittet sie mehrmals, im Gespräch „ehrlich" ihre Meinung zu sagen. Es wirkt, als wäre ihm mittlerweile bewusst geworden, wie sehr er auf das offene und aktive Mittun der Teilnehmenden angewiesen ist.

Die Übergänge in die Gespräche gestalten sich entsprechend der Vorreden unterschiedlich. So wirkt der Übergang im Gespräch 1 eher unverbindlich: „Will sich jemand zu der Zeichnung äußern?" (#1, 12) und löst einige Nachfragen aus, was Imdahl nun genau möchte, bevor das Gespräch dann beginnt.

Der Einstieg ins Gespräch 4 gestaltet sich analog zur deutlich persönlicheren und weniger anspruchsvoll formulierten Vorrede geschmeidiger. Imdahl fragt hier: „Was würden Sie zu so einer Zeichnung sagen?" (#4, 100) Ein Teilnehmender präsentiert dann direkt seine Deutung zu Albers: „optische Täuschung" (ebd.). Insgesamt wirken hier die Teilnehmenden gleich zu Beginn orientierter und verhalten sich auch selbstbewusster. Eine Deutung des Werks kam für Imdahl aber zu früh, weshalb er recht unvermittelt das Gespräch an sich reißt und im Folgenden stark steuert.

Eine Besonderheit beider Übergänge in die Gespräch ist, dass Imdahl den Künstler Josef Albers außerordentlich emphatisch einführt und zwar als „weltberühmter Konstrukteur" (#1, 12) bzw. als ein „sehr bedeutender und berühmter Künstler" (#4, 100). Diese ‚Ehre' wird den anderen Künstlern nicht zuteil. Vermutlich möchte Imdahl auf diese Weise einer direkten Ablehnung dieser Art von Kunst entgegenwirken.

GESPRÄCH 1

Zunächst diskutieren die Teilnehmenden lange die Frage, ob man die *Strukturale Konstellation* von Albers nachbauen kann oder nicht. Dann beginnt Imdahl, seine paradoxe These vom Einfachen im Komplizieren zu entwickeln. Er versucht zunächst, die ‚einfachen' Aspekte der Konstellation herauszuarbeiten, die sich vor allem aus ihrer Symmetrie ergeben. Bereits beim Übergang zum Komplizierten (festgemacht am Umspringeffekt) interveniert ein Teilnehmender: Was hat das mit Kunst zu tun? Es entsteht der Eindruck allgemeiner Irritation.

Auch mit Bill löst sich das Befremden nicht auf. Zum einen gibt es Probleme mit der Projektion, weil der Raum zu hell ist und sich deshalb die Farben nicht richtig erkennen lassen. Zum anderen wirkt dieses Werk auf die Teilnehmenden noch unzugänglicher als das Werk von Albers, bei dem sie zumindest der Umspringeffekt irritierte.

Imdahl fragt, ob und wie sich die jeweiligen Farbreihen bei Bill fortsetzen lassen, weil das Ausschnitthafte des Bildes diese Frage geradezu aufdrängt. Ähnlich wie bei Albers sind es die semantisch doppelt bzw. mehrfach „belegten" (Farb-) Felder, die diese an sich ganz einfache Konstruktion kompliziert machen: So lassen sich die Farbreihen mit gleichen Farbtönen fortsetzen, die Reihen mit verschiedenen Farbtönen lassen jedoch keine Regel erkennen. Diese fehlende „Lösung" bietet Imdahl wiederum als Sinn dieser Konstruktion an, als einen „positive(n) Konflikt": „daß ein Phänomen (...) Elemente enthält, die auf Unendlichkeit drängen, und daß ein Phänomen Elemente enthält, die auf Begrenzung drängen." (#1. 25)

Es fällt auf, dass sich Imdahl hier mit Bill fast alleine beschäftigt, indem er Fragen stellt, die er oftmals selbst beantwortet. Zum wiederholten Mal kommt es zu Interventionen. Jemand fragt, warum man sich nicht mit den Farben beschäftigt oder ein anderer: Was denn daran so reizvoll sei, sich mit etwas zu beschäftigen, wofür es keine Lösung gebe? Einige finden das Unterfangen sinnlos, andere haben das Gefühl, dass damit das Werk zerredet werde: „(...) um so weniger schön finde ich das dann nachher." (#1, 27) Man spürt, wie Imdahl dieses Ringen um Erkenntnis bzw. um die Anerkennung dieser Kunst anstrengt. Er bittet um eine kleine Pause.

Mit Picassos Gemälde *Der Traum* wird das Gespräch gleich viel lebendiger. Die Teilnehmenden fühlen sich nun auch emotional angesprochen, was Imdahl trotz seines Interesses am Formalen unterstützt. Die Gruppe geht zunächst gut mit, dennoch kommt es auch hier zu einem Gerangel. Imdahl möchte über die verschiedenen Ansichten sprechen, einige Teilnehmende beschäftigt eher die Stimmung, ein weiterer Teilnehmer möchte gern mit Imdahl über Picasso als Künstler fachsimpeln.

Imdahl setzt sich schließlich mit seiner Agenda in Bezug auf das Werk durch und erklärt es in längeren Monologen. Dabei geht es ihm vor allem um die besondere Möglichkeit der Deformation, etwas sichtbar zu machen, was es so in Wirklichkeit nicht zu sehen gibt. Er präsentiert eine weitere Zeichnung von Picasso: *Zeichnung eines Frauenkopfes*, um das anschaulich zu machen. Ein sprachlich sehr versierter Teilnehmer setzt jedoch noch einmal grundsätzlich an: Bei Albers und Picasso habe er verstanden, worum es Imdahl gehe, das Werk von Bill fände er nach wie vor irritierend. Imdahl wirbt erneut für die Qualität der Irritation, kann die Gruppe davon jedoch nicht wirklich überzeugen.

GESPRÄCH 4

Hier trifft Imdahl auf eine Gruppe, die zwar durchaus engagiert ist, aber im Unterschied zur Gruppe im Gespräch 1 vermutlich keine besonders starken Einzelpersönlichkeiten aufweist. Dafür kann Imdahl seine Erkenntnisschritte sehr viel erfolgreicher durcharbeiten, wenngleich offenbleibt, ob am Ende der ‚Funke' als das, was für Imdahl diese Kunst so reizvoll macht, wirklich übergesprungen ist.

Bei Albers können die Teilnehmenden zunächst durchaus verstehen, dass es neben dem Einfachen auch etwas Kompliziertes an dieser Konstruktion gibt, nur machen es einige daran fest, dass es sich ihrer Meinung nach um eine optische Täuschung handelt. Zumindest einer der Teilnehmenden scheint sehr mit Imdahl mitzugehen und seine Argumentation zu verstehen: „Der Mensch ist ja so veranlagt, daß er immer versucht, aus den Dingen etwas zu machen. Aber da wir jetzt zu keinem Schluß kommen und auch zu keinem Schluß kommen werden, werden wir uns mit dem Ding immer beschäftigen. Und das ist wahrscheinlich auch der Sinn der Sache." Und wenig später: „Damit haben Sie uns ganz schön herausgefordert." (#4, 107)

Mit Bill gibt es wieder Probleme bei der Projektion. Das anschließende Gespräch dazu verläuft zwar auch hier reibungsloser als beim Gespräch 1, der Erkenntnisprozess gestaltet sich dennoch zäh. So versucht Imdahl, einige Erkenntnisschritte selbst zu liefern, um schneller voran zu kommen, muss dann aber feststellen, dass die Gruppe nicht folgen kann. Die Teilnehmenden sind zwar durchaus engagiert bei der Sache, auch wenn manche dem Phänomen befremdet gegenüberstehen. Ein Teilnehmender versucht es mit einer witzigen Assoziation „Karnevalsstreifen", was Imdahl jedoch deutlich zurückweist: „Bitte!" (#4, 112). Von da an scheint allen der Ernst der Sache klar zu sein, obwohl es ihnen ganz offensichtlich schwerfällt, Imdahl gedanklich zu folgen. Vielleicht versucht er sie deshalb zu ‚ködern', indem er den kleinsten Schritt in die richtige Richtung euphorisch unterstützt: „Wie kommen Sie auf diese Wahnsinnsaussage?" (#4, 113) oder: „das ist ja ganz phantastisch", „das interessiert mich wahnsinnig" (#4, 115).

Interessanterweise spricht Imdahl hier (wie bereits im Gespräch 1) in Bezug auf Bill wiederholt von seiner eigenen Unsicherheit: „Ich weiß es nicht, ich weiß es wirklich nicht." (#4, 114) Vielleicht möchte er sich auf diese Weise mit der Gruppe solidarisieren. Andere Aspekte, die eingebracht werden, versucht er eher abzuhaken bzw. zu übergehen, um weiter zu kommen. Insgesamt hat man den Eindruck, dass Imdahl in diesem Gespräch sehr auf sich und die Sache fokussiert ist, vielleicht, weil die Gruppe Mühe hat, den verhandelten Zusammenhängen zu folgen. Schließlich präsentiert Imdahl seine These zu Bill fachlich recht abgehoben, um möglicherweise weitere Einsprüche der Teilnehmenden zu verhindern: „Aber verstehen Sie, das nennen wir Dialektik, das ist eine Spannung von gegenstrebigen Impulsen gewissermaßen, auch dadurch, daß man die Sache unter denselben Bedingungen ganzheitlich begrenzt als auch unendlich sieht." (#4, 117)

Die Auseinandersetzung zu Picasso verläuft ohne große Interventionen, ist inhaltlich aber auch weniger gehaltvoll als im Gespräch 1. Bis zum Schluss kann Imdahl nicht verständlich machen, worin er nun die große Leistung von Picasso sieht. Er versucht die Teilnehmenden mit viel Emphase, aber letztlich vergebens, ‚mit ins Boot zu holen'.

FAZIT

Die Entscheidung, jeweils mit der Strukturalen Konstellation von Albers einzusteigen, prägt beide Gespräche. So zeigen sich die Teilnehmenden von Anfang an deutlich irritiert. Das wurde im ersten Gespräch dadurch verstärkt, dass Imdahl nicht genügend klären konnte, was er überhaupt von den Teilnehmenden erwartet. Sie versuchen zwar, sich auf die Gespräche einzulassen und insbesondere Imdahls Frage, ob sich diese Konstellation mit Draht nachbauen lasse, engagiert abzuwägen. Aber es beschäftigt sie von Anfang an die grundsätzliche Frage, ob das überhaupt Kunst ist und was Imdahl damit bezwecken will.

Diese Irritationen werden mit dem Bild von Bill noch verstärkt, weil sich den Teilnehmenden hier noch weniger die Möglichkeit eines sinnlichen Zugangs bietet. So steht Imdahls Leitfrage, wie sich die Felder weiterdenken lassen im deutlichen Gegensatz zu dem, was die Teilnehmenden an dem Werk interessiert: die Farben und die Stimmung. So kommen hier kaum noch Diskussionen zustande, weil es vor allem darum geht, ‚richtige' Antworten zu liefern. Der künstlerische Reiz bei Bill bleibt den Teilnehmenden bis zum Schluss verschlossen.

Mit Picasso werden beide Diskussionen zwar lebendiger und man fragt sich, warum Imdahl nicht mit diesem Werk eingestiegen ist. Andererseits ‚passt' es mit seiner figürlichen Thematik nicht zu den beiden anderen Arbeiten. Natürlich lässt sich eine Parallele zum Formalen herstellen, sie wirkt jedoch bemüht. Eventuell wollte Imdahl mit diesem Werk exemplarisch den Übergang vom Figürlichen in die Abstraktion veranschaulichen.

Zu intensiveren Passagen kommt es dann in beiden Gesprächen, wenn einzelne Teilnehmende intervenieren und Imdahl grundsätzlich zur Kunst oder zu den gezeigten Werken befragen. Es sind vor allem Einzelpersönlichkeiten, in denen offenbar gedanklich etwas in Bewegung geriet, für das sie nun von Imdahl Antworten einfordern. Hier brilliert Imdahl immer wieder mit seiner Schlagfertigkeit, aber auch mit seinem Humor.

VERHANDELTE THESEN

- In der Rationalität liegt mit gleicher Qualität etwas Irrationales. (Albers)
- Das Einfache im Komplizierten. (Albers)
- Es lässt sich nicht auf den Begriff bringen, dass ein Phänomen Momente enthält, die gleichzeitig auf Endlichkeit wie auf Unendlichkeit drängen. (Bill)
- Es geht um Erfahrungen von Dialektik, resultierend aus einer Spannung gegenläufiger Impulse. (Bill)
- Diese Erfahrung können wir nur an diesem spezifischen Kunstwerk machen. (Bill, Picasso)

- Nur ein Kunstwerk kann uns diese Phänomene zu denken geben. (Übergreifend Picasso, Bill, Albers)
- Man kann hier etwas sehen, was man sich nicht ausdenken kann, sondern was man sinnlich erfahren muss. (Picasso mit Verweis auf Bill, Albers)

THEMENFELD II

#2	05.11.1979	Georges Seurat: *Le Chenal de Gravelines, Petit Fort Philippe,* 1880 Piet Mondrian: *Komposition mit Rot, Gelb und Blau,* 1927 Barnett Newman: *Jericho,* 1968/69 und *Who's afraid of red, yellow and blue, III,* 1966/67
#3	08.01.1980	Georges Seurat: *Le Chenal de Gravelines, Petit Fort Philippe,* 1880 Piet Mondrian: *Komposition mit Rot, Gelb und Blau,* 1927 Theo van Doesburg: *Contra-Komposition von Dissonanten XVI,* 1925 Josef Albers: *Strukturale Konstellation,* 1957 Barnett Newman: *Jericho,* 1968/69

Für das Themenfeld II ist charakteristisch, dass Imdahl hier mit einem gegenstandsbezogenen Werk beginnt und daran Werke ungegenständlicher Kunst anschließt. So steht am Anfang ein optisch recht reduziertes Hafenbild von Seurat (Abb. 4), an dem Imdahl zunächst die Konstruiertheit unabhängig von der Wirklichkeit bewusst machen möchte. Anschließend möchte er an Mondrian bzw. Newman zeigen, dass es in der gegenstandslosen Kunst um etwas ganz Verwandtes geht. (Die Abbildung von Albers findet sich auf S. 51.)

Die Vorrede zum Gespräch 2 ist äußert langatmig. Imdahl mäandert recht umständlich von Stichwort zu Stichwort. Er verwendet zu Beginn häufig das Wort „merkwürdig", was irritiert. Interessant ist auch die begrifflich religiöse Anleihe, die Teilnehmenden nicht zu „begeisterten Aposteln" machen zu wollen, auch das später folgende „sich offenbaren" suggeriert eine Art Initiation, auf die er hinauswill (#2, 42). Insgesamt betont Imdahl hier die Offenheit des Settings und die Ehrlichkeit, mit der sich alle beteiligen sollen. Auch er selbst zeigt sich als Person und möchte eine gute Atmosphäre schaffen. Was er sagt, klingt ehrlich und authentisch, nicht zuletzt durch seinen Kommentar, dass er,

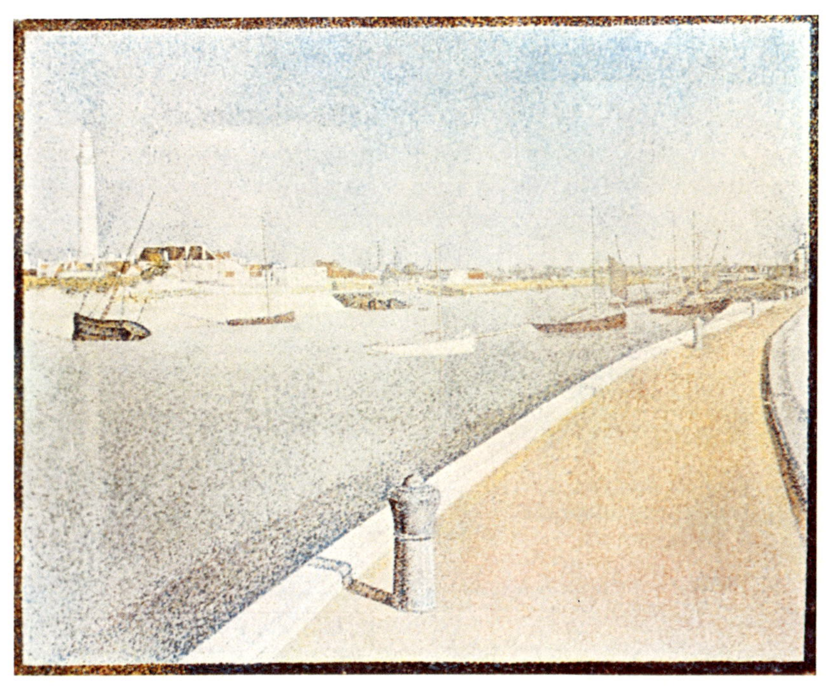

Abb. 4, Georges Seurat: *Le Chenal de Gravelines, Petit Fort Philippe,* 1880

wie immer, „furchtbar aufgeregt" (ebd.) sei. Selbst die Begriffe „Experiment" und „Risiko" mildert er: „Wenn es nicht klappt, ist das auch eine Erfahrung (...)" (ebd.). Demgegenüber fällt die Vorrede zum Gespräch 3 fast völlig weg.

So verschieden sich beide Vorreden gestalten, so ähnlich disparat sind dann die Übergänge ins Gespräch: Den Einstieg ins Gespräch 2 nutzt Imdahl, um länger auszuholen, was er genau mit Seurat vorhat und wie der Künstler historisch einzuordnen ist. Im Anschluss folgt direkt die Frage, wie die Teilnehmenden das Bild finden. Imdahl zielt also auf ihre Meinung, statt z.B. neutraler zu fragen: „Was fällt Ihnen denn auf?" Das parieren die Teilnehmenden knapp mit Adjektiven wie „schön" und „farblos". (#2, 42)

Im Unterschied dazu beginnt Imdahl das Gespräch 3 fast mit einem ‚Kaltstart': „(...) also fangen wir mal an." Nachdem er recht umständlich vorausgeschickt hatte: „Und vielleicht ist es am allerbesten, Sie fangen mal an, sich zu dem Bild zu äußern – ob Ihnen das gefällt, ob Ihnen das nicht gefällt, was Ihnen möglicherweise daran gefällt." (#3, 72) Das wird die Teilnehmenden irritiert haben. Imdahl geht sogar soweit, die erste Antwort bereits selbst vorwegzunehmen: „dargestellt ist ja ganz offensichtlich ein Hafen." (ebd.) Auf sein aufforderndes „Bitte" kommt eine ‚ehrliche' Bewertung: „Ich nehme das Bild so wie es ist. Es sagt mir nicht viel." (ebd.) Darauf reagiert Imdahl abweisend mit einem längeren Monolog, statt die Runde zu öffnen und zum Beispiel nach weiteren Assoziationen zu fragen.

GESPRÄCH 2

Die Sequenz zu Seurat verläuft trotz Imdahls werbender Vorrede zunächst zäh. Vermutlich sind die Teilnehmenden irritiert, weil Imdahl anfangs um ihre offene und ehrliche Meinung bat, diese nun aber offensichtlich gar nicht gefragt ist. Ihm geht es um die Komposition und es wird deutlich, dass er auf ganz bestimmte Inhalte abzielt, die er in längeren Monologen meist selbst liefert. Das Gespräch gestaltet sich hier eher wie ein ‚Ostereiersuchen', indem Imdahl einzelne Aspekte suggestiv abnicken lässt oder die Antwort bereits in der Frage ausrichtet: „Ja, und wem ist das ähnlich (gemeint ist die Diagonale)?" (#2, 47), „Was tun sie (die Wolken) noch?" (ebd.)

Mit dem Übergang zu Mondrian (Abb. 5) werden die Teilnehmenden plötzlich aktiver und durchaus provokant: „Ich würde das Wort Bild nicht einmal benutzen für diese Grafik oder was das ist", „Das ist kein Bild.", „Buchdeckel", „Angsttraum eines Mathematikers". (#2, 50) Imdahl schafft es jedoch, sie für eine Auseinandersetzung mit Mondrian zu gewinnen. Förderlich

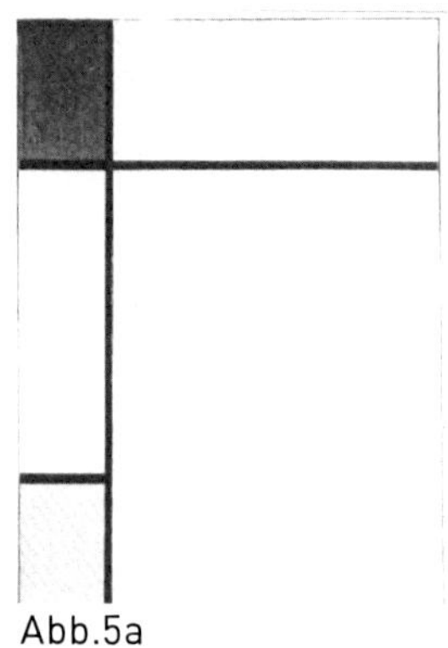
Abb.5a

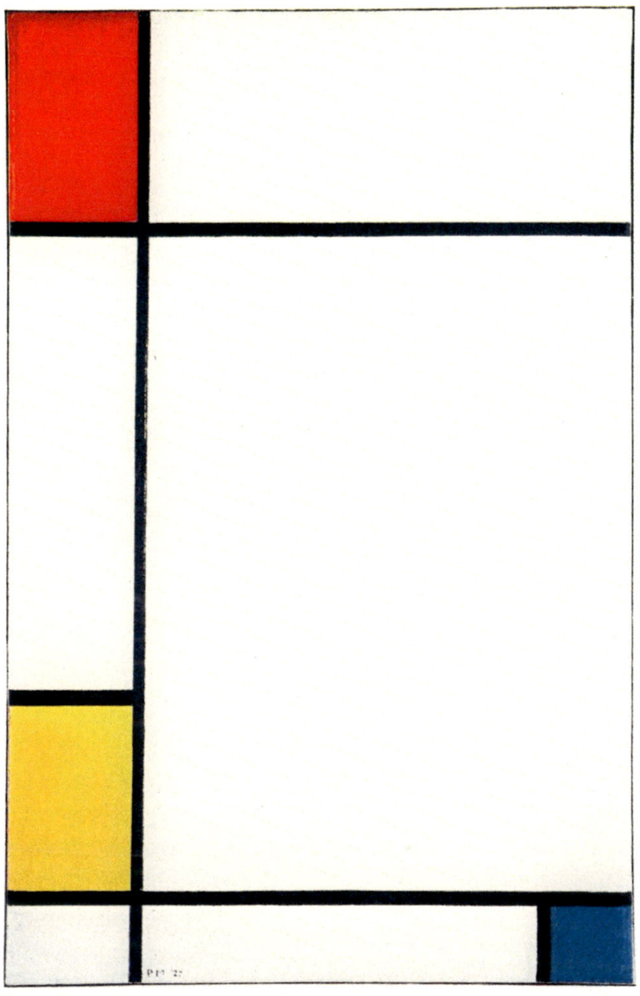

Abb. 5, Piet Mondrian: *Komposition mit Rot, Gelb und Blau*, 1927

ist, dass er das Original mit einer beschnittenen Variante (Abb. 5a) vergleichen lässt und konkret nach der Stimmigkeit der Komposition fragt.

Kurz vor dem ‚Ziel', im Mondrian „das Koordinatensystem unserer eigenen Existenz und der Welt, die uns umgibt" zu erkennen (#2, 53), regt sich Widerstand in der Gruppe: „Wissen Sie, mir fällt schwer, in so ein Bild so etwas hineinzuinterpretieren." Und: „Ich würde mich nicht damit auseinandersetzen, wenn ich nicht unbedingt müsste." (#2, 55) In einem konstruktiven Hin- und Her kann man sich aber darauf einigen, dass man „durch eine vernünftige Anleitung (..) an so etwas herangeführt werden kann und man seine Vorerwartungen dann ja auch revidieren kann." (#2, 56). Die Teilnehmenden bleiben aber dabei, dass sie Mondrian zu „zu blaß und zu wenig spannungsgeladen" finden (ebd.).

Bei Newman (Abb 6) folgen die Teilnehmenden zwar zunächst der üblichen Strategie Imdahls, in einem ersten Schritt die Komposition zu analysieren, um im zweiten Schritt auf das Paradox des Einfachen im Komplizierten zu kommen. Sie zeigen sich dazu aber auch emotional von dem Werk angesprochen: „Sog" (#2, 59), „Einsamkeit", „Leere" (#2, 65). Darauf geht Imdahl durchaus ein, weil er diese Assoziationen für seine These nutzen kann. Das Gespräch wird in dieser Passage sehr fruchtbar und auch Imdahl kann seine Anliegen erfolgreich unterbringen. Deshalb verwundert es, dass am Ende des Gesprächs doch wieder einige Teilnehmende vehement intervenieren und ihr Unverständnis gegenüber den Zielen Imdahls und der ganzen Veranstaltung vorbringen, was wie ein Affront wirkt, angesichts des großen Bemühens von Imdahl um Verständnis.

GESPRÄCH 3

Im Unterschied dazu ist das Gespräch 3 ganz von Imdahls Ungeduld der Vorrede geprägt. Er zeigt zunächst Seurat und bittet die Teilnehmenden, ihre Meinung dazu zu äußern. Sie steigen direkt ein: „Es sagt mir nicht viel." (#3, 72) Das war vermutlich nicht die Antwort, die Imdahl erwartet hatte, weshalb er fortan das Gespräch übernimmt und in längeren Monologen inhaltlich steuert. Er analysiert das Werk und unterbreitet seine Thesen dazu bzw. zielt wieder suggestiv auf die Zustimmung der Gruppe: „Da ist doch noch nichts gelogen, oder haben wir was gelogen? (#3, 75) „logisch wäre dann das Gegenteil von was?" (#3, 76), „Ist das klar? (...), würden Sie dem zustimmen?" (Ebd.)

Mit einem der Teilnehmer hat Imdahl dann offensichtlich gut zusammengearbeitet („ich habe mich ein bisschen viel mit dem Herrn allein unterhalten" (#3, 76)). Ein großer Teil der Gruppe scheint jedoch zu schweigen. Es wird vielleicht für Unmut gesorgt haben, dass Imdahl auch hier anfangs um eine Meinung zu Seurat bat, die Beiträge dazu aber nicht aufgreift. Das würde erklären, weshalb einige Teilnehmende auf Mondrian spontan sehr ablehnend reagieren: „Ist das ein Bild?", „Keine künstlerische Aussagekraft." (3#, 78) Ein Teil-

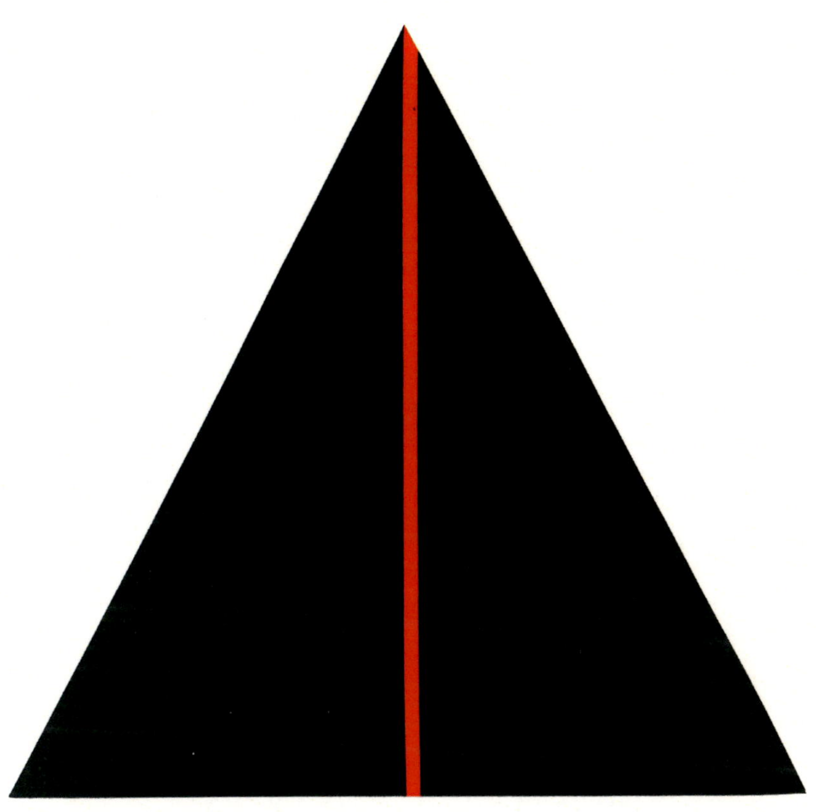

Abb. 6, Barnett Newman: *Jericho,* 1968–69

nehmender versucht, den Künstler als Referenz ‚ins Boot zu holen': „was der Künstler sich dabei gedacht hat". Das weist Imdahl aber klar zurück: „Nein, Sie müssen einfach mal selber zusehen, was Sie damit anfangen können." (Ebd.)

Im Laufe der Passage zu Mondrian zeigt sich, dass die Teilnehmenden offenbar nicht verstanden haben, dass sich die an Seurat gewonnene Einsicht, ein Bild rein über die Komposition zu legitimieren, auch auf Mondrian übertragen lässt. Man kann sich aber dennoch einigen, dass das Bild von Mondrian vollkommen ist, die von Imdahl als Vergleich präsentierte beschnittene Variante jedoch nicht.

Auch hier kommt es zum Widerstand in der Gruppe, der diesmal stärker auf Imdahl als Person gerichtet ist. Zunächst muss er auf einen Einwand hin beipflichten, dass er „mal wieder einen Fehler gemacht" habe: „ich hätte Ihnen eigentlich zuerst das rechte Bild (also die beschnittene Version) zeigen müssen", statt zuerst das Original. Das sei, so Imdahl, von der letzten Gruppe auch moniert worden. (#3, 82)

Dieses Eingeständnis wird bei den Teilnehmenden vermutlich den Eindruck verstärkt haben, dass ihre Beträge von ihm nicht wirklich ernst genommen werden. Sie vermuten außerdem, dass Imdahl etwas ins Bild hineininterpretiert und seine fachliche Überlegenheit nutzt: „Die Aussage, die das Bild hat, müssen wir, aufgrund Ihrer Anregung – das sehe ich jetzt so – da hineininterpretieren." (#3, 84) Statt die ‚Not' der Teilnehmenden zu sehen, die offenbar zu den gezeigten Werken keinen Zugang finden, ‚dreht' Imdahl fachlich auf. In längeren Monologen deutet er Mondrian als eine „Idealisierung von Grundwerten, an denen wir die Koordinaten unseres natürlichen Verhaltens haben." (Ebd.) Wahrscheinlich möchte er auf diese Weise einer befürchteten Trivialisierung des Werks entgegenwirken.

Imdahl geht immer mehr ins Dozieren über und auch die letzten Versuche der Gruppe, Imdahl für ihre Anliegen zu gewinnen: „Herr Imdahl, wir haben ja ganz wenig Möglichkeiten, uns mit einem Kunsthistoriker zu unterhalten. Deswegen mal ganz einfach das, was wir so darüber denken" (#3, 86) weist er jedoch recht unwirsch zurück. Mit diesem Anspruch wird man der Kunst nicht gerecht.

Er entscheidet sich vermutlich spontan, zusätzlich van Doesburg und anschließend auch noch Albers zu zeigen. Beide Werke werden aber nur sehr kurz besprochen). Hier gerät das Gespräch jedoch endgültig in eine Schieflage. Imdahl möchte wieder seine Agenda durcharbeiten, die Teilnehmenden halten zunächst noch auf sachlicher Ebene dagegen, dann gleitet das Gespräch zunehmend ins Humorige ab. Ein Teilnehmender startet noch einen Versuch, zwischen Imdahl und der Gruppe zu vermitteln: „Herr Imdahl, ich möchte mal fragen, ob das auch jeder verstanden hat?" (#3, 90)

Imdahl und die Teilnehmenden reden jedoch immer mehr aneinander vorbei. Imdahl interpretiert die Kunst, einige bemühen sich, auf der fachlichen

Ebene zu folgen, andere versuchen, ihn zu provozieren oder aufs Glatteis zu führen. Ein Teilnehmender: „Herr Professor, hängen Sie das Bild (gemeint ist Albers) mal in Köln auf die Hohe Straße und dann stellen Sie sich mal in die Ecke. (...) Da können Sie sich aber totlachen." (#3, 90) Andere äußern ihren Unmut „Sie sagen – jetzt einmal eine ganz knallharte Frage – das ist also Kunst." (#3, 93) Imdahl startet noch einen Versuch mit Newman, in dem er „ein unausmeßbares Kontinuum" und „die potentielle Unendlichkeit" (#3, 97) sieht. Ein Teilnehmer beharrt jedoch auf einer „optische(n) Täuschung" (ebd.), was Imdahl dann so stehen lässt und das Gespräch abrupt beendet.

FAZIT

In diesem Themenfeld überrascht sowohl die Auswahl als auch die Reihenfolge der Werke: Offenbar steigt Imdahl mit Seurat ein, um hier von einem noch gegenstandsbezogenen Werk den Weg in die Abstraktion zu vollziehen. Seurat scheint dafür aber nur bedingt geeignet zu sein, denn ein Hauptaspekt des Werks, die Auseinandersetzung mit dem Licht, interessiert Imdahl gar nicht. Auch die Wahl eines Gemäldes von Barnett Newman überrascht, wo doch dieser Künstler eine Erfahrung vor dem Original einfordert. Bei *Jericho* ergibt sich die zusätzliche Schwierigkeit, dass es sich um eine dreieckige Arbeit handelt, was jedoch in der Reproduktion nicht deutlich wird.

Atmosphärisch unterscheiden sich beide Gespräche deutlich. So lässt sich Imdahl auf das Gespräch 2 engagiert ein und zeigt sich persönlich interessierter an den Beiträgen der Teilnehmenden, im Gespräch 3 hingegen geht er sehr viel knapper vor. Hier hat man zuweilen den Eindruck, dass er einfach sein Programm abhaken möchte.

In beiden Gesprächen dominiert eine skeptische Grundhaltung der Teilnehmenden, die sich vor allem im Gespräch 3 deutlich auch auf Imdahl als Person fokussiert. Die Wahl von Seurat zum Einstieg hatte vermutlich nicht den erhofften Effekt. Imdahl wollte damit ein Bewusstsein für die Konstruiertheit eines Kunstwerkes schärfen, um diese Einsicht dann für anderen Werke zu nutzen. Die Gruppen vollziehen diesen Schritt aber nicht. Auch erweist sich in beiden Gesprächen als irritierend, dass Imdahl die Teilnehmenden zu Beginn direkt nach ihrer Meinung zu Seurat fragt, Äußerungen dazu aber nicht aufgreift bzw. sogar deutlich zurückweist, weil er insgeheim möchte, dass sie nur sagen, was sie sehen, ohne das zu bewerten.

Die unterschiedlichen Anliegen, die sich in den Gesprächen zeigen, also einerseits ein stark rational orientiertes Erkenntnisinteresse Imdahls und andererseits der Wunsch der Teilnehmenden nach einer berührenden Erfahrung, kommen erst mit Newman zusammen. Hier wird es im Gespräch 2 sogar lebendig und produktiv. Man kann sich weitestgehend darauf einigen, dass es hier um den Wert einer existentiellen Erfahrung geht, die ein Kunstwerk auslösen kann. Imdahl macht deutlich, dass ein Kunstwerk (wie das von Newman) einfordert, dass man sich ihm gegenüber „nicht nur als ästhetischer Betrachter" verhalten müsse, der etwas gut oder schlecht findet, „sondern als Person" (#2, 65). Ein Teilnehmender bekennt zwar: „Aber wenn ich so nah davor stehe, dann verschlingt mich das ja!" (#2, 68), kann dem aber dennoch einen Wert zugestehen. Andere reagieren ablehnend: „Ich finde, Sie haben uns das wunderschön vorgetragen, das ist jetzt wirklich nicht ironisch gemeint. Aber Kunst ist für mich immer noch etwas anderes" (ebd.) oder fragen sich bis zum Schluss, welchen Sinn dieses Gespräch hatte: „Herr Professor Imdahl, wir haben hier oben in der Ecke das Gefühl, es muss eigentlich noch was kommen und zwar eine Erklärung von Ihnen, warum Sie uns das näherbringen wollen, was hat das für Sie für einen Zweck?" (#2, 69)

VERHANDELTE THESEN

- Ein Bild unterliegt einem anderen System als die Wirklichkeit. (Seurat)
- In der Abstraktion bedeutet das, was zu sehen ist, das, was es ist. (Mondrian)
- In einem gegenstandslosen, abstrakten Bild steckt dennoch Natur. (Mondrian)
- Die Abstraktion destilliert das Grundsystem der Natur und bringt es in eine Ordnung. (Mondrian)
- Kunst vermag mehr/etwas anderes zu zeigen, als sich in der Natur sehen lässt. (Picasso, Seurat)
- Dieses Phänomen drängt gleichzeitig auf Endlichkeit wie auf Unendlichkeit. (Newman)

THEMENFELD III

#5	20.5.1980	Victor Vasarely: *Tlinko,* 1956 Piet Mondrian: *Komposition mit Rot und Schwarz,* 1936 Günter Fruhtrunk: *Grüne Akzente,* 1969
#6	28.10.1980	François Morellet: *Deux Trames Superposées,* 1975; *Trames Superposées,* 1958 und *ohne Titel,* 1975 Victor Vasarely: *Tlinko,* 1956 Josef Albers: *Strukturale Konstellation,* 1975 Günter Fruhtrunk: *Grüne Akzente,* 1969

Charakteristisch für das Themenfeld III ist, dass Imdahl mit Werken aus dem (erweiterten) Feld der Op-Art einsteigt (Vasarely und Morellet), die auf eine Irritation des Betrachtenden angelegt sind. Sie erzeugen Flimmereffekte, die unangenehme Gefühle auslösen. Vor allem bei Vasarely kommt es zu starken Reaktionen: „Das wirkt sofort aggressiv." (#5, 142) Imdahl möchte an diesen Werken zunächst den Unterschied zwischen dem Faktum und der Wirkung eines Werkes herausarbeiten (actual fact und factual act), um diese Einsicht für Mondrian (#5) bzw. für Albers (#6) und später für Fruhtrunk, einem weiteren Vertreter der Konkreten Kunst zu nutzen. Abermals geht es ihm in diesem Themenfeld darum, die Kunst als etwas Unfassbares zu erfahren: Dass ein Phänomen zunächst sehr einfach und klar erscheint und sich dann als höchst kompliziert entpuppt. (Die Abbildung von Mondrian findet sich auf der S. 55.)

Insgesamt zeigt sich, dass Imdahl in beiden Vorreden transparenter wird in Bezug darauf, worum es ihm geht und was er sich vom Gespräch erhofft. Sie lesen sich weniger ‚aufgeblasen', weniger emphatisch als frühere Varianten. Auch legt Imdahl insgesamt die Messlatte deutlich tiefer, wenn er darauf hinweist, dass die Teilnehmenden nach dem Gespräch möglicherweise „mit einem anderen Verständnis an bestimmte Erscheinungen herangehen, als Sie es vielleicht vorher getan hätten". (#6, 148)

Dennoch scheint ihm das „Risiko" weiterhin ein wichtiger Begriff zu sein und auch, dafür die Verantwortung übernehmen zu müssen. Er kann jedoch immer mehr den Gedanken zulassen, dass die Teilnehmenden auf jeden Fall Erfahrungen machen werden: „und wenn das vollkommen mißlingt, ist das natürlich auch ein Ergebnis, auch eine Erfahrung." (#5, 129) Zudem wird in beiden Vorreden deutlich, dass Imdahl die Teilnehmenden mittlerweile immer mehr zu Verbündeten macht, statt zu ‚Versuchskaninchen', wie in früheren Vorreden, in denen er sich stark auf den Begriff des „Experiments" fokussierte.

In Gespräch 5 betont Imdahl besonders die Offenheit des Gesprächs und macht deutlich, dass ihn genau das im Unterschied zu den universitären Seminaren reizt. Die Vorrede zum Gespräch 6 fällt hingegen deutlich kürzer aus. Hier spricht er an, dass es ihm nicht um die Frage gehen wird, ob das Kunst ist oder nicht, um damit Interventionen vorzubeugen, die den Erkenntnisgang aus seiner Sicht immer wieder unnötig abbremsen bzw. blockieren.

Von beiden Vorreden vermittelt sich bereits eine Lockerheit, weshalb es nicht wundert, dass sich auch die Übergänge in die Gespräche sehr viel leichtfüßiger gestalten. Das kann natürlich damit zu tun haben, dass Imdahl mit Werken, die für ihn selbst nicht von so großer Bedeutung sind, deutlich entspannter und offener umgehen kann als mit Werken, die ihm etwas bedeuten (wie Albers oder Bill), zu denen dann auch seine Fragestellungen recht kompliziert wirken.

GESPRÄCH 5

Der Übergang ins Gespräch 5 wird wieder von einer langen Passage eingeleitet zu den schlechten Lichtverhältnissen. Imdahl sieht sich genötigt, „hier ein anderes Programm zu machen" (#5, 130). Er zeigt dann Vasarely (Abb. 7) und betont, dass man hier nichts zu wissen braucht, sondern nur sehen muss. Es kommen Assoziationen wie: „Fensterrahmen", „Kellerfenster" „Gruppe von Vertrauensleuten, die quer stehen." (Ebd.) Nach einem „Durcheinander" (vermutlich hat diese Bemerkung Gelächter ausgelöst), gelingt es Imdahl, diesen witzig gemeinten Kommentar fachlich zu nutzen: „Welche stehen denn quer?" (Ebd.)

Die Teilnehmenden sind insgesamt sehr aktiv und tragen ihre Einfälle zusammen. Imdahl lässt sie zunächst gewähren und greift dann einzelne Beiträge auf. Das wirkt zunächst souverän, weil er mit seinen eigenen Anliegen etwas zurücktritt und das Gespräch offener laufen lässt. Diese Haltung ändert sich jedoch deutlich, als er merkt, dass die Gruppe inhaltlich nicht vorankommt. Imdahl beginnt, das Gespräch zu steuern, häufig mit Entscheidungsfragen, z.B. „Ist da Bewegung drin?", „Können Sie es denn überhaupt noch fixieren?" (#5, 132)

Vermutlich wird dieses steuernde Vorgehen einen der Teilnehmenden zusätzlich provoziert haben, der bereits schon zu Beginn des Gesprächs einhakte, um Imdahl recht spitzfindig zu kritisieren. Er wirft ihm vor, Beträge in seinem Sinne umzuformulieren. Diese durchaus berechtigte Kritik wiederholt er immer wieder, was Imdahl zunächst veranlasst, vorsichtiger zu formulieren und sensibler auf die Gruppe einzugehen, wie beispielsweise: „Ich will jetzt hier mal keine Fragen stellen, die schon Voreinstellungen einschließen." (#5, S. 140) Als der Teilnehmer jedoch immer offensiver wird und versucht, Imdahl in seinem Vorgehen nahezu zu boykottieren, wird dieser schließlich wütend: „wir machen hier nun keinen Karneval" und bietet an, das Gespräch sofort zu beenden. (#5, 140) Dieses Angebot wird von der Gruppe jedoch nicht aufgegriffen. So

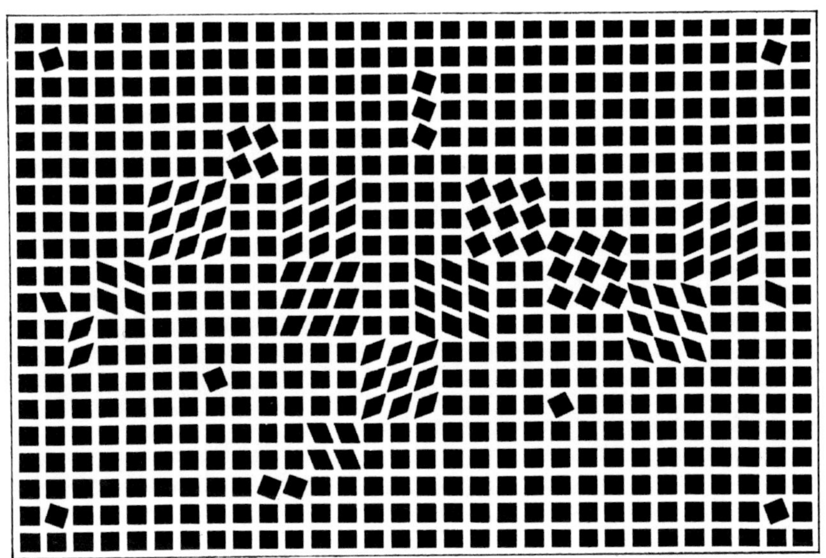

Abb. 7, Victor Vasarely: *Tlinko,* 1956

versucht Imdahl im weiteren Verlauf, möglichst keine Angriffsfläche mehr zu bieten und profitiert davon, dass sich die Gruppe offenbar nicht von der skeptischen Haltung des Teilnehmers hat anstecken lassen.

Interessant ist, dass dieses Gespräch trotz oder wegen des offenen Konflikts besonders lebendig und ergiebig ist. Imdahl sieht sich nicht verführt, ein Werk nach dem anderen ‚abzuhaken', sondern ermöglicht ein Gespräch, das sich immer wieder fruchtbar auf alle drei Werke bezieht. Diese scheinen auch gut gewählt, so dass die Teilnehmenden annähernd verstehen, worum es Imdahl geht: um die besondere Wirkung der Op-Art (Vasarely) oder auch darum, dass im Unterschied zum Faktischen des Bildes, in der Wirkung ein Flirren entsteht, das sich gedanklich nicht einhegen lässt.

Bei Mondrian (Abb. 5, S. 97) kann Imdahl die Aufmerksamkeit auf das Faktische des Werks richten als eine ausgewogene Komposition. Und an Fruhtrunk (Abb. 9) können die Teilnehmenden offenbar nachvollziehen, wie reizvoll es ist, wenn das Ganze subtiler angelegt ist: Hier ist alles auf den ersten Blick klar und geordnet und verkompliziert sich erst beim längeren Hinsehen.

Selbst eine Intervention am Schluss, in der es wieder um die Frage geht, ob das Kunst ist und worin sich nun eigentlich die Leistung des Künstlers begründet, scheint das Gespräch keineswegs so grundsätzlich in Frage zu stellen, wie es in anderen Gesprächen den Anschein hatte. Imdahl beendet das Gespräch aufgrund gesundheitlicher Probleme, wie er angibt, und entschuldigt sich sogar versöhnlich für die „scharfen Töne, die gewechselt worden sind, die möchte ich, sofern sie von mir kamen, gerne zurücknehmen." (#5, 146)

GESPRÄCH 6

Imdahl steigt in dieses Gespräch mit Morellet (Abb. 8) ein und zeigt danach Vasarely. In diesem Zusammenhang stellt sich die Frage, ob der Wechsel dieser Werke vielleicht eine Reaktion auf das Gespräch 5 war, wo ihn möglicherweise störte, dass sich die Teilnehmenden zunächst sehr auf die visuelle Wirkung bei Vasarely fixierten und er kaum zu seinen Thesen kam. Im Unterschied zum Gespräch 5 steuert Imdahl hier das Gespräch von Beginn an stärker, teils mit längeren Monologen, teils im mäeutischen Frage-Antwort-Schema: „Würden Sie das sagen?" (#6, 154)

Die erste Frage zu Morellet beinhaltet zugleich die Antwort: „sehen Sie da ein System?" (#5, 148) Mit den entsprechenden Assoziationen dazu arbeitet Imdahl dann weiter: „Konstruktion" und „Gestände" (statt mit „Brücke" und „Rohrgerüst") (ebd.). Imdahl will zunächst auf die Einfachheit des Systems hinaus. Die Teilnehmenden vermuten jedoch, dass der Künstler hier, wie Imdahl es zusammenfasst, „gekrückt" habe. (#5, 155) Schritt für Schritt erarbeitet Imdahl mit der Gruppe die beiden Ebenen, also das, was eigentlich zunächst ganz klar ist in der Konstruktion, im Unterschied zu dem, was das Werk in seiner

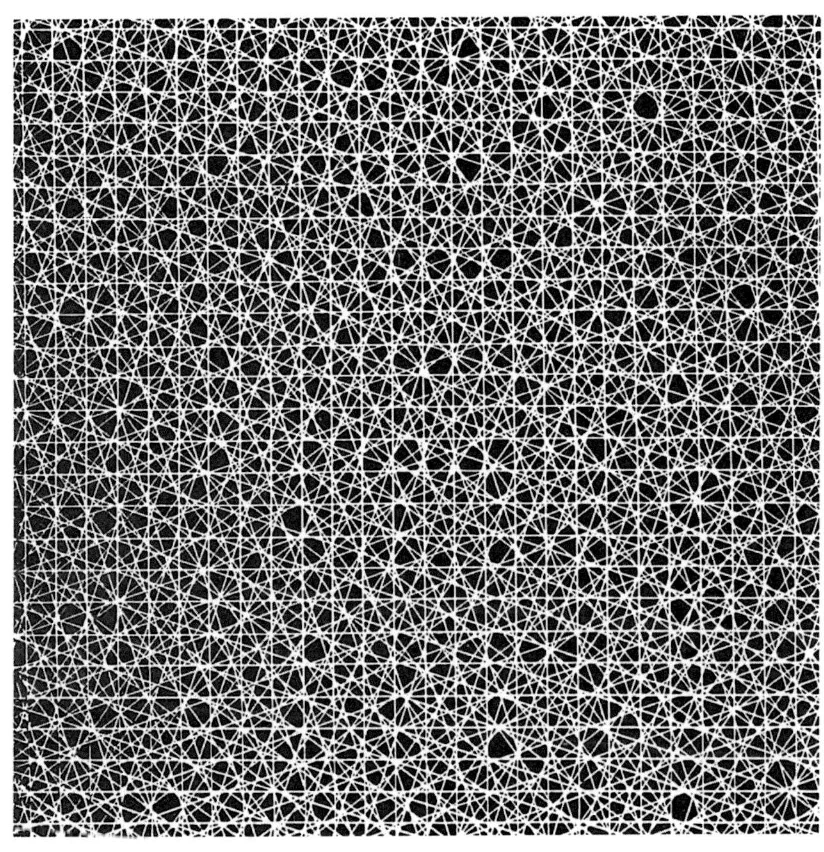

Abb. 8, François Morellet: *Deux Trames Superposées*, 1975

Wirkung so komplex macht, dass keine Begriffe mehr passen, weder „Gardine" (#5, 156) noch „Korbgeflecht". (#5, 152).

Schließlich kommt mit Vasarely mehr Eigenbewegung in die Gruppe. Dennoch ist es Imdahl, der wichtige Begriffe ins Spiel bringt und Pflöcke der Erkenntnisse setzt: „ (...) was fesselt Sie denn mehr?" (#6, 158); „vibriert das?" (#6, 159) „Und haben Sie das Gefühl, dass diese Bewegung jemals zum Ende kommt?" (#6, 160) Ein Teilnehmender versucht, aus dem anstrengenden Prozess auszusteigen: „Der Maler müsste eigentlich wissen, wie es gemeint ist." (ebd.) Dennoch scheinen alle sehr bei der Sache zu sein, auch wenn Imdahl streckenweise nicht recht weiterkommt.

Dann zeigt Imdahl Albers *Strukturale Konstellation* (Abb. 1, S. 51). Das wirkt wie ein weiterer Versuch, systematisch die beiden Ebenen (einfach-kompliziert) zu erarbeiten, damit auch bei Morellet endlich der ‚Knoten platzt'. Imdahl ist hier mit seinen Vorstellungen sehr präsent und forciert das Gespräch. Er benutzt auffallend oft die Floskel „im Grunde genommen" und zwar dann, wenn er selbst die Antworten liefert, um nach einer zähen Passage inhaltlich weiterzukommen. Zum Schluss präsentiert er Fruhtrunk, den er jedoch recht schnell abhandelt. Die Teilnehmenden wirken ratlos: Warum gibt es hier bei den Bildbeispielen „keine weichen Konturen" oder: „Ich habe noch eine Frage. Kauft so etwas jemand? (...) Das kann ich mir nicht vorstellen." Oder: „Weiß der Maler denn, was er will?" (#5, 168) Imdahl schließt das Gespräch mit einem längeren Monolog und macht deutlich, dass es hier nicht darum geht, etwas schön zu finden, sondern darum, nachdenklich zu werden: „Dass eine Sache klar ist... (...) und doch nicht klar." (ebd.)

Insgesamt wirkt dieses Gespräch durchaus konzentriert und verläuft als einziges der sechs Gespräche gänzlich reibungslos. Es könnte also ein choreografisches Glanzstück sein, in dem sich Erkenntnis um Erkenntnis aufbaut und Imdahl sein Anliegen gut ‚durchbringen kann'. Dennoch hinterlässt die Lektüre den Eindruck, dass ‚der Funke', also das, was Imdahl selbst so „wahnsinnig aufregt", nicht auf die Teilnehmenden übergesprungen ist. Sie haben zwar vieles verstanden und stimmen ihm oft zu, zeigen sich aber nie besonders berührt von dem, was sie sehen oder was verhandelt wird.

FAZIT

Die ersten Werke (Vasarely und Morellet) scheinen gut gewählt. Es kann ein Einvernehmen mit der Gruppe hergestellt werden, das Imdahl im Folgenden gut nutzen kann. Es kommt insgesamt zu weniger Reibungen bzw. Konflikten und die Teilnehmenden beziehen sich insbesondere im Gespräch 6 deutlich öfter aufeinander statt nur auf Imdahl.

Dennoch scheinen auch hier Imdahls Thesen nicht die Effekte zu erzielen, den er sich erhofft. So werden die Erkenntnisse durchaus nachvollzogen, für

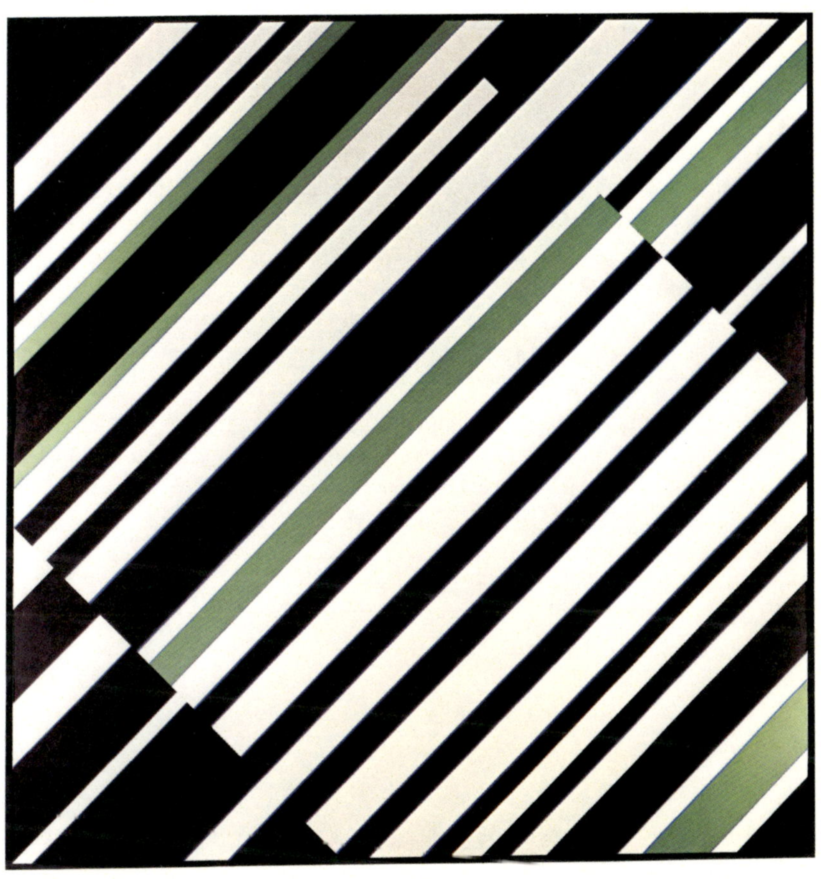

Abb. 9, Günter Fruhtrunk: *Grüne Akzente,* 1969

die Teilnehmenden kristallisiert sich aber nicht unbedingt der besondere Reiz der Werke heraus. Es zeigt sich: Wenn sich die Erfahrung des Werks zu stark von der unmittelbaren Anschauung und seiner Wirkung ablöst, steigen die Teilnehmenden aus – oder gar nicht erst ein.

Gruppendynamisch lässt sich hier zeigen, dass Reibungslosigkeit nicht notwendigerweise ein Merkmal von Qualität ist. Insbesondere Konflikte wie z.B. im Gespräch 5 können durchaus den Prozess unterstützen; hier führt das dazu, dass Imdahls Blick fürs gemeinsame Miteinander geschärft wird.

VERHANDELTE THESEN

- Es besteht ein fundamentaler Unterschied zwischen dem, was ist und dem, was wirkt. (Vasarely)
- Es sieht anders aus als die Bedingung, der es sich verdankt. (Morellet)
- Man kann das Phänomen nicht mehr auf seine Bedingungen zurückbeziehen, obwohl die Bedingungen klar erschließbar sind. (Morellet)
- Eine Erscheinung, die ganz simpel entstanden ist, und die man dennoch nicht beherrschen kann. (Morellet)
- Die Wahrnehmung wird immer wieder gestört und justiert sich immer wieder neu. Man kann das Bild nie fertig sehen, weil man es immer wieder anders sieht. Das Auge kann sich an die Erscheinung nicht angleichen. (Vasarely)
- Es wird eine große Anzahl an Lesemöglichkeiten angeboten, zwischen denen man sich nicht entscheiden kann. (Fruhtrunk)
- Wir nehmen ein Phänomen wahr, mit dem wir nicht fertig werden. Das ist eine Erfahrung. (Albers, Newman, Vasarely)

5.2 IMDAHLS AD-HOC-ZEICHNUNGEN

Während der Gespräche nutzt Imdahl das Medium der Zeichnung, um einzelne Erkenntnisschritte anschaulich zu machen und zu sichern (vermutlich auf einer Tafel, einem Flipchart oder dem OHP). Die Zeichnungen setzen an der Komposition des einzelnen Werks an und zielen letztlich auf die von Imdahl entwickelten Thesen (vgl. Kap. 5.1).

Eine analytische Rekonstruktion der Zeichnungen ist erhellend, weil sich auf diese Weise sowohl Imdahls Interesse an den Werken als auch die Ableitung seiner Thesen besser nachvollziehen und verstehen lassen.

In Bezug auf die Werke ungegenständlicher Kunst, die für Imdahl in den Gesprächen im Mittelpunkt stehen, geht er dabei jeweils vom „Einfachen" zum „Komplizierten" vor. Er zeigt zunächst, was an dem Werk ganz klar vor Augen geführt werden kann, um dann jene Aspekte herauszuarbeiten, die es kompliziert machen – die zwar zu sehen, aber nicht ohne weiteres zu denken sind.

Diese spontanen Zeichnungen vor Ort hatte Imdahl für die Publikation „Arbeiter diskutieren moderne Kunst" noch einmal rekonstruiert oder rekonstruieren lassen. Im Folgenden werden Imdahls Zeichnungen zu drei der zentralen Werke in den Gesprächen zusammengestellt und kommentiert.

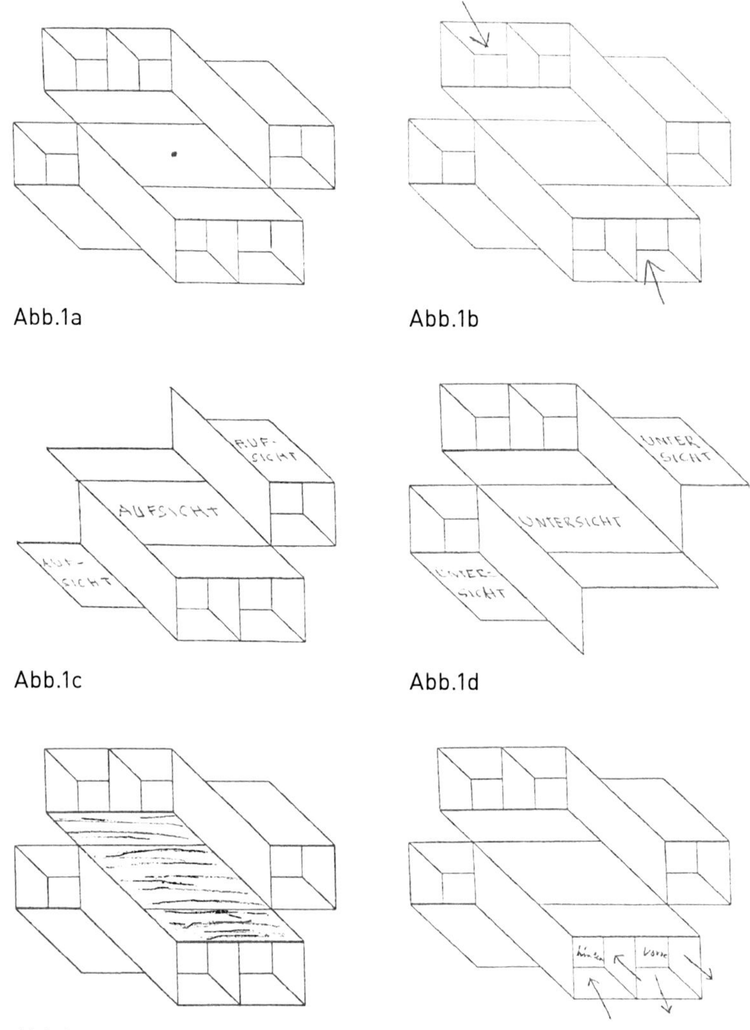

Abb.1a

Abb.1b

Abb.1c

Abb.1d

Abb.1e

Abb.1f

ZEICHNUNGEN ZU ALBERS

THESE: Hier ist ein Phänomen zu sehen, das sich zunächst als ganz einfach erweist, dann aber als so kompliziert, so dass es gedanklich nicht mehr zu erfassen ist.

Es geht im Fall der *Strukturalen Konstellation* von Josef Albers (1958) um eine grafische Struktur, die ein perspektivisches Kippmoment enthält und deshalb oftmals in den Gesprächen fälschlich als eine „optische Täuschung" bezeichnet wird. Es handelt sich aber um eine optische Irritation, eine sogenannte Inversionsfigur. Sie erzeugt in der Wahrnehmung, also durch das Hin- und Herspringen der Perspektiven, ein unangenehmes Gefühl, weshalb die Figur selbst zunehmend unruhig wirkt.

Um schrittweise die Erkenntnis des Einfachen im Komplizierten zu entwickeln, separiert Imdahl zunächst bestimmte Aspekte:

In den ersten vier Zeichnungen zeigt er, was hier ganz einfach zu durchschauen ist: Die Struktur lässt sich beispielsweise um einen Mittelpunkt drehen (Abb. 1a). Zudem gibt es zwei verschiedene, in sich stimmige Perspektiven (Abb. 1b), je nachdem, ob man die drei gekennzeichneten Flächen als Auf- oder Untersicht festlegt (Abb. 1c und d).

In den drei weiteren Zeichnungen zeigt Imdahl, was nun das komplizierte Moment erzeugt (den Umspringeffekt): Es sind ‚Doppelbelegungen' von Flächen (Abb. 1e und f) oder Linien, die die Struktur in der Wahrnehmung entweder in die eine oder in die andere perspektivische Ausrichtung hin und her springen lassen. Imdahl: „Damit wird gewissermaßen die Unfaßbarkeit faßlich und nicht die Faßbarkeit fasslich". (#1, 39)

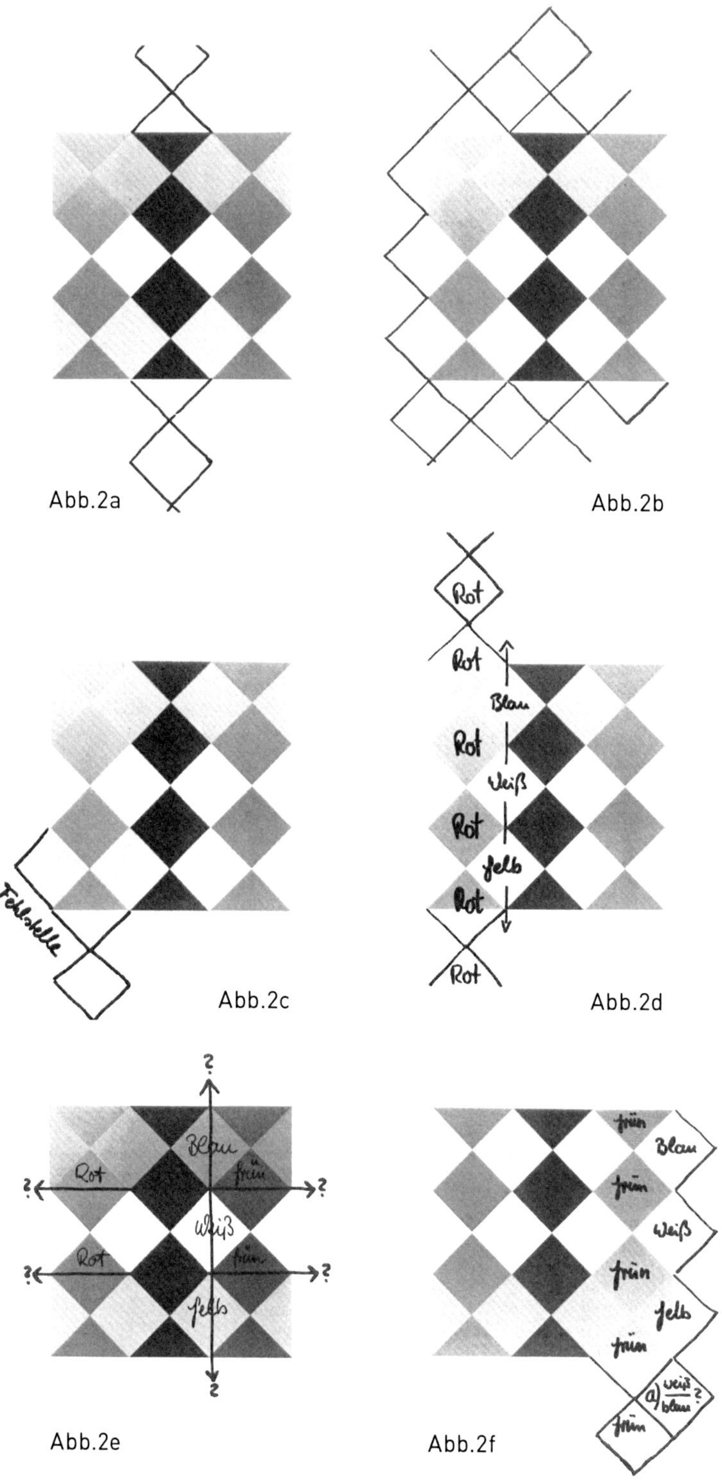

Abb.2a

Abb.2b

Abb.2c

Abb.2d

Abb.2e

Abb.2f

ZEICHNUNGEN ZU BILL

THESE: Es lässt sich nicht auf den Begriff bringen, dass ein Phänomen Momente enthält, die gleichzeitig auf Endlichkeit wie auf Unendlichkeit drängen.

Mit den Farbfeldern von Max Bill *Feld aus sechs sich durchdringenden Farben*, 1966/67 geht es Imdahl um ein ähnliches Phänomen wie bei Albers. Auch hier lässt sich die Erfahrung machen, dass eine zunächst ganz einfache Konstruktion in der gedanklichen Durchdringung plötzlich so kompliziert wird, dass sie nicht mehr fassbar ist.

So arbeitet er eingangs, unabhängig von den Farbwerten der einzelnen Felder, die Struktur der einzelnen Farbreihen heraus, die sich über das Format weiterdenken lässt (Abb. 2a). Er zeigt dann, dass sich alle aneinandergereihten Felder als solche Farbreihen denken lassen (Abb. 2b). Es gibt jedoch auch offene Stellen, von ihm als „Fehlstellen" bezeichnet (Abb. 2c), an die er später anknüpfen wird (Abb. 2f).

Zunächst geht es jedoch um die einfarbigen Reihen, die sich ganz einfach und klar fortsetzen lassen: z.B. rot und gelb usw. (Abb. 2d).

Bei den Reihen, in denen verschiedene Farben auftauchen (Abb. 2e und 2f), lässt sich hingegen nicht logisch ableiten, wie es weitergeht. In Abb. 2f verweist Imdahl deshalb auf eine „Fehlstelle" rechts unten, die, der Logik der Konstruktion folgend, weiß oder blau sein kann. Es ist also nicht mehr klar, wie diese Reihe weiterzudenken ist.

Dieses Werk von Bill veranlasst die Betrachtenden daher aufgrund seiner Ausschnitthaftigkeit, vor allem die angeschnittenen Felder weiterführen zu wollen. Gleichzeitig wird insbesondere durch die verschiedenfarbigen Reihen deutlich, dass das Bild klar begrenzt ist und nur so in genau dieser Form gültig und zu haben ist. Es drängt gleichzeitig auf unendliche Fortsetzung wie auf klare Begrenztheit bzw. Abgeschlossenheit.

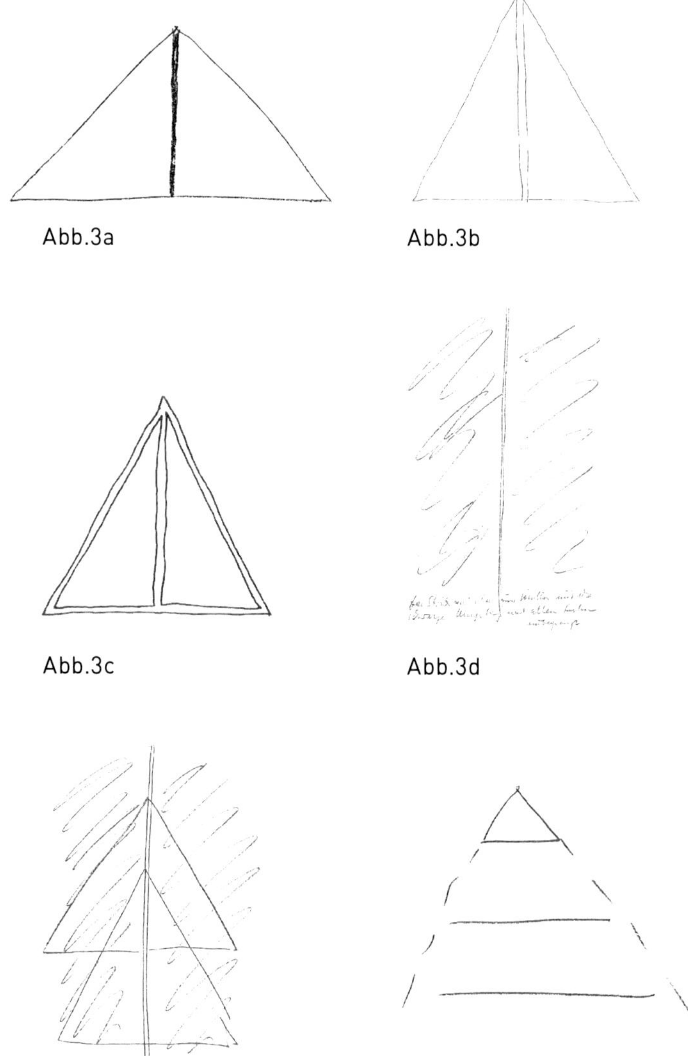

Abb.3a

Abb.3b

Abb.3c

Abb.3d

Abb.3e

Abb.3f

ZEICHNUNGEN ZU NEWMAN

THESE: Dieses Phänomen folgt gleichzeitig einem auf Endlichkeit und Unendlichkeit drängenden Impuls.

An Newman möchte Imdahl ebenfalls eine paradoxe Figur herausarbeiten und zwar als die Gleichzeitigkeit zweier gegensätzlicher Impulse.

Zunächst geht es ihm um die Wirkung des Dreiecks. Als Varianten zeichnet er ein stumpfwinkliges Dreieck mit einer exakten Mittelsenkrechten (Abb. 3a), das stabiler wirkt als das Original. Eine äußerst einfache Figur wäre hingegen ein gleichschenkliges Dreieck mit einer Mittelsenkrechten (Abb. 3b). Wäre das Dreieck wiederum mit einem Rahmen versehen (Abb. 3c), würde die Figur noch stärker in sich geschlossenn wirken. Alle Varianten würden jedoch letztlich nur dem einen Impuls folgen, der auf Endlichkeit drängt und wären damit eindeutig.

Bei Newmans *Jericho*, 1968/69 wird es jedoch komplizierter. In Abb. 3d–f arbeitet Imdahl die beiden gegenstrebigen Impulse heraus.

Zunächst geht es um die Wirkung eines vertikalen „Vektor(s)", wie ihn die rote Linie bildet, die unendlich nach oben und unten strebt (Abb. 3d). Ein Dreieck als geometrische Figur strebt jedoch nicht in beide Richtungen gleichzeitig (3e), weil es oben bereits in einer Spitze zuläuft, also endet. Es kann deshalb nur nach unten verlängert werden (3f).

Die rote Linie ist jedoch durch ihre leicht versetzte Lage im Dreieck ‚angespitzt' und strebt so besonders deutlich nach oben. Demgegenüber strebt das Dreieck in der Verlängerung jedoch nur nach unten. Daraus ergibt sich für Imdahl: Das Dreieck drängt „gerade da am deutlichsten auf Verlängerung (...) wo es eigentlich nicht zu verlängern ist – nämlich oben, wegen des seitlich versetzten Strichs." (#2, 62)

5.3 SITUATIONEN DER IRRITATION

In den Gesprächen zeigen sich Situationen der Irritation – von Reibungen bis hin zu Konflikten –, die zwischen Imdahl und einzelnen Teilnehmenden entstehen. Diese Situationen sind überwiegend sachlich orientiert, betreffen aber auch die Beziehungsebene. Sie werden insofern interessant, als sich alle Beteiligten hier besonders deutlich zeigen: Die Teilnehmenden mit ihren Vorstellungen und ihrer Haltung gegenüber moderner Kunst sowie Imdahl in seiner Widersprüchlichkeit.

Irritationen verweisen ebenfalls auf die in ihnen enthaltenen Möglichkeiten, vertraute Wissensbestände oder Vorstellungen zur Disposition zu stellen und neue Einsichten zuzulassen. In Bezug auf pädagogische Zusammenhänge hebt die Erziehungswissenschaftlerin Käthe Mayer-Drawe deshalb hervor, dass erst Störungen in Lehr- und Lernprozessen die Voraussetzung dafür schaffen, dass feste Strukturen der Bestände gelockert werden, um sie dann umzugestalten. Auf diese Weise bekommt etwas Neues, Unbekanntes, Fremdes überhaupt erst die Möglichkeit, in etablierte Bestände integriert zu werden.[1]

Auf diese Vorannahme setzt in gewisser Weise auch Max Imdahl, als er für dieses Veranstaltungsformat bewusst das gemeinsame Gespräch statt das eines Vortrags wählte. So konnte er davon ausgehen, dass er mit den Werken, die er ausgewählt hatte, bei den Teilnehmenden auf Vorbehalte treffen wird. Zudem forderte er sie in seinen Vorreden dezidiert dazu auf, im Gespräch ganz offen die eigene Meinung zu äußern, was er dann jedoch wenig kultivierte bzw. immer wieder unterband, weil er sein Programm durcharbeiten wollte. Dass dies Irritationen auslöste bis hin zum offenen Widerstand, ist nachvollziehbar.

Grundsätzlich war Imdahls Fokus ganz auf die Sachebene gerichtet, wobei er die Beziehungsebene nutzte, um eine Atmosphäre der Offenheit und der gegenseitiger Wertschätzung zu schaffen. Er versuchte habituell und sprachlich, eine akademische Haltung zu vermeiden, um den Teilnehmenden die gleiche ‚Augenhöhe' anzubieten. Bei den Teilnehmenden hingegen spielte die Beziehungsebene eine größere Rolle. Sie wollten anerkannt und wertgeschätzt werden, weniger in ihrer fachlichen Expertise als ArbeitnehmerInnen der Bayer AG, sondern in ihren Einstellungen und Kenntnissen in Bezug auf moderne Kunst.

Wir haben nun einige Gesprächssituationen untersucht, in denen es zu Irritationen kam und zentrale Schlüsselmerkmale herausgearbeitet, die ihre jeweilige Dynamik charakterisieren.

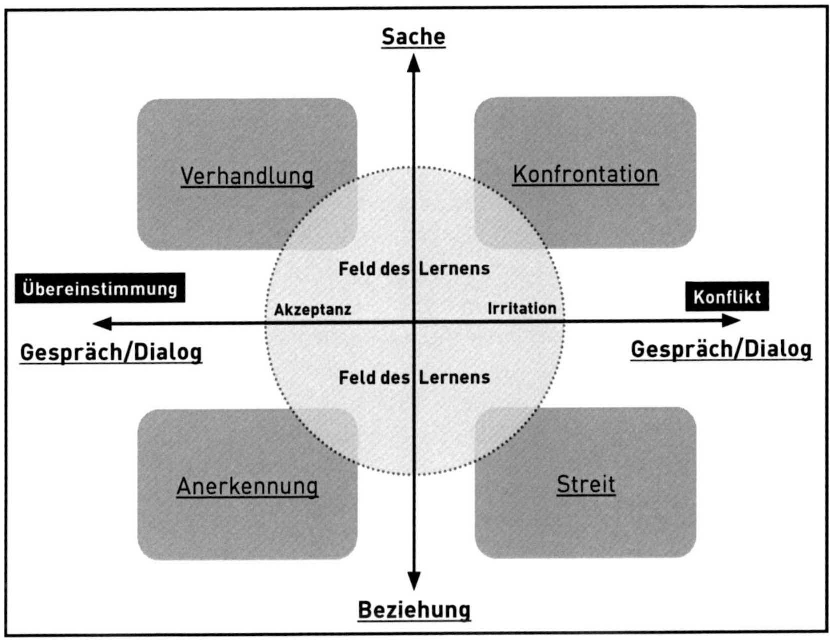

Zur Orientierung dient dieses Diagramm mit den Achsen Übereinstimmung – Konflikt bzw. Sach- und Beziehungsebene, dem sich alle Situationen der Irritation zuordnen lassen. Ein gesondertes „Feld des Lernens" ist dort markiert, wo sich Gesprächssituationen aus unserer Sicht ausgewogen und produktiv entfalten. Außerhalb dessen wird ‚Lernen' insofern eher vermieden, als hier die Bereitschaft sinkt, sich den Meinungen und Vorstellungen anderen gegenüber zu öffnen bzw. eigene Annahmen kritisch zu befragen. Das betrifft zum Beispiel Situationen, in denen Neues oder Ungewohntes einfach abgenickt wird und/ oder man sich hinter eigenen Gewissheiten verschanzt. Das heißt: Ist die Übereinstimmung zu groß bzw. eskaliert ein Konflikt, werden neue Erkenntnisse bzw. Einsichten auf der Sach- wie auf der Beziehungsebene eher verstellt.

Auch wenn mit der Sichtung des Audiomaterials deutlich wurde, dass sich viele Konflikte im Transkript möglicherweise etwas schärfer lesen, als sie sich tatsächlich darstellten, ist eine Beschäftigung damit durchaus erhellend. So wird der Fokus stärker auf das Gespräch, auf seine Vielschichtigkeit und seine Potentiale sowie auf die entsprechenden Fallstricke gerichtet, mit denen umgegangen werden muss, um eine konstruktive Interaktion zu ermöglichen. Diese Situationen der Irritation bilden insofern Kristallisationspunkte der Vermittlung, als sie sich modellhaft übertragen lassen. Im Folgenden wurden nun einige Fälle exemplarisch herausgegriffen und im Kontext des ganzen Gesprächs interpretiert.[2]

WIDERSTAND (Gespräch 2)

Hier lässt sich die Gruppe zunächst sehr produktiv auf das Gespräch ein und zeigt sich vor allem Newman gegenüber anerkennend. Zum Schluss wird Imdahl jedoch mit seinem Anliegen harsch zurückgewiesen. Diese, in diesem Moment ganz offen formulierte Zurückweisung, zeigt sich jedoch bereits im Laufe des Gesprächs als mehr oder weniger deutlicher Widerstand.

So taucht zu Beginn bei Seurat bereits wiederholt die Frage auf, ob das, was Imdahl behauptet, der Künstler überhaupt so wollte. Imdahl wiederum zeigt sich insgesamt recht ungeduldig. Es kommen zwar richtige Antworten der TeilnehmerInnen, für Imdahl aber zum falschen Zeitpunkt und werden dann von ihm nicht aufgegriffen.

Auf Mondrian reagieren die Teilnehmenden dann direkt ablehnend: „Ich würde das Wort Bild nicht einmal benutzen." Sie arbeiten aber aktiv mit, als Imdahl die beschnittene Variante zu Mondrian zeigt, die sie interessanter finden als das Original. Ein Teilnehmender beharrt jedoch bis zum Ende darauf, dass er das „langweilig" findet: „allein würde ich mich damit nicht beschäftigen".

Bei Newman entsteht zunächst ein sehr fruchtbares Gespräch. Imdahl greift die Affekte der Gruppe auf und die TeilnehmerInnen können die Sinnhaftigkeit dieses Werks nachvollziehen. Das versucht Imdahl dann auf Mondrian zu übertragen, was wiederum auf Widerstand stößt. Es kommt zum Themenwechsel: ‚Was hat das mit Kunst zu tun?' Imdahl versucht zunächst in einem langen Monolog die Zusammenhänge zu klären, wechselt nochmals zu einem anderen Werk von Newman, um das Gesagte an einem weiteren Beispiel für die TeilnehmerInnen nachvollziehbar zu machen. Das funktioniert zunächst ganz gut, aber dann kommt die Abfuhr: „Ich finde, Sie haben uns das wunderschön vorgetragen, das ist wirklich nicht ironisch gemeint. Aber Kunst ist für mich immer noch etwas anderes." Oder im Moment, als Imdahl das Gespräch beenden will: „Herr Professor Imdahl, wir haben hier oben in der Ecke das Gefühl, es muss eigentlich noch was kommen (...), was hat das für einen Zweck?" Daran wird deutlich, dass die Teilnehmenden eigentlich nicht verstanden haben, worum es ihm geht und auch den Sinn dieser Fortbildungsveranstaltung nicht.

Ihr Widerstand richtet sich nicht nur auf die Thesen Imdahls, die ihnen zu abstrakt bleiben, sondern grundsätzlich auf die Erfahrung der Ambivalenz. Dadurch, dass es Imdahl nicht gelingt, ihnen diese Erfahrung als etwas Sinnvolles zu vermitteln, mangelt es letztlich auch an der grundsätzlichen Wertschätzung abstrakter Kunst. Gerade das Aushalten der Ambivalenz und die daran geknüpften Erkenntnismöglichkeiten sind wesentlich, um diese Art der Kunst in ihrer Eigengesetzlichkeit verstehen und anerkennen zu können. Da das fehlt, erscheint das Gespräch in gewisser Hinsicht als gescheitert. Imdahl hätte hier die sich anbahnende Ablehnung stärker aufgreifen und ernst nehmen müssen. Die Frage, ob das im Sinne des Künstlers sei, was hier besprochen werde, mag für Imdahl trivial und nebensächlich sein, für die Teilnehmenden zeigte sich an ihr, wie ernst er sie nimmt bzw. ob er sie als Teilnehmende in ihrer Eigenständigkeit wirklich sieht.

KAMPF UM ANERKENNUNG (Gespräch 5)

Diese Situation ist eingebettet in einen insgesamt sehr produktiven Verlauf, bei dem es primär zu Prozessen der Aushandlung auf der Sachebene kommt. In der Mitte des Gesprächs entwickelt sich jedoch ein Streit (#5, 138–140) auf Beziehungs- und Sachebene.

Dem geht voraus, dass ein Teilnehmender zu Beginn recht schnell seinen Eindruck äußert, Imdahl wende die Beträge von TeilnehmerInnen so, dass sie in sein Konzept passen: „Sie wollen uns hier etwas einreden." Er lässt sich aber zunächst von Imdahl wieder auf die Sachebene zurückholen. Nach einem lebhaften Gruppengespräch mit wenigen Monologen Imdahls, kommt es erneut zur massiven Kritik, dass Imdahl sie manipulieren wolle. Vermutlich der gleiche Teilnehmende versucht nun, Imdahl regelrecht zu boykottieren. Er zielt damit auf die Beziehungsebene. Für ihn stellt sich ganz offensichtlich die Frage, ob die Teilnehmenden von Imdahl respektiert werden oder nicht. Imdahl reagiert unwirsch, versucht dann aber stärker auf seine Formulierungen zu achten. Bei Mondrian kommt es erneut zur Intervention: „Sie haben ihm jetzt die Frage aufgedrückt." Hier grenzt sich Imdahl deutlich ab: „Wir machen hier nun keinen Karneval" und droht damit, dass Gespräch zu beenden, „was (Imdahl) nicht unrecht wäre." Die Gruppe möchte aber weitermachen.

In der Passage des Streits wollen die Teilnehmenden sehen, ob sie von Imdahl ernst genommen werden oder ob er ihnen etwas ‚überstülpt' und seine These durchdrücken möchte. Sie fühlen sich benutzt. Demgegenüber versucht Imdahl, seinen Ansatz argumentativ durchzusetzen und scheitert dann aber an der Beziehungsebene. Er wird unwirsch und fordert Respekt und Anerkennung für seine Arbeit/Leistung ein. Für diese autoritäre Intervention entschuldigt er sich am Ende. Auch hier wird deutlich, wie zentral es ist, den Teilnehmenden eine Beziehung anzubieten und ihnen das Gefühl zu geben, dass sie auf Augenhöhe behandelt werden. In diesem Kontext steht allerdings viel deutlicher der Aspekt des Instrumentalisiert-Werdens im Vordergrund: Die Gruppe wehrt sich, wenn sie das Gefühl bekommt, das Gespräch sei nur Mittel zum Zweck und dass Imdahl über ihre Einwände und Ideen einfach hinweggeht.

MACHTKAMPF/GERANGEL (Gespräch 1)
In diesem Gespräch wird auf unterschiedlichen Ebenen miteinander gerungen. Die erste Ebene betrifft ungeklärte Rollen: Imdahls Rhetorik wird in der Vorrede („Experiment", „offen", „Gespräch", „Risiko") als deutlicher Widerspruch zu seiner späteren Gesprächsführung erlebt (sokratisches Gespräch, Erziehungsimpetus, Unterweisung). Was wünscht er nun: GesprächspartnerInnen, die mit ihm diskutieren oder eher Teilnehmende, die sich an sein didaktisches Programm anpassen? Imdahl möchte über konkrete Werke sprechen, die Teilnehmenden allgemein über moderne Kunst als Phänomen. Imdahl ‚löst' den Konflikt, indem er ihn einfach im Raum stehen lässt. Vor allem in der Auseinandersetzung mit Bill steigt die Gruppe nach und nach aus seinem didaktischen Setting aus; schließlich macht nur noch ein Teilnehmer aktiv weiter mit.

Die zweite Ebene betrifft das Ringen um die Legitimation von ungegenständlicher Kunst bzw. das damit verbundene künstlerische Tun als Arbeit. Bei Albers gibt es seitens der Teilnehmenden Einwände: ‚Das ist doch nur Spielerei'. Imdahl versucht dies zu relativieren, um seine These herauszuarbeiten. Auch bei Bill erschließt sich den Teilnehmenden nicht die Relevanz dieses Werks. Es kommt abrupt zum Themenwechsel: ‚Was ist Kunst und sollte man auf diese Weise darüber diskutieren?' Imdahl bleibt beharrlich an der Frage nach der Regelhaftigkeit der Farbfolgen durch ausweichendes Antworten, durch Abwarten und Hinauszögern. Abschließend sagt ein Teilnehmender: ‚Man möchte doch mal an ein Ziel kommen.' Grundsätzlich wird die Legitimität von ungegenständlicher Kunst infrage gestellt: Welche (gesellschaftliche) Funktion hat diese Kunst überhaupt?

Eine dritte Ebene betrifft die Auseinandersetzung mit dem Gegenstand: Imdahl möchte die Aufmerksamkeit immer wieder auf die konkreten Werke und die Frage ihrer Sinnhaftigkeit lenken, die Teilnehmenden versuchen diese Auseinandersetzung jedoch tendenziell zu vermeiden. Bei ihnen zeigt sich auf der einen Seite eine allgemeine Skepsis bzw. Distanz zur Kunst, auf der anderen Seite aber auch den Wunsch, Kunst für sich persönlich nutzen zu wollen. Sie versuchen bei Picasso nachdrücklich ihre Bedürfnisse einzufordern: Sie möchten über Farben und Stimmungen sprechen, Imdahl hingegen versucht, sein Interesse an formalen Aspekten durchzusetzen: „Aber Herr Professor, Sie verlieren sich immer so in die Technik des Bildes." (#1, 30)

Hier reden Imdahl und die Teilnehmenden immer wieder aneinander vorbei. Das geschieht auch deshalb, weil sich Imdahl, wie zuvor schon deutlich wurde, auf bestimmte grundsätzliche Fragen in Bezug auf Kunst nicht einlässt, was jedoch nicht zu den Erwartungen der Teilnehmenden passt. Fraglich ist, ob es wirklich so unfruchtbar gewesen wäre, sich einfach mal auf diese Fragen einzulassen und sie anhand der Werke zu diskutieren. Vielleicht hätten sich die Teilnehmenden durch diesen Kompromiss innerlich noch stärker für die neuen Erfahrungen in Bezug auf die ihnen präsentierte Kunst öffnen können.

ZUSAMMENFASSUNG

Im Vergleich der verschiedenen Gespräche kommt es zu besonders intensiven Gesprächssituationen bei Picasso, Newman und Vasarely. Hier spürt man, dass die Teilnehmenden sich öffnen, neue Erfahrungen zulassen, mit Imdahl verhandeln und Differenzen anerkennen. Diese Sequenzen werden unterstützt, weil es den Teilnehmenden hier möglich ist, affektiv an das Gesehene anzuknüpfen und weil das von Imdahl, trotz seines primär am Formalen orientierten Interesses, aufgegriffen wird. Im Unterschied dazu gibt es in den Gruppen wenig Verständnis für Imdahls auf die Komposition gerichtetes Interesse, weshalb die Gesprächsphasen zu Bill und Fruhtrunk eher gebremst und unergiebig wirken.

Besonders ablehnende Reaktionen zeigen sich in Bezug auf Bill, Fruhtrunk und Mondrian. Hier formuliert sich ein mehr oder weniger heftiger Widerstand, dieser Kunst überhaupt etwas Sinnhaftes abgewinnen zu können bzw. zu wollen. Zwar wird von den Teilnehmenden das große Engagement, das Imdahl hier zeigt, durchaus anerkannt (‚durch Sie haben wir hier etwas verstehen können'), aber allgemein kann nicht akzeptiert werden, dass eine solche Auseinandersetzung im Sinne von ‚Kunstgenuss' für sie wirklich Qualitäten haben kann. Sie empfinden den Prozess des Durcharbeitens als anstrengend, die Thesen in Bezug auf ihr Leben letztlich als unbedeutend und können eine damit verknüpfte künstlerische Leistung nicht nachvollziehen.

Auf der Beziehungsebene geht es öfter um die Frage des gegenseitigen Respekts. Imdahl fordert ein, den gezeigten Werken mit Ernsthaftigkeit und Respekt zu begegnen bzw. reagiert ärgerlich, wenn das Gespräch ins Triviale abdriftet (z.B. die Deutung von Bills Farbfeldern als „Tapete"). In gleicher Weise fordern auch die Teilnehmenden Respekt für ihre Ansichten und Fragestellungen. Sie erkennen zwar durchaus an, dass sie ‚Laien' sind und Imdahl ihnen fachlich etwas voraushat, sie wollen aber nicht das Gefühl bekommen, bevormundet oder gar manipuliert zu werden (‚Sie wollen uns hier etwas einreden'). Vor allem diese Ebene hat Imdahl wenig im Blick und es entsteht zuweilen eine unnötige Atmosphäre des Misstrauens.

---

1 „Die Paradoxie des Lernens, wonach Lernen bereits Wissen voraussetzt, entfaltet eine provokative Kraft, weil sie die Möglichkeit des Wissenserwerbs als offene Suche in Frage stellt. Daher lässt sich Lernen nicht als Übergang vom Nichtwissen zum Wissen verständlich machen, sondern es hat die Konfrontation alternativer Wissensformen zur Vorbedingung." (...) Dieser Umwandlungsprozess „vom Vor-

Wissen zum Anders-Wissen" (...) beginnt „mit Erschütterung, Befremden, Irritationen." Käthe Mayer-Drawe: Diskurse des Lernens, Paderborn (u.a.) 2008, S. 19.

2 Im Kapitel 6 werden dann vertiefend zentrale „Konfliktfelder" herausgearbeitet und auf widersprüchliche Vorstellungen, Interessen und Ziele hin untersucht, die hier wirksam werden.

6 KONFLIKTFELDER

VIER KONFLIKTFELDER

Abschließend wurden unter Einbeziehung aller vorliegenden Transkripte vier verschiedene Kernthemen herausgearbeitet, die wiederum in drei Perspektiven ausgerichtet sind: die Imdahls, die der Teilnehmenden sowie die der Kunstwerke. Die Kernthemen kann man dabei als charakteristische Konfliktfelder dieser Gespräche deuten, die zum Teil auf unterschiedlichen Ebenen angesiedelt sind. Sie sind von hoher kunstpädagogischer Relevanz, weil sie den Prozess der Vermittlung entscheidend mitmodellieren, vermutlich aber in ihren Effekten von Imdahl wenig reflektiert wurden. Sie sind deshalb so interessant, weil sie sich mehr oder weniger in allen Situationen der Vermittlung von Kunst finden, vor allem auch in schulischen Zusammenhängen. Hieran lassen sich nicht zuletzt potentielle ,Fallstricke der Vermittlung' aufzeigen, die man, wenn man sich ihrer bewusst wird, durchaus produktiv handhaben kann (s. Kapitel 8).

I. FALSCHE VERSPRECHEN

Am stärksten prägt die Gespräche jenes Konfliktfeld, das sich aus nicht eingelösten Versprechen Imdahls ergibt. Das betrifft erstens das Versprechen einer offenen Diskussion, zweitens, dass es allgemein um moderne Kunst gehen wird und drittens, dass die TeilnehmerInnen nicht befürchten müssen, von ihm in irgendeiner Weise ,missioniert' zu werden.

Imdahl suggeriert am Anfang der Gespräche Offenheit, das für ihn ein Experiment ist und damit etwas ganz Neues. So kündigt er in seinen Vorreden ein freies Hin und Her der Beiträge und Fragen an und verbindet das mit einem persönlichen Risiko. Im Unterschied dazu ist sein Vorgehen im Gespräch selbst überwiegend steuernd. So folgt er der Methode des mäeutischen Explorierens, indem er durch gezielte Fragen versucht, die Teilnehmenden zu bestimmten Erkenntnissen zu verhelfen. Er möchte sie darüber hinaus auch nicht einfach nur von der Sinnhaftigkeit dieser Kunst überzeugen, sondern muss den inneren Impuls abwehren, sie eigentlich zu „begeisterten Fans" machen zu wollen. Ihn persönlich erregt die moderne Kunst „wahnsinnig" und er wünscht sich, dass diese Begeisterung überspringen möge.

Die Teilnehmenden hingegen reagieren oftmals irritiert. Sie verstehen nicht sofort, was Imdahl von ihnen will. Während des Gesprächs bieten sie durchaus eine offene Diskussion von Themen an, die sie in Bezug auf moderne Kunst beschäftigen und bringen sich selbstbewusst als gleichberechtigte GesprächspartnerInnen ins Spiel, gehen aber auch auf die von Imdahl angebotene Frage-Antwort-Struktur ein. Besonders deutlich wird ihnen die Diskrepanz zwischen versprochener Offenheit und realisierter Begrenzung, wenn Imdahl sie zunächst nach ihrer „ehrlichen" Meinung zu den gezeigten Werken fragt, diese dann aber zurückweist bzw. gar nicht aufgreift, weil es ihm genau darum nicht geht. Eine ähnliche Irritation entsteht, wenn er ihre Beiträge zwar aufgreift, diese aber so umformt, so dass sie in sein Konzept passen.

Auch wird die Teilnehmenden vermutlich Imdahls starke Emphase in Bezug auf einige Werke irritiert haben, weil sie in deutlicher Diskrepanz zur Ankündigung steht, sie zwar für moderne Kunst öffnen und interessieren, aber nicht unbedingt begeistern zu wollen. Was an seinen paradoxen Thesen so „wahnsinnig" aufregend ist, ist für sie schlichtweg nicht nachvollziehbar. So lastet ein gewisser Druck auf ihnen, der unausgesprochenen Erwartung zu entsprechen, sich dann doch von Imdahls persönlicher Begeisterung ‚anstecken' lassen zu müssen.

In Bezug auf die Rolle des Kunstwerks entsteht eine Irritation dadurch, dass zunächst der Eindruck vermittelt wird, hier werde nun über moderne Kunst im Allgemeinen gesprochen, Imdahl aber ganz konkrete Werke verhandeln möchte und sogar mehr oder weniger hartnäckig versucht, eine allgemeine Diskussion über moderne Kunst zu vermeiden.

BEISPIELE: OFFENE DISKUSSION VERSUS SOKRATISCHER DIALOG

Imdahl spricht in allen Vorreden in einer ähnlichen Diktion, die auf die Offenheit des Gesprächs abzielt: „diskutieren"; „hin und her fragen" „einfach mal vollkommen frei zu diskutieren" (#1, 12). „Die Sache ist ein Experiment, für mich ein Risiko. (...) Wir machen das so eineinhalb oder zwei Stunden – je nachdem – so daß man gemeinsam offen diskutiert." (...) „Aber im Grunde genommen lebt die Sache doch davon, wie hier die Unterhaltung verläuft. Sie sollen darüber ein wenig diskutieren und es wäre mein Wunsch, daß Sie (...) sehr offen sprechen. Sie müssen wirklich sagen, was Sie zu sagen müssen glauben oder wollen, unter gar keiner Rücksicht darauf, ob das nun richtig ist oder falsch." (#2; 42) „Jeder soll einfach sagen, was er meint! (...) Sie sollen wirklich sagen, was Sie nun meinen, wenn Sie nun etwas für völligen Blödsinn halten, dann müssen Sie das auch sagen. (...) Umgekehrt will ich versuchen, meine Einstellung zu dem Objekt Ihnen mitzuteilen. Was ich meine, daß am Ende der Diskussion, deren Ergebnis man nicht voraussehen kann – es ist also ganz klar, daß das Risiko auf meiner Seite liegt (...)" (#5, 130).

In den Gesprächen selbst startet Imdahl häufig mit offenen Impulsen zu neu präsentierten Werken: „Ja, wie finden Sie denn das Bild?" (#2, 42); „Was hat es mit dem Bild auf sich?" (#2, 56), „So, jetzt wollen wir uns das mal ansehen." (#3, 78)

In den Eingangspassagen zu Newman (#2) und Vasarely (#5) unterstützt er längere Passagen des Brainstormings zu den Wirkungen, die die Bilder bei den Teilnehmenden auslösen: „interessant", „kann sein". Er unterbricht zwar ihre

Assoziationen nicht, greift sie aber auch nicht auf bzw. führt sie nicht weiter. Es ist eher ein gleichgültiges Goutieren des Gesagten.

Danach folgt ein mehr oder weniger mäeutisch angelegter Dialog der Erkenntnisgewinnung mit Fragen, die vorranging auf Ja/Nein abzielen bzw. die andeuten, dass es nur einen Weg der Antwort gibt:

I. (...) Kann man das verstehen? Ich meine, da ist ja noch nichts gelogen, oder haben wir was gelogen?
T. Bis jetzt noch nicht.
I. Das ist ja schon mal sehr gut. Wir haben also die Wahrheit noch einigermaßen im Blick. Ja, würden Sie nun sagen, meine Herren, um mal die Frage zu stellen, dass das ein harmonisches System ist? Oder ein einsichtiges oder durchsichtiges? (#3, 75f)

Bemerkungen der Teilnehmenden, die von Imdahls Schrittfolge abweichen, übergeht er mit abwiegelnden Kommentaren wie: „Zum Beispiel, meine Herren (...)" (#1, 18); „Könnte sein." (#1, 28) „Ja, aber wissen Sie (...)" (#1, 37); oder mit Sprüchen: „Wieviel Leute gehen am Sonntag in die Kirche und denken ans Frühstück." (#1, 27) Darin liegt ein Widerspruch, der Imdahl offenbar bewusst ist:

I. (...) wobei ich also einräumen muss, meine Herren, daß ich mit meinen Fragen vielleicht ein bißchen suggestiv vorgehe. Bitteschön?
T. Ich hätte vielleicht noch eine Bemerkung zu machen, für den Fall, daß dies erlaubt ist.
I. Es ist alles erlaubt. (#3, 84)

Dieses widersprüchliche Verhalten Imdahls wird auch von den Teilnehmenden bemerkt: „Sie reden da dauernd hin und her, und drehen – und sagen – ja, und wenn irgendeine andere Meinung kommt, dann sagen Sie nicht ja, sondern sagen, könnte man nicht. Wenn eine Meinung kommt, die Ihnen paßt, dann sagen Sie Ja." (#5, 133)

BEISPIELE: MODERNE KUNST VERSUS EINZELWERK

In den Vorreden bleibt Imdahl zumeist sehr vage, worum es im Gespräch gehen wird. Vor allem kommuniziert er sein konkretes Vorgehen nicht: „Ich möchte gerne mit Ihnen etwas diskutieren über bestimmte Strömungen in der modernen Kunst – der ganz modernen Kunst – würde das aber ganz gerne einleiten mit einem Bild, was nicht in die gegenstandslose Kunst gehört, sondern in die gegenständliche Kunst. (#2, 42) Oder: „(...) daß mir und Ihnen die Gelegenheit gegeben wird, mal außerhalb des Fachprogramms etwas über unsere Gegenwart zu diskutieren, und zwar am Beispiel der modernen Kunst. (...) Wir haben ja in dieser Zusammensetzung normalerweise nicht die Gelegenheit, über Kunst zu reden – Sie nicht mit mir, ich nicht mit Ihnen – das wollen wir jetzt mal probieren. (#5, 130)

Manchmal wird Imdahl zwar etwas konkreter, auch wenn letztlich für die Gruppe unklar bleibt, was das genau bedeutet: „Und deswegen möchte ich Sie bitten, daß Sie doch frei einfach diskutieren, daß wir zusammen frei diskutieren über verschiedenen Erscheinungen der modernen Kunst, wobei die Frage, ob das nun Kunst ist oder keine Kunst ist, zunächst mal nicht so furchtbar wichtig ist, sondern die Frage stellt sich, wie lange und mit welchem Einsatz und mit welchem Ernst kann ein bestimmtes Phänomen, was man vor Augen geführt bekommt durch den Maler zum Beispiel, wie lange kann einen das beschäftigen." (#6, 148)

Im Verlauf der Gespräche fällt auf, dass die Teilnehmenden immer wieder versuchen, Ihre grundlegenden Fragen an die moderne Kunst zu formulieren, insbesondere dann, wenn lange und aus ihrer Sicht nicht besonders ergiebig über ein Werk gesprochen wurde. Imdahl übergeht diese Versuche entweder mit Kommentaren wie „möglich" oder „zum Beispiel", manchmal geht er kurz darauf ein, um dann aber wieder zur Arbeit am konkreten Werk zurückzukommen. Manchmal formuliert er ganz explizit, dass ihn das grundsätzlich nicht sehr interessiert:

T. Sie sagen – jetzt mal eine ganz knallharte Frage – das ist also Kunst.
I. Das sage ich überhaupt nicht. Was meinen Sie, es dreht sich mir überhaupt nicht darum...
T. Das ist aber gesagt worden.
I. Nein, die Kunst, das will ich Ihnen ganz ehrlich sagen, interessiert mich also an der Sache nicht so sehr. Sondern was mich interessiert ist, inwiefern kann einen so ein Ding zum Nachdenken auch über sich selber, auch über das eigene Fassungsvermögen und so anregen. (#3, 93)

BEISPIELE: MASKIERUNG DES EIGENTLICHEN ANLIEGENS IN DER NEGATION

Auffallend ist, dass Imdahl in jeder seiner Einleitungen sehr emphatisch formuliert, was er nicht erreichen möchte: „Ich will Sie nun nicht zu überzeugten Anhängern der modernen Kunst machen (...)" (#1,12), „(...) und ich gehe auch gar nicht davon aus, daß ich Sie nun zu begeisterten Aposteln der gegenwärtigen Kunst machen könnte" (#2, 42), „wobei es nicht meine Absicht ist, Sie jetzt nun zu unbedingten Fans der modernen Kunst zu machen" (#4, 100), „(...) weil es natürlich nicht möglich ist, daß man davon ausgehen kann, daß Sie nach ein oder zwei Stunden zu Fans der modernen Kunst umstilisiert werden" (#5, 130), „ich will Sie nun jetzt nicht zu Fanatikern der modernen Kunst machen, wirklich nicht (...)." (#6, 148)

Es ist jedoch zu vermuten, dass er insgeheim genau das bewirken will: seine eigene Leidenschaft dieser Kunst gegenüber soll ansteckend wirken. Er spricht auch über seine eigene Erregung den Phänomenen gegenüber, vor allem, wenn (wie bei Bill) diese Faszination offensichtlich nicht von den Teilnehmenden geteilt wird: „Vieles ist, was man tut, auch für sich selbst gedacht. Natürlich, auch der Max Bill hat das Bild aus einer inneren Notwendigkeit gemalt. Aber ich meine, verstehen Sie, wie wir damit umgehen, das ist die Sache. Ich kann das immer nur wiederholen." Ich muss ehrlich gestehen, es erregt mich dann doch wahnsinnig. Wenn ich mir vorstelle, daß zum Beispiel – was da passiert. Ich muß es einfach noch mal wiederholen. (#1, 36)

Diese Begeisterung Imdahls und das Gefühl, sie vielleicht aus Dank teilen zu müssen, dürften bei den TeilnehmerInnen einen gewissen Druck erzeugt haben. Das würde erklären, weshalb sie wiederholt ausdrücklich seine Leistung anerkennen, bevor sie ihre Meinung äußern; z.B.: „Ich finde, Sie haben uns das wunderschön vorgetragen, das ist wirklich nicht ironisch gemeint. Aber Kunst ist für mich immer noch etwas anderes." (#2, 68)

II. RATIONALITÄT – EMOTIONALITÄT

Ein weiteres Konfliktfeld entsteht durch Imdahls zwiespältiges Verhältnis zur Emotionalität, die sich für ihn mit Unwissenschaftlichkeit verknüpft, aber auch mit der Angst, von zu starken Gefühlen überwältigt zu werden und/oder nicht angemessen mit ihnen umgehen zu können.

Imdahl geht grundlegend davon aus, dass man einen emotionalen Zugang zum Werk über eine rationale Erschließung des Formalen erreicht (Sublimierung). Er vertraut der Perceptbildung nicht, also der spontanen, assoziativen und durchaus vorwissenschaftlichen Rede, in der auch Emotionen und Affekte eingebettet sind, weil ihm das zu unkontrolliert ist. Er muss sich ein Werk über eine logische Erfassung der Zusammenhänge und über eine stringente Schrittfolge erarbeiten.

Die Teilnehmenden hingegen gehen unterschiedlich mit diesem Spannungsfeld um. Einige können den Weg übers Technische, Rationale sehr gut annehmen und sehen sich auch (von ihrer Profession her) als Experten dafür. Andere suchen sich einen Zugang über die Anschauung bzw. einen emotionalen Zugang über die Farbe, die Stimmung etc. Diese Gruppe widersetzt sich teilweise dem rationalen Zugriff Imdahls und fordert andere Möglichkeiten ein, mit den Werken in Kontakt zu kommen.

Das Kunstwerk selbst wiederum fordert durch seine Präsenz im Raum, auch wenn es nur eine Reproduktion ist, meist eine spontane emotionale Reaktion ein (man fühlt sich zum Beispiel zunächst angezogen, irritiert oder abgestoßen). Alle Teilnehmenden fokussieren sich auf das Werk, dessen Präsenz jedoch durch die Rede von Imdahl überdeckt wird. Er negiert das Werk ebenfalls durch seine ad-hoc-Zeichnungen und Überarbeitungen, indem er es dadurch rationalisiert. Auch dadurch macht er es sich zu eigen bzw. verdeckt es. Letztendlich zeigt aber schon die Entscheidung, hier nur mit Dias zu arbeiten, anstatt vor Originalen zu sprechen, dass das Werk an sich für Imdahl letztlich zweitrangig ist.

BEISPIELE: EMOTIONALITÄT STEHT FÜR UNWISSENSCHAFTLICHKEIT

Für Imdahl ist die Perceptbildung, also der Versuch, bewusst einen (ersten) Zugang zum Werk über die unmittelbare Emotion und den Affekt zu suchen, unwissenschaftlich. Es ist für ihn etwas Subjektives und birgt die Gefahr, das Bild/das Werk zu verkennen bzw. zu schnell (vor-) zu verurteile. Er muss deshalb emotionale, direkte Äußerungen in formale Betrachtungen sowie eine Analyse des Werks überführen:

T. (...) ich gucke hier in einen Trichter hinein, und daß dieser Trichter auf mich eine saugende Anziehungskraft hätte.

I. Ja, das könnte sein, eine saugende Anziehungskraft. Das finde ich sehr wichtig, obwohl natürlich eine saugende Anziehungskraft gewissermaßen Ihre Freiheit möglicherweise genauso bedroht, wie das, was ihr Kollege sagt. Könnte ja sein. Solche Ängste spielen aber bei den Bildern, die wir zuvor gesehen haben, gar keine Rolle. Sind wir uns einig?

T. Ja, das sind wir uns einig.

I. Das ist schon mal sehr wichtig. Jetzt wäre ich froh, wenn es mir mal gelingen würde, ein ordentliches Dreieck zu zeichnen, das in seinen Proportionen dem von Newman gleicht. (...) (#2, 59)

Die Teilnehmenden sprechen in diesem Zusammenhang sehr deutlich über ihre Emotionen/Affekte, woran Imdahl gut anknüpfen könnte. Er versucht aber, diese Äußerungen direkt durch ausweichende Floskeln wie „könnte sein" einzuhegen und sie dann im Laufe der Sequenz umzulenken auf eine formale Ebene. Dann beginnt er zu zeichnen, um wieder auf die Komposition des Bildes zurückzukommen.

In einem anderen Zusammenhang (Vasarely/Fruhtrunk) greift Imdahl zwar den Affekt eines Teilnehmenden auf, gibt diesem aber keinen größeren Raum (hypothetisch könnte er ja die anderen fragen, ob sie das auch so empfinden oder vielleicht anders...), sondern versucht, diese Erfahrung zu verallgemeinern bzw. am Ende der Sequenz in eine abstrakte Denkfigur einzubinden, um dadurch das Gespräch zu diesem Aspekt zu beenden:

T. (...) Aber ich würde sagen, das linke Bild (gemeint ist Vasarely, die Autorinnen) ist aggressiv und das rechte Bild von Fruhtrunk, das versteckt alles.
I. Ja, das finde ich gut. Das ist einfach wahr. Das stimmt, das linke Bild ist wirklich aggressiv.
T. Das wirkt sofort aggressiv. Ich weiß sofort, da paßt etwas nicht.
I. Während bei dem rechten Bild man gewissermaßen zu schnell klar sieht.
Durcheinander
T. Als Sie bei dem rechten Bild (gemeint ist Fruhtrunk, die Autorinnen) anfingen mit negativen und positiven Linien, die nicht mehr passen oben. Dann kommt auch eine gewisse Schmerzstelle, wenn man das so sagen darf, zur Auswirkung.
I. Ja, ich verstehe. Aber gewissermaßen so, daß jede Einstellung, die man bezieht, daß der widersprochen wird durch eine mögliche andere. (#5,142)

Imdahl ist sich natürlich des Unterschieds zwischen der Ebene der Rezeption und der des Sinngehaltes in Bezug auf die Emotion klar. Nur darf die Emotion für ihn kein Ausgangspunkt der Rezeption sein, obwohl sie für ihn gleichzeitig Teil des Sinns ist: „Man muß das einfach dann nur – wenn man sie hat, diese Erfahrung – auch zugeben und sie nicht verhindern, unter dem Gesichtspunkt: Ich weiß ja viel besser, was ich von der Kunst zu erwarten habe. Es könnte ja sein, daß die Empfindung der Bedrohung, der Beängstigung sozusagen die Botschaft einer solchen Darstellung ist." (#2, 58, zu Newman)

In einer anderen Gesprächssituation zu Vasarely zeigt sich ein Teilnehmender plötzlich ganz affiziert von seiner „Lust" und lässt sich von ihr deutlich mitreißen. Imdahl versucht das zunächst mit seiner Bitte, den Begriff „Lust" zu definieren, zu rationalisieren. Ein anderer spricht wiederum davon, dass das Bild einen Schmerz auslöst. Imdahl bestätigt diese Erfahrungen mehrmals: „das ist doch interessant" und versucht, verschiedene Erklärungen dafür anzubieten. Zum Schluss setzt er jedoch unvermittelt den Begriff des „perpetuum mobile". Mit ihm verankert er Gespräch auf einer fachlich-abstrakten Ebene und schließt damit gleichzeitig diese emotionale ‚Episode' ab:

T. Nein, es ist nicht zu bewältigen.
I. Er sagt, es ist nicht zu bewältigen.
T. Es fängt ja doch wieder an zu fließen.
T. Also, mir kommt das direkt wie ein Lustobjekt vor.
I. Was ist Lust?
T. Ich bekomme immer mehr Lust, dahinzusehen.

I. Das ist doch interessant. Können Sie das mal beschreiben?
T. Ich versuche immer mehr zu sehen, als ich jetzt überhaupt sehe.
I. Können Sie die Anschauung auch abschließen, so daß Sie sagen, so jetzt kenne ich das?
T. Herr Professor ich kriege einfach immer mehr Lust!
I. Was wollen Sie mehr sagen. Sie kriegen immer mehr Lust, das zu gucken.
T. Ich finde, das Bild strengt sehr an.
I. Ja, das kann sein, daß das Bild anstrengt.
T. Es tut nach einiger Zeit in den Augen weh.
I. Das ist sehr interessant, was hier gesagt wird. Es fängt an, in den Augen zu schmerzen. Es ist vollständig ruhelos – würden Sie das so sagen?
T. Ja.
I. Es ist gewissermaßen wie ein perpetuum mobile – was ist das?
T. Ein perfekt ausländisches Wort. (#5, 133)

Diese Sequenz zeigt, wie bedrohlich die Emotionalität für Imdahl ist, sonst hätte er hier vielleicht nicht so nachdrücklich seinen Wissensvorsprung betonen müssen (durch Begriffe wie „perpetuum mobile" oder auch seine Bitte, „Lust" zu definieren). Das haben die Teilnehmenden offenbar gespürt, was die spontane Antwort: „ein perfekt ausländisches Wort" belegt.

BEISPIELE: EMOTIONALITÄT IST FÜR IMDAHL PERSÖNLICH BEDROHLICH

Imdahl kann selbst mit Emotionalität schlecht umgehen. Sie stellt für ihn eine gewisse persönliche Gefahr dar, die er gerne abwiegelt. Ein Beispiel dafür liefert die Gesprächspassage zu *Der Traum* von Picasso, in der ein Teilnehmender auf die Gefühlsebene abzielt, Imdahl aber immer wieder auf die verschiedenen Perspektiven im Bild hinauswill:

T. Ja, sehen Sie, das gehört ja vielleicht nur zur Technik ...
I. Ich weiß es nicht! Aber jedenfalls wird hier doch mehr angeboten ...
T. Der Künstler wollte auch Stimmungen ausdrücken.
I. Ja, die Stimmungen, die sind ja auch zweifellos drin. Zum Beispiel ist die Stimmung des Kopfes im Profil eine andere Stimmung, als die Stimmung des Kopfes von vorne – im en-face nennen wir das. (...) (#1, 30)

Ein wenig später versucht es der gleiche Teilnehmer erneut:

T. Aber Herr Professor, Sie verlieren sich immer so in die Technik des Bildes. Lassen wir das doch mal weg, lassen Sie uns doch mal einfach von der Stimmung leiten.
I. Also, was meinen Sie dazu?
T. Ich würde sagen, die Seitenansicht ist die schlafende Frau, und das Gesicht,

was darüber scheint, also in der totalen, das ist jetzt das, was sie vielleicht träumt. Denn das sieht man dem entspannten – an dem entspannten Zug hier beim Schlafen. Der Mensch, der schläft, der gibt sich der Ruhe hin. Und oben vielleicht ein angenehmes Traumerlebnis. Sie sagten selbst, sie lächelt. So würde ich versuchen das zu beschreiben, das andere ist mir alles zu technisch.

I. Das ist schon klar. Sie haben vollkommen recht, mit dem was Sie sagen. Es gehört gewissermaßen zum Stimmungserlebnis, daß es nicht zwei Frauen sind, sondern eine. Es muß also erst mal klargestellt werden, daß es nicht zwei Frauen sind, sondern eine. (#1, 30)

Im folgenden Beispiel versucht Imdahl wiederum das Gefühl, ‚verschlungen zu werden', in einen Bereich des Persönlichen zurückzudrängen: „jetzt ist es gewissermaßen ihr Bier", um diese nicht weiter zum Gegenstand der gemeinsamen Diskussion zu machen und gleichzeitig, sie auch von sich selbst wegzuhalten. Dazu trägt auch das lapidar abschließende: „So geht das mit dieser Malerei, meine Damen und Herren" bei:

T. Aber wenn ich so nah davor stehe, dann verschlingt mich das ja!
I. Ja, da müssen Sie was dagegen tun. Das ist genau der Punkt!
T. Wobei ich bei dem linken davor stehe (gemeint ist Newmans *Yericho,* die Autorinnen) und das geht dann von mir weg. Aber dieses (gemeint ist Newmans *Who's afraid of red, yellow and blue III,* die Autorinnen) würde mich ja total verschlingen!
I. Das tut es auch. Und jetzt ist es gewissermaßen Ihr Bier, wenn ich mal so sagen darf, welche Kräfte Sie dagegen mobilisieren. Das ist im Grunde genommen ja gar nichts anderes, als sich als Person dazu zu verhalten. So geht das mit dieser Malerei, meine Damen und Herren." (#2, 68)

III. PÄDAGOGIK – FACHWISSENSCHAFT

Dieses Spannungsfeld ergibt sich aus dem disparaten Bereich der Kunstvermittlung, wo aus Sicht der Fachwissenschaft, Theorie pädagogisch ‚angewandt' wird. Diesem Bereich wird oft mit Vorbehalten begegnet, da es hier nicht um die ‚reine' Lehre geht, sondern um ‚didaktisch reduzierte' Varianten, verknüpft mit dem Versuch, einem zumeist fachlich ungeschulten Publikum, den Zugang zu einem Gegenstand zu ermöglichen, der sich letztlich ohnehin einer Vermittlung entzieht.

Imdahl möchte grundsätzlich einen pädagogischen Zugang zur Gruppe finden, indem er sich streckenweise kumpelhaft gibt (rheinisches ‚Du', Schlagfertigkeit, Humor). Die Beziehung richtet sich allerdings nie auf einzelne Personen und so bleibt die Gruppe eher ein anonymes Gegenüber, dem er sich mit seinem fachwissenschaftlichen Wissen präsentiert, das heißt als Experte. Dieses Wissen muss in den Diskussionen immer die Oberhand behalten.

Die Teilnehmenden goutieren hingegen, dass es nicht einfach um einen Fachvortrag geht. Sie nehmen das Beziehungsangebot ernst, das von einem ‚Gespräch' ausgeht. Vielleicht nehmen sie es sogar zu ernst, denn sie wollen sich wirklich mit Imdahl austauschen bzw. mit ihm diskutieren. Gleichzeitig spekulieren sie auf sein Experten-Urteil/Wissen zu bestimmten Kunstwerken bzw. zur modernen Kunst allgemein. Sie wollen aber nicht belehrt werden. Sie schätzen an Imdahl, dass er ihnen diesen Zugang des Verstehens anbietet, gleichzeitig machen sie ihm deutlich, wie begrenzt ihre Erfahrungsmöglichkeiten sind, aber auch ihre Bereitschaft, sich irritieren zu lassen und neue, ungewohnte Erfahrungen zu machen. Die Ikonik als seriöse Fachwissenschaft bleibt ihnen bis zum Ende obskur.

Der pädagogische Anspruch wiederum müsste eigentlich in der Begegnung mit dem Kunstwerk liegen, was die Teilnehmenden teilweise auch einfordern. Aus fachwissenschaftlicher Sicht bzw. für die Veranschaulichung der Thesen Imdahls reicht das Dia, das nur eine Informationsquelle darstellt. Eine Begegnung mit dem Werk spielt hier für Imdahl keine Rolle. So gilt eine unmittelbare, emotionale Begegnung sogar als unwissenschaftlich und muss minimiert werden.

BEISPIELE: BEZIEHUNG VERSUS VERMITTLUNG VON KOMPETENZEN

Imdahl möchte keine echte pädagogische Beziehung im dynamischen Sinn herstellen, sondern das Gefühl einer emotionalen Nähe kultivieren, indem er sich beispielsweise eines besonders kumpelhaften Sprechens bedient. Er geht dabei zuweilen sogar auf ein ‚Stammtisch-Niveau', das er offenbar für das Niveau der Gruppe hält. Bei humorvollen Interventionen macht er in der Regel mit.

In folgendem Beispiel, das als solches so oder ähnlich in den meisten der Gespräche von Imdahl eingebracht wird, ‚baut' er eine vermeintlich den Teilnehmenden nahestehende Alltagssituation nach und versucht das möglichst umgangssprachlich auszudrücken: „(...) oder wenn Sie sagen: Die Klarheit ist die Bedingung des Widerspruchs, wenn Sie einem das sagen, dann sagt der: Du hast einen Vogel. Oder: Zeig mir das mal, wie sieht denn das aus. Dann können Sie hergehen und sagen: Es ist das." (#1, 18)

Die fehlende Authentizität bei diesen Sequenzen zeigt sich aber daran, dass in der Regel unmittelbar im Anschluss eine längere theoretische Passage folgt, mit der Imdahl wieder ein dem Kunstwerk angemessenes Niveau zu etablieren versucht. Das kann dann so klingen: „Wenn ich Ihnen das jetzt so erzählen würde: Es gibt Sachen, die sind in einem rational und irrational, dann würden Sie sagen, du hast einen Vogel, zeig mir das mal! Dann würde ich Ihnen dieses Ding zeigen und würde sagen: Daran kann man das erklären, dass die technisch anmutende, rational konstruierte Zeichnung in ihrer Rationalität gleichwertig eine Qualität der Irrationalität eingebaut hat vor der wir als diejenigen stehen, die damit schlechterdings nicht fertig werden können." (#3, 91)

Imdahl versucht insgesamt immer wieder, Dinge zu vereinfachen und den Teilnehmenden Ja/Nein-Fragen zu stellen, womit er sie aber infantilisiert.

Eine andere Variante, emotionale Nähe herzustellen, ist es, die Teilnehmenden über eine gewisse Emphase und Zuspitzung für bestimmte Phänomene zu begeistern, z.B. mit der Feststellung, dass es an sich ganz einfach ist, dass es aber, wenn man dranbleibt und sich weiter damit befasst, erst richtig spannend wird: „Also, es sieht ja ganz wahnsinnig einfach aus." (#1, 19); „Das interessiert mich wahnsinnig. Das weiß ich nämlich nicht." (#4, 115)

Imdahl versucht über seinen Ansatz, einzelne Schritte der Erkenntnis zu erarbeiten, auch eine Fachsprache und einzelne Fachbegriffe zu vermitteln. Das legitimiert ihn auch in seiner Expertenrolle. Zum Beispiel: „en-face nennen wir das." (#1, 30); „Das nennt sich dann bei uns Isometrie." (#5, 162)

Eines seiner wichtigsten fachlichen Ziele ist sicherlich, den Teilnehmenden Ambiguitätstoleranz zu vermitteln. Er möchte ihre Haltung dahingehend verändern, dass sie lernen, Ambivalenz als etwas Sinnvolles zu begreifen und was ihnen Kunst vermitteln kann: „(...) und ich glaube, es ist ganz gut, mal etwas irritiert zu werden, könnte ja sein. (#1, 18) Oder: „Ob das Kunst ist oder keine Kunst ist, interessiert mich weniger als die Frage, ob mich das beschäftigen kann oder nicht beschäftigen kann." (#5, 144)

T. Ich sehe da nichts Kunstvolles drin, aber ich muß sagen, wenn ich darüber spreche, dann bin ich selber sprachlos, wieviel Möglichkeiten man aus so etwas schöpfen kann. Aber...

I. Verbuchen Sie das doch einfach mal als Gewinn! (#2,62f.)

Ambiguitätstoleranz bietet sich daher als ein Brückenschlag zwischen kunstwissenschaftlicher Theorie und ihrer Anwendung an, weil sie zum einen notwendig ist, um die Mehrdeutigkeit von Kunst überhaupt erfahrbar zu machen und zum anderen ein elementar pädagogisches Ziel darstellt, das unter anderem hilft, Vielfalt zu respektieren und Widersprüchlichkeit zu tolerieren.

IV. FORMATE DER VERMITTLUNG

Ein weiteres Konfliktfeld bietet sich in Bezug auf die unterschiedlichen Vorstellungen, die mit dem Format dieser Veranstaltung verknüpft werden. Das sorgt zwar nicht zu solch starken Spannungen, wie sie sich z.B. aus den „falschen Versprechen" ergeben, es lässt aber beispielsweise manch abrupte Intervention verständlicher werden.

Imdahl versteht das Gespräch als eine Art Aufführung der Werke ähnlich einem Musikstück. Die Teilnehmenden hingegen gehen von einem Gespräch aus im Sinne einer gemeinsamen Diskussion, manche sehen es auch als Unterhaltungs- und Entspannungsprogramm im Rahmen ihrer Fortbildungsveranstaltung, andere als einen wirklichen kulturellen Input. Das Kunstwerk selbst ist die Partitur. Es liefert die ‚Notation' und dient als Referenz für den Dirigenten und die Musiker. Wenn Imdahl das Kunstwerk in seiner Eigenständigkeit wichtiger wäre, würde das Gespräch vor dem Original stattfinden. Hier wird es von ihm mehr oder weniger als Referenzrahmen benutzt. Für die Teilnehmenden hat das Werk einen exemplarischen Charakter. Es belegt, was Imdahl sagt und was daran gemeinsam besprochen wird.

BEISPIELE: FACHGESPRÄCH VERSUS UNTERHALTUNG

Einige Teilnehmende interpretieren dieses Veranstaltungsformat als eine entspannende, unterhaltsame Unterbrechung, was Einzelne durch gezielte Scherze und witzige Beiträge zu fördern versuchen, beispielsweise: „Hans, wenn du das baust, dann kannst du das verkaufen. (...) Wenn du das schaffst, dann können Sie Ihre Professur abgeben." (#1, 18) Auch werden andere witzige Situationen bereitwillig aufgegriffen, um sich gemeinsam zu amüsieren. So sorgt dieser Versprecher eines Teilnehmers, der zu Picassos *Der Traum* zwei liebende Frauen (statt: zwei lebende Frauen) assoziiert (#1, 28), spontan für große Heiterkeit.

Das Audiomaterial legt nahe, dass überhaupt im Hintergrund oft gewitzelt wird und man in kleinen Gruppen leise miteinander spricht. Imdahl lässt vieles gewähren und ist auch für humorvolle Situationen durchaus zu haben, was aber auch Grenzen hat. Wenn er um den Respekt vor der Kunst oder dieser Veranstaltung fürchten muss, bittet er um Ruhe oder fordert eine konzentrierte Beschäftigung mit dem Thema ein. Einmal wird er richtig ärgerlich, ruft die Gruppe zur Ordnung und will den Anspruch des Formats wieder herstellen:

I. (...) Also, meine Herren, entschuldigen Sie, aber ein gewisses Mindestmaß muß ich doch schon irgendwie erbitten dürfen, denn ich mache mich hier halb kaputt und wir machen hier nun keinen Karneval. Wir können aber auch, wenn das der Wunsch ist, sofort abbrechen. Ich wäre damit einverstanden.

T. Nein, das wollen wir ja nicht.
T. Nein.
I. Ok.
T. Man muss ja mit allen leben.
I. Wir müssen miteinander leben, noch eine zeitlang. (#5, 140)

BEISPIELE: GESPRÄCH VERSUS AUFFÜHRUNG

Zum Kunstwerk als Partitur sagt Imdahl: „Ja, das ist wie eine Partitur, wissen Sie. Wenn ich in der Musik eine Partitur habe, dann hängt viel für die Partitur davon ab, wie ich sie spiele. Oder stimmt das nicht?" (#2, 63) Das Audiomaterial unterstreicht diese These, wobei deutlich wird, dass die Beteiligten nicht unbedingt gemeinsam das Werk aufführen. Vielmehr sieht sich Imdahl als Dirigent und oftmals auch als Orchester in einem (allein durch die klangliche Vielgestalt seiner Stimme und Intonation). Demgegenüber wird die Gruppe zum Publikum bzw. fungiert als Stichwortgeber. Besonders präsente Teilnehmende können aber durchaus einzelne Musikstimmen übernehmen.

BEISPIELE: GESPRÄCH VERSUS SEMINAR

Die Teilnehmenden fordern immer wieder das Gespräch als ein gleichberechtigtes Hin- und Her der Fragen und Argumente ein. Demgegenüber bevorzugt Imdahl durch sein mäeutisches Vorgehen der Erkenntnisgewinnung ganz klar eine Art Seminarformat.

BESPIELE: STELLENWERT DES KUNSTWERKS IM FORMAT DES GESPRÄCHS

Einerseits fordert Imdahl die intensive Auseinandersetzung mit dem Einzelwerk, das als Dia gezeigt wird. Andererseits kommentiert er häufig die unzureichende Qualität der Projektion bzw. der Reproduktion.

In der Eingangspassage (Audiomaterial) kommentiert Imdahl immer wieder, dass der Raum nicht dunkel genug ist. Er zeigt dann aber doch das Dia: „Die Farben kommen jetzt nicht besonders gut heraus. Es müsste draußen etwas dunkler werden. Aber wir können es ja mal versuchen." (#1, 19) In Bezug auf das Bild *Who's afraid of red, yellow and blue III* von Newman, das Imdahl nur kurz bespricht, muss er erklären, dass es sich dabei nicht um ein Bild von einem Dreieck handelt, sondern um ein dreieckiges Bild, das auch viel größer ist, als es hier projiziert werden kann:

I. Das ist ein Riesenbild. Das ist sechs Meter breit ungefähr und zweieinhalb Meter hoch, und das ist die Wand, an der das Bild hängt, und das ist der Fußboden unter dem Bild.

T. Und das Bild ist nur...
I. Das Bild ist nur dieses.
T. Ach so.
I. Das ist das Bild. Wir fotografieren oft die Umgebung mit, damit man sich ein bißchen eine Vorstellung von der Größe des Bildes machen kann. (#2, 64)

ZUSAMMENFASSUNG

Die vier aus den Gesprächen herauskristallisierten Themenfelder betreffen Konflikte, die sowohl durch Imdahls persönliches Agieren entstehen, die aber auch grundsätzlich den disparaten Bereich der Kunstvermittlung betreffen. So geht es hier um eine Vermittlung zwischen Gegenstand (dem Kunstwerk) und RezipientInnen, was sich nicht einfach als der Transport eines Wissens oder bestimmter Erfahrungen von A nach B gestalten lässt. Kunst kann nicht einfach gelehrt und gelernt werden, sondern muss erfahren werden. Das macht die Kunstvermittlung so herausfordernd und reizvoll zugleich.

Imdahl selbst hat vor allem mit zwei ‚blinden Flecken' zu kämpfen, die seinen Vermittlungsbemühungen im Wege stehen: Zum einen sein großes Sendungsbewusstsein, das ihn beispielsweise zu „falschen Versprechen" verleiten lässt und damit bei den Teilnehmenden Widerstände hervorruft. Hier wird ihm zusätzlich zum Problem, dass er diese Effekte nicht ausreichend reflektiert und sein Vorgehen nicht angemessen anpassen kann, da ihm dafür die nötige Flexibilität fehlt. Zum anderen betrifft das sein ambivalentes Verhältnis zur Emotionalität, das sich auf verschiedene Bereiche auswirkt. Einerseits versucht er, das Feld des Fachlichen sehr strikt gegenüber einer Emotionalisierung abzuschirmen. Entsprechend muss für ihn eine Auseinandersetzung mit Kunst notwendig rational begründet sowie systematisch entwickelt werden und darf nicht ins Subjektiv-Gefühlige oder gar Triviale abgleiten. Andererseits kultiviert er selbst eine große, zuweilen übersprudelnde Leidenschaftlichkeit dem Gegenstand gegenüber, die ihn antreibt und vitalisiert. Zeigen sich hingegen die Teilnehmerinnen stark berührt von dem, was sie sehen, muss er das eindämmen oder umlenken. Leidenschaft gegenüber den rational entwickelten Thesen ist für ihn legitim, ja zeugt sogar davon, die Werke in ihrer Sinnhaftigkeit erkannt zu haben, frei flottierende Affekte gehören für ihn jedoch ins Private. Das ist ein Unterschied, der für die Teilnehmenden oft nicht verständlich wird und der in dieser strickten Abgrenzung aus kunstpädagogischer Sicht auch nicht notwendig wäre.

7 KONTEXTE

7.1 KUNSTWISSENSCHAFT – RICHARD HOPPE-SAILER

Der Kunsthistoriker Richard Hoppe-Sailer war als Assistent von Max Imdahl bei vielen der Gespräche dabei und hat sie nach dessen Tod eine Zeitlang weiter fortgeführt. Einige davon wurden im Eigenverlag der Bayer-Werke publiziert.[1]

In einem Gespräch mit den beiden Autorinnen im März 2022 an der Kunsthochschule Kassel erinnerte sich Richard Hoppe-Sailer an diese Zeit, an Imdahl als Person, an seine Art und Weise, mit den Gruppen über Kunst zu sprechen und auch an seine kunsthistorischen Präferenzen bzw. Eigenheiten, insofern sie für die Gespräche relevant waren. Aus diesem gemeinsamen Gespräch wurden einige Passagen herausgegriffen, die ein Gesamtbild der Untersuchung ergänzen. Vor allem werden hier einige Widersprüche verständlicher, die nach der Lektüre der Transkripte Fragen aufwarfen, beispielsweise, warum Imdahl mit Dias arbeitete, obwohl ihm eine unmittelbare Erfahrung von Kunst so wichtig war oder auch, warum er so stark auf einer letztlich begrifflichen Durcharbeitung der Werke insistierte und emotionale Reaktionen eher abwehrte. Diese Widersprüche relativieren keineswegs Imdahls fachliche Expertise. Sie können eher deutlich machen, inwiefern sein authentischer Umgang mit ihnen mit zur Wirksamkeit der Gespräche beitrug.

Hoppe-Sailer: Diese Gespräche waren immer eigenartige Situationen. Also, ich bin ja eine Zeitlang auch mit dabei gewesen und habe die Gespräche selbst nach seinem Tod weitergeführt, ein, zwei Jahre. Das war ganz spannend. Bayer schickte einen Fahrer nach Bochum und holte uns ab. Man merkte, das war für ihn [Imdahl] auch ein ungewohntes Feld und hatte gleichzeitig auch etwas Faszinierendes. Ganz im Sinne seines pädagogischen Ethos: „Das ist mir wichtig. Das möchte ich denen auch vermitteln." Imdahl saß nie im Auto im Sinne „Ach so, ja ich weiß jetzt, was ich erzählen will." Man hatte sich [bei diesen Veranstaltungen] bereits über Lohnfortzahlung im Krankheitsfall und über die Betriebsfeuerwehr unterhalten. Also Dinge, die etwas ganz anderes sind. Man saß in einem ‚U' und Imdahl musste sich bewegen. Den konnte man nicht hinsetzen. Ich selbst stand am

Diaapparat und dann ging's los: „Was sehen wir hier?" Zum Beispiel ein Mondrian. Dann kam die Meldung „Ja, wir sehen nichts." „Wie, Sie sehen nichts? Da ist doch Farbe drauf!" So ging das. (...)

H-S: Man merkte, dass Imdahl aus dem Rheinland kam und ein bisschen lispelte. Es gibt ja auch Leute, die lispeln und dann ‚verhuscht' sich die Sprache so. Aber bei ihm klang es ganz stolz. Damit trat er auf und versteckte sich auch nicht. Man verstand ihn immer.

Wetzel: Und hat er langsam gesprochen?

H-S: Er hat langsam gesprochen. Aber nicht aufgesetzt. Einfach klar. Die Sätze waren nicht weniger kompliziert, auch hat er Fremdworte benutzt und hat sie dann erklärt. (...)

W: Wir hatten uns immer wieder gefragt, weil es Probleme mit der Projektion der Dias gab, also mit den Kontrasten und der Farbwiedergabe, warum er mit der Gruppe nicht vor Originale gegangen ist?

H-S: Das hat mich auch gewundert. Originale waren, glaube ich, nur für ihn. Als ich Assistent wurde, habe ich Übungen in den Kunstsammlungen gemacht. Das fand er toll. Hat er selbst aber nie gemacht. (...)

W: Es wird von Weggenossen immer wieder betont, dass Imdahl sich ‚Sparringspartner' suchte, um mit ihnen bestimmte Themen durchzusprechen, die ihn beschäftigten. Gab es denn auch Dinge, die ihn nicht interessierten, weil sie, wie Sie sagten, für ihn zu nichts führten?

H-S: Ja, zum Beispiel eine Geschichte, bei der man merkte, da will er nicht: Wir machen eine Exkursion. Da war ich Assistent. Wir sind erst nach Gladbach gefahren. Ich hatte gerade über Twombly geschrieben. Damals war die Sammlung Marx ins neueröffnete Museum in Mönchengladbach integriert worden, die dann später in den Hamburger Bahnhof kam. Also, wir sind dann da hin, kommen rein, stehen davor und Imdahl sagt: „Ja Jung, dann sag jetzt mal was." Wir haben diskutiert und es kam von Imdahl ein, für seine Begriffe, höchstes Lob. Er stand vor dem Bild und sagte: „Aber malen kann der ja". Das heißt, er hat sich nicht auf Twombly theoretisch eingelassen. Das war ihm zu chaotisch. Imdahl hat auch nie etwas über Paul Klee gemacht. Die Künstler fand er toll, vermute ich zumindest. Er wusste genau, dass er das nicht theoretisieren kann, dass er da mit seinem System nicht weiterkommt.

W: Weil man darüber nicht sprechen kann?

H-S: Darüber kann man nicht sprechen. Dann machte er das auch gar nicht erst. Dazu passt eine andere Geschichte: Wir sind nach Otterlo in Holland gefahren, wo sich die Arbeit von Richard Serra *Spin out, for Robert Smithson* befindet. Das Werk besteht aus drei Stahlplatten, die in einem Tal so positioniert sind, dass ihre Stirnseiten aufeinander zulaufen. Wir sind dort angekommen und Imdahl insistiert in seiner Interpretation auf dem Begriff des Erhabenen. Das müsse man von oben sehen, von einem die Skulptur umgebenden Wall, dann wäre man überwältigt. Ich habe dagegengehalten, dass ich das nicht glaube und habe damit argumentiert, dass die Platten auf einen imaginären Mittelpunkt ausgerichtet sind, den es aber nicht gibt, der immer nur angespielt wird. Und das würde notwendigerweise zu einer unabgeschlossenen Bewegung des Betrachters führen. Wir sind uns dann richtig in die Haare geraten, was damit endete, dass Imdahl wutentbrannt sagte: „Wir sind doch hier nicht im Hamsterrad!" Das konnte oder wollte er nicht.

Und deshalb glaube ich sogar, dass eine bestimmte Art von offener Prozessualität in der Avantgarde für ihn schwer möglich war. Bei Mondrian ging das. Die Bilder von Mondrian funktionieren ja im Grunde genommen genauso. Das hat er auch so beschrieben: „Diese Anschauung kann man nicht zu Ende bringen. Die kann man nur abbrechen", sagt er an einer Stelle über ein Mondrian-Bild. Und das war für ihn das Äußerste. Wenn es darüber hinausging, ob das eine prinzipielle Offenheit gegenüber Adornos ästhetischer Theorie war oder diese Unabgeschlossenheit der Serra-Installation oder eben Twombly, da war er nicht mehr dabei. (...)

W: Warum hat er denn in den Gesprächen Werke gewählt, deren Anschauung sich so schwer auf den Begriff bringen lässt? Albers zum Beispiel?

H-S: Der Albers ist für ihn ein methodisches Modell, das genau zeigt, dass es einen Unterschied zwischen ‚actual fact' und ‚factual fact' gibt. Und dass sich irgendetwas in der Anschauung ergibt, das über das Faktische hinaus geht. Technische Angaben kann man nachvollziehen, aber darüber geht es dann hinaus. Das ist die Erkenntnis: „Das kann ich sagen. Und das kann ich sehen." Und damit schließt sich etwas für Imdahl zusammen.

So etwas kann man bei Twombly nicht machen. Bei Twombly kann ich in die Falle eines Titels laufen, aber dann sehe ich, dass das interpretatorisch nicht aufgeht. Was dann übrig bleibt und sich zerfasert und widersprüchlich ist, ist ja viel, viel schwieriger zu fassen. Oder wenn überhaupt, dann auf der Ebene der ‚écriture' zum Beispiel, wie Roland Barthes das macht. Aber das ist für Imdahl schwierig gewesen. Ich weiß auch nicht, ob ihn solche Dinge interessiert hätten. (...)

W: Hätte denn Imdahl auch mal sagen können: „Wir nehmen ein Kunstwerk und fangen dann zusammen einfach mal an...?"

H-S: Das hätte er nicht gemacht. Das hätte er vielleicht gekonnt, aber das hätte er nicht gemacht. Da kommt der Aspekt der Unsicherheit vielleicht hinzu. Darauf hätte er sich nicht eingelassen und das wäre ihm auch unseriös vorgekommen. Er hätte gesagt: „Das mache ich nicht. Ich muss schon wissen, wovon ich rede." (...) Das wäre Imdahl zu trivialisiert gewesen. Das hätte er vielleicht im stillen Kämmerlein gemacht. Aber, nein ...

W: Aber das heißt, dass er gar nicht davon ausging, dass der Prozess ihm selbst noch neue Erkenntnisse bringt. Warum spricht er dann in den Einleitungen zu den Gesprächen davon, dass sie ein Experiment sind, mit einem Risiko?

Lübbecke: So wie Sie das eben gesagt haben, war es das doch eigentlich nicht.

H-S: Für ihn ist das ein Experiment, das darin besteht, ob das Gespräch gelingt oder nicht gelingt. Das Experiment besteht nicht darin, ob ich über den Mondrian oder den Barnett Newman mehr erfahre oder nicht. (...)

W: Und wo würden Sie sagen, lag für ihn die Grenze zum Trivialen, die er nicht akzeptieren konnte?

H-S: Es gibt ja in den Gesprächen Passagen, in denen diese Grenze vielleicht tangiert wird. Beim Vergleich eines Max Bills zum Beispiel mit einer Tapete.

W: Wobei diese Assoziation ja auch nicht ganz falsch wäre.

H-S: Ja, aber Imdahl ist kein Kulturhistoriker. Für ihn ist Kunst eine humanitäre Notwendigkeit. Da kommt Imdahl ganz tief aus der Münsteraner Philosophenschule um Joachim Ritter, für die das eine existenzielle Notwendigkeit ist. Und in dem Moment, wo das als Dekoration assoziiert wird...

W: ...ist es entwertet.

H-S: Ja, ist es entwertet. Ebenso könnte man ja auch einen Morellet mit den Augen eines Augenarztes anschauen. Das geht für Imdahl aber gar nicht. Da war er ganz traditionell. (...) Wenn er merkte, dass jemand nicht bereit war, ein Kunstwerk, das ihn existenziell beschäftigte, in seiner existenziellen Notwendigkeit anzuerkennen, dann war er nicht mehr dabei. (...)

W: Bei der Wahl von Picassos *Der Traum* hatte ich den Eindruck, dass er bewusst ein Werk mit einer gewissen Gegenständlichkeit gewählt hat, damit es den Teilnehmenden vielleicht leichter fällt, sich auch auf die Werke ungegenständlicher Kunst einzulassen. Bei Picasso war ja auch eher ein emotionaler Zugang möglich. Oder könnte es auch sein, dass ihn ein emotionaler Zugang nicht so interessierte?

H-S: Ja, das kann ein Argument gewesen sein. Man kommt dann an eine Grenze. Ich habe das immer in meinen Seminaren, die „Ich finde aber, dass..." – Kunstgeschichte genannt. Also sie zeigen ein Bild und die erste Reaktion der Studierenden ist: Also ich finde das aber ein trauriges Bild.

Das wollte er verhindern, glaube ich. Weil er wusste, wenn ich darauf einsteige, erzählt mir jeder seine private Befindlichkeit. Das interessiert mich nicht. Also, ihn interessierte schon Kunst als Auslöser einer bestimmten emotionalen Betroffenheit. Aber ihn interessierten nicht die Inhalte dieser Betroffenheit. Ich glaube, das ist der Unterschied. (...)

H-S: Es gab bei Imdahl auf der einen Seite einen künstlerischen Anteil. Der andere Anteil war der Kunsthistorikeranteil und er wusste, wie dünn die Grenze dazwischen ist. Das hat er ganz scharf getrennt. Deshalb hat er aufgehört, öffentlich etwas seines eigenen künstlerischen Tuns zu zeigen.

Ich habe das in meinen Veranstaltungen immer so erklärt, dass ich mit zwei verschiedenen ‚Hüten' ins Museum gehe. Einmal mit dem des Kunsthistorikers und dann mit dem des Genießers. Es gibt natürlich Bilder, wo ich denke: „Das ist ja ein tolles Bild!" Aber darüber würde ich nicht direkt schreiben können. Und ich finde es in der Ausbildung extrem wichtig, das auseinanderzuhalten. Lernen, das auseinanderzuhalten. Dass das unterschiedliche Felder sind, in denen man sich bewegt. Die kann man bedienen, aber man muss wissen, dass das eine Feld akademisch nicht satisfaktionsfähig ist.

W: Das schon. Aber der Punkt ist doch, dass es in der Begegnung mit Kunst auch darum geht, dass man von etwas berührt werden soll. Dann ist man nicht mehr in der Welt des Begriffs, sondern in der der Anschauung.

H-S: Ja, es geht um diesen Übergang. Ich denke, unsere Aufgabe als Kunsthistoriker oder Kunsthistorikerin kann es sehr wohl sein, dieses Feld und diesen Übergang zu thematisieren, aber nicht über dessen Inhalte zu reden. Das habe ich immer sehr vertreten. Es ist ja so verlockend. Viele Studierende kommen ja mit so einer reinen emotionalen Betroffenheit. Ich meine, an einer Akademie ist das ja noch ganz anders. Aber wir müssen uns dieser Aporie, die darin steckt, bewusst sein. Sonst scheitern wir daran. (...)

W: Ich würde das gern noch mal als Pädagogin aufgreifen. Dass das ja auch eine Möglichkeit ist, um dann aber doch wieder zur Sache zu kommen. Also zur Kunst. Ich würde fragen, worauf sich diese emotionale Reaktion konkret bezieht, wovon sie sich ableitet.

H-S: Gut, das hätte Imdahl auch noch gemacht. Aber ihm war eine frei flottierende Emotionalität suspekt.

W: Ich nehme an, die war ihm unheimlich.

H-S: Die war ihm unheimlich. Mein Beispiel ist dann immer der Twombly. Da wird genau diese wabernde Emotionalität anschaulich und dann sagte er: „Jung erzähl' du mal."

7.2 BILDENDE KUNST – ALF SCHULER

Der Künstler Alf Schuler, geboren 1945, ist bildender Künstler und hat sich schon während des Studiums intensiv mit den Werken von Albers, Bill, Fruhtrunk und Morellet auseinandergesetzt. Bis auf Albers kannte er alle Künstler auch persönlich. Alf Schuler war von 1989–2010 Professor für Bildhauerei an der Kunsthochschule Kassel.

Ihm wurde das erste Gespräch als Transkript zu lesen gegeben mit der Bitte, es zu kommentieren. In einem gemeinsamen Gespräch am 14.09.2022 trug seine Gedanken dazu vor. Hier einige Auszüge aus dem Gespräch:

ZUM GESPRÄCH 1 (6.02.1979)

Mir ist das Ganze irgendwie insgesamt zu altbacken. Das fängt schon mit der Auswahl der drei Künstler an. Das kann man zwar machen. Aber warum den Albers mit seinen *Strukturalen Konstellationen* nehmen, statt bei ihm über die Farben zu sprechen? Das wäre doch viel bedeutsamer. Diese *Strukturalen Konstellationen* sind natürlich ganz toll, sind aber eigentlich nur etwas Begleitendes. Das beginnt in den dreißiger Jahren, wie auch diese Violinschlüssel, die Albers 1932–35 gezeichnet hat.

Dann kommt der Bill und dann der Picasso. Da gibt es natürlich eine Beziehung, die sieht man auch. Das Doppelgesicht von Picasso, das Imdahl sogar in Verbindung bringt zu der *Strukturalen Konstellation.* Das ist so simpel, dass es natürlich irgendwo einleuchtend ist, aber trotzdem, ich weiß nicht… Und da beginne ich jetzt wieder mit Albers, denn schon diese Begrifflichkeiten von Imdahl sind in diesem Fall vollkommen falsch, weil das nämlich so ist, dass das eine ganz konkrete Erscheinung ist, diese *Strukturale Konstellation,* und aufgrund unserer Augen können wir sie so oder so lesen. Es ist aber keine Täuschung im eigentlichen Sinne. Das wurde verkehrt eingeordnet, finde ich. Die reden alle über diese Täuschung und bringen das in Verbindung zu einer bestimmten Vorstellung von Ästhetik oder Kunst. Und da wird mir das Ganze dann irgendwie zu eng, denn da kommt man nicht weiter – sagt Imdahl ja auch immer wieder. (…)

Ich finde auch seine Idee ganz blödsinnig, diese *Strukturale Konstellation* ins Dreidimensionale übersetzen zu wollen, sie mit einem Schweißdraht zusammenzulöten usw. Das ist absolut absurd. Es wäre vielleicht ganz lustig, das zu versuchen, aber es käme doch nur Mist dabei raus. Das hat doch hier überhaupt keinen Sinn und ist auch eine falsche Fährte. Imdahl hätte vermeiden müssen, dass man das überhaupt zum Thema macht, weil man damit dem eigentlichen Moment ausweicht.

Das Entscheidende bei einer *Strukturalen Konstellation* ist ja das Spiegelbildliche und über unser Sehen resultiert daraus dieser Eindruck der Räumlichkeit. Diese *Strukturalen Konstellationen* sind ja wirklich sehr gut, das ist überhaupt keine Frage. Aber man könnte zum Beispiel fragen: Wie unterscheiden sie sich vom Escher? Wobei der ja fast surreal in seinen Ausformungen ist, er geht ins Phantasiehafte. Das hat jedoch Albers überhaupt nicht interessiert. Bei dem werden es ja Superzeichen, also richtige Zeichen, fest geformt.

Enttäuscht war ich dann beim Bill, zu dem habe ich ja eine ganz spezielle persönliche Beziehung gehabt habe. Imdahl versucht, über das Bild zu sprechen. Die Farben werden erwähnt, aber eigentlich nur im Sinne von etwas Koloristischem, also dass man die Felder irgendwie ausfüllt mit einer Farbe. Daraus resultiert dann auch die Idee, dass es da ja sowas gibt, was man weiterdenken kann. Dann kommen die Teilnehmer zwangsläufig auf die dumme Idee, dass das ja wie ein Tapetenentwurf wirkt. Eigentlich ist das aber verkehrt! Denn Bill meinte eigentlich nichts anderes als das Bild, so wie es ist. Ihn interessierte überhaupt nicht, dass das in sich eine bestimmte Logik haben muss. (...)

Also, man würde wahrscheinlich über dieses Bild von Bill im Original ganz anders diskutieren und würde dieses Moment des sich Fortsetzenden – was etwas mit Rapport zu tun hat und was Bill da ja wirklich so irre entwickelt hat... Da musste ich fast drüber lachen, weil das irgendwie pedantisch war, wie beweisführend Imdahl hier vorging. Und was noch schlimmer ist, dass er dann das Bild fortsetzte. Das ist ja der Witz bei den Konkreten überhaupt: Sie meinen genau dieses Ding, so wie es ist und nicht noch wie es sein könnte.

Natürlich setzt sich was fort und dann entsteht aus dieser Idee wieder eine neue Serie von Bildern und so fort. Aber es sind dann auch immer ganz definierte Bilder, bei denen man nicht sagen muss: Jetzt können wir noch so weiterverfahren... (...) Und dann reden sie endlos darüber – das erschöpft einen eigentlich, also mir geht es zumindest so, weil das Wesentliche nicht genannt wird. Es wird immer gefragt, ob das Kunst ist, was ja in gewisser Weise verständlich ist. Diese Fragen stellt man uns gegenstandlos arbeitenden Künstler ja immer. Aber das kann man nicht beantworten. (...)

Dann zu Picasso: Da denkt man, man kommt jetzt an was dran. Dann verläuft das Gespräch aber so ähnlich. Imdahl fängt auch gleich an, die Gruppe zu lenken und sie kommen beim Bild drauf: Das ist ein Gesicht im Gesicht und so weiter – ja, das ist natürlich so simpel wie nur sonst was. Dass man im Schnitt eine Person sieht und gleichzeitig von vorn, das ist natürlich toll, und das ist auch eine von Picassos Erfindungen. Aber dann die Beziehung herzustellen zu Albers ist irgendwie simpel, auch wenn es vielleicht einleuchtet. Dafür wurde dann aber endlos geredet. (...)

Das ist ja eine irre Anstrengung, die Leute in so eine Position zu bringen, die ihnen ja fast fremd ist. Auf der anderen Seite hat das natürlich was. Ich habe mit Studierenden auch versucht, in so eine Art Marathon zu kommen. Denn dann vertieft sich etwas oder es entsteht so eine Wut, dass einer plötzlich rausplatzt und sagt, das ist ja alles ein Krampf, jetzt will ich endlich aufhören, was soll denn das Ganze? So kommt es mir hier auch ein bisschen vor, wobei sich alle sehr bemühen, Form zu bewahren, wenn sie zum Beispiel sagen: ‚Herr Professor...' (...)

Aber jetzt komme ich zu dem entscheidenden Moment, weil Newman etwas vollkommen Neues mit hineingebracht hat. Dadurch, dass diese Bilder erstmal riesige Formate sind und von ihm so gemeint, dass sie ganz körperlich rüberkommen und insgesamt nicht mehr erfassbar sind. Man muss sich fast bewegen, dann bewegt sich die Farbe. Also dieses Moment des Körperlichen, das war das Entscheidende beim Barnett Newman. Und das war eigentlich etwas sehr Wichtiges. Das hätte Imdahl doch erklären müssen. (...)

Mir ist das wieder zu eingeengt, also dass Imdahl davon ausgeht, dass das Besondere dieser Kunst ist, dass hier Interpretationen so frei wie möglich sind. Das ist doch bei jedem Bild möglich. Und das ist schon wieder eine Ausgrenzung, die mir eigentlich nicht so ganz zusagt. Ich meine, das ist Unsinn. Ich kann doch auch in einem Landschaftsbild oder einem Seestück wunderbar spazieren gehen, da fällt mir alles Mögliche ein. Natürlich wird mir da keine nackte Frau einfallen... oder vielleicht doch, wenn jemandem nur nackte Frauen einfallen. (lacht).

ZUM PROBLEM DER ISOLATION VON KUNST

Also ich glaube, um so mehr man diese Tendenzen, die mit der Konkretion oder der Abstraktion – egal wie man es benennen mag – zu tun haben, thematisiert, umso mehr isoliert man sie auch. Und das ist vielleicht eines der Hauptprobleme, dass viele dieser Phänomene gar nicht in den allgemeinen Fluss der Kunst gekommen sind. Es ist doch eigentlich so, dass vieles zur gleichen Zeit sein kann, ganz Unterschiedliches, darin liegt die große Qualität. Und das ist natürlich auch dieses Moment eventueller Verunsicherung, die aber positiv ist und darüber haben wird ja auch gesprochen. Es ist dann die Frage, wofür ich mich als Künstler entscheide. Da muss ich auch die Offenheit haben, dem anderen zuzugestehen, dass er das ganz anders macht und das ist genauso richtig. Das ist etwas, was uns ja vielleicht schwerfällt. Und was man gerade mit Kunst sehr gut zeigen kann. Da gibt es viele Insiderclubs um die Konkretion herum, denen ich gegenüber zum Teil sehr skeptisch war, eben weil sie sich auch selber sehr ausgeschlossen haben. Sie haben sich zusammengerottet, um sich gegenseitig zu bestärken, was aber nur dazu führte, dass sie nur noch mehr isoliert wurden. Also etwas vollkommen Widersinniges, bis hin zu esoterischen Clubs... (...) Kunst wird auf diese Weise so isoliert, dass man sie auf irgendeine Art und Weise abtötet. Oder man steckt sie in irgendeine Schublade, dann ist sie Gott sei Dank weg. (...)

Ja, aber jetzt komme ich wieder auf den entscheidenden Punkt. Dieses Isolieren, also Separieren von Stilrichtungen oder Vorgehensweisen innerhalb der Kunst... Das Problem kann durchaus sein, dass es ohnehin einfach Dinge gibt, die nie auf Gegenliebe stoßen. Also, weil die Menschen gar kein Sensorium dafür haben. Das ist doch das Entscheidende. Manchmal mag man das, manchmal mag man es weniger. Dann gibt es bestimmte Neigungen oder Begabungen. Der eine ist mehr auf Töne aus, der andere braucht die Farben. So ist das nun mal. Und es ist nicht gleichwertig verteilt und das ist ja das Gute. Und man muss es halt akzeptieren, wenn jemand sagt: „Mich interessiert das nicht."

ZUR NOTWENDIGEN KONTEXTUALISIERUNG VON KUNST

Da muss man früher in der Kunstgeschichte ansetzen, um vielleicht eine Erklärung für die Konkrete Kunst zu finden. Also beginnen wir mit den russischen Konstruktivisten, dem Suprematismus von Malewitsch. Damals ist diese Kunst aus einer anti-bürgerlichen Situation heraus entstanden. Ende des 19. Jahrhunderts hatten zwei große russische Sammler, Schtschukin und Morosow, riesige Sammlungen. Alle waren ganz aus dem Häuschen. Auch die ganzen russischen Maler sind damit konfrontiert worden und haben das aufgesogen. Und dann haben sie festgestellt: wenn wir weitermachen, müssen wir zu was anderem kommen. Und sie haben das andere gefunden, wobei man das auch schlecht benennen kann, denn es war sehr utopisch letztlich – und dadurch höchst wirkungsvoll. (...)

Die sind wirklich revolutionär gewesen und haben, wie die Konkreten ja auch, wirklich alles versucht, von der Teekanne, bis ins wirkliche Leben hinein, bis zum Revolutionsdenkmal, bis zu Bekleidung. Und alles so radikal wie kaum eine andere Gruppierung zuvor. Jemand wie Max Bill hat diesen Ball aufgenommen. Und hat das erweitert ins Reale hinein. Natürlich, was Höchstsinnliches ist dabei nicht herausgekommen. Die Bilder sind gut, die Plastiken sind eigentlich das Beste von ihm, die Architekturen sind teils ganz gut und die Uhren sind sehr gut. Also für ihn war das ja keine Revolution. Das war eine wirklich tolle Situation nach dem Krieg. Mit der Ulmer Schule Anfang der 1950er Jahre einen Anfang zu setzen... parallel zum Aufbau der Bundesrepublik. Das war alles zusammenhängend. (...)

Ich glaube, das Entscheidende ist, dass Imdahl versucht hat, möglichst nicht mit so einem großen Überbau daranzugehen, damit die Leute die Augen frei haben und nicht zu belastet sind. Aber im Endeffekt geht es ja dann doch irgendwann darum zu sagen: Wie sind denn die Zusammenhänge? Woher kommt das denn? Wie entwickelt sich das und so weiter. Da kommt man gar nicht drumherum. Oder sagen wir so: Leute, die sich beginnen dafür zu interessieren, wollen dann auch mehr darüber wissen. Und wenn sie mehr wissen, dann hilft das ihnen auch nicht weiter, aber vielleicht bekommen sie Futter und das ist doch schon irgendwie eine ganz schöne Sache. (...)

Ich glaube, man kann einem Werk nicht kontextlos begegnen. Man wird sich doch der Sache nicht nur auf eine Weise zuwenden, weil sie vielleicht gesellschaftlich befriedigend ist, also all das beinhaltet, was wir von der Sache wollen, sondern eigentlich deshalb, weil es uns als Werk erregt. Und wenn es noch das andere hat, dann ist es nicht verkehrt. Jeder Künstler lebt ja in seiner Zeit und ist dadurch auch Ausdruck seiner Zeit. Als ganze Person. Er erlebt das alles und da fließt immer etwas mit ein, wenn man es genau beobachtet. Also das geht gar nicht anders. Ja, berührt muss man sein. Sonst hat es ja mit der Kunst überhaupt keinen Sinn.

ZU DEN SCHEUKLAPPEN DER KUNSTWISSENSCHAFT

Ja, ist schon interessant. In einer gewissen Weise spürt man ja auch, dass Imdahl selber hilflos ist. Das finde ich sympathisch daran, dass man das spürt. Er hätte gerne, dass da mehr passiert, dass ein Mehrwert entsteht, dass man da was draus machen könnte. Und er merkt genau, es geht nicht. Das liegt vielleicht zum Teil an seiner Vorgehensweise, die einfach verkehrt war. Deswegen passt das nicht mehr richtig in die Zeit damals, als er diese Gespräche geführt hat. 1979, also, das wäre genau die Zeit gewesen, sich nur auf die Originale einzulassen. Das wäre auch eine Möglichkeit gewesen, sich damit auch von seinen Kollegen aus der Kunstgeschichte abzusetzen: Die lieben Kollegen machen das alles immer mit Dias, aber ich mache es anders...!

Ich erlebte selbst eine Situation, in der ich es das erste Mal mitgekriegt habe, wie das bei Kunsthistorikern abläuft. Ich wohnte in Köln und hatte ein gutes Verhältnis zu Wulf Herzogenrath gehabt, weil er auch öfter meine Arbeiten im Kunstverein gezeigt hat. Er rief eines Tages an und sagte: „Kannst du mal mitgehen, ich habe einen Lehrauftrag bei den Kunstwissenschaften, die müssen mal einen Künstler sehen." Dann bin ich mitgegangen und wir haben mit denen gesprochen.

Es waren nicht Studierende, sondern Personen aus dem wissenschaftlichen Mittelbau. Und die haben ein irres Zeug abgelassen. Ich habe gar nicht gedacht, dass sowas möglich ist. Ich habe gesagt: „Ja, gehen sie halt herum und gucken sich was an, weil es schon ein Leid ist mit Ihren Dias, das ist ja furchtbar." Und es ist doch überhaupt kein Problem in so einer Stadt wie Köln, wo so ein Wahnsinnsangebot damals war, Anfang der 1980er Jahre. Sie sind aber gar nicht auf die Idee gekommen. Also, die hätten es gerne gehabt, dass man ihnen das Zeug ins Haus bringt. Wissenschaftler, gefangen in ihrem eigenen System! Sie konnten es sich gar nicht vorstellen, dass man das alles ganz anders machen könnte. Da war ich schon ziemlich erschrocken.

7.3 KUNSTPÄDAGOGIK – LICHTWARK, IMDAHL, OTTO

„(Imdahl) erwies sich als ein exemplarischer Vermittler. Nicht weil er sich eine Didaktik ausgedacht hätte. Er brachte, in der Diskussion, die Bilder selbst zum Sprechen (...) Die Augenarbeit, die er gemeinsam verrichtete, war die Basis dieses Verstehens."[2] „Das Buch (Arbeiter diskutieren moderne Kunst) (...) darf man zu den Paradigmen zeitgenössischer Kunstpädagogik zählen. Es dokumentiert einen anderen, einen modernen Lichtwark (...)"[3]

Diese Interpretation von Imdahl als ‚modernen Lichtwark' durch Gottfried Boehm hat uns zu diesem Kapitel inspiriert, denn wir betrachten Imdahls Gespräche mit den Angestellten der Bayer-Werke aus einer dezidiert kunstpädagogischen Perspektive. Dazu wird er zu zwei zentralen Figuren der Kunstpädagogik, Alfred Lichtwark und Gunter Otto, in Beziehung gesetzt.

Diese Auswahl gründet sich zum einen auf der bereits von Boehm erkannten offensichtlichen Nähe im Vorgehen von Imdahl und Lichtwark. Damit wird insbesondere auf die Gespräche angespielt, die Lichtwark um die Jahrhundertwende mit SchülerInnen in der Hamburger Kunsthalle vor Originalen führte. Zum anderen gibt es zwischen Gunter Otto und Imdahl wiederum deutliche biografische Parallelen, waren sie doch fast gleich alt. Das betrifft vor allem die Erfahrungen im und mit dem Zweiten Weltkrieg. Darüber hinaus fielen uns im Laufe unserer Arbeit erstaunliche Entsprechungen in den Schlussfolgerungen, Überzeugungen und Ansätzen auf, die sich aus dieser Erfahrung des Krieges und des NS-Regimes offenbar für beide in ähnlicher Weise ergaben. Im Folgenden geht es darum, Imdahl und sein Gesprächskonzept im Vergleich zu diesen beiden kunstpädagogischen ‚Leitfiguren' und ihren Ansätzen zu betrachten und sein Konzept aus kunstpädagogischer Sicht zu schärfen.

ALFRED LICHTWARK

Zwischen Imdahl und Lichtwark erweist sich, trotz der großen zeitlichen Distanz, das Format des Gesprächs mit Laien über Kunst als die direkteste und auffälligste Parallele. Alfred Lichtwark, der 1886 mit nur 34 Jahren zum Direktor der Hamburger Kunsthalle ernannt worden war, ließ bereits ab 1888 regelmäßig Schulklassen in das Museum kommen, um mit ihnen vor und über Originale(n) zu sprechen: „Wie er (Lichtwark) es in seiner Programmrede angekündigt hatte, versammelte er am Sonntagnachmittag, nach seinen Vorträgen für die Erwachsenen, Schulklassen um sich mit ihren Lehrern. Im Kupferstichkabinett hatte er einzelne Bilder der Sammlung für sie zurechthängen lassen, z.B. Günther Genslers Bilder seiner Eltern."[4] Dieses Format war zu dieser Zeit ungewöhnlich und wurde teilweise sogar skeptisch gesehen. So befürchteten ‚Kunst und Kunstfreunde' auf dem Dresdner Kunsterziehungstag offenbar, dass dies den Kindern die Lust an der Kunst verderben könne.[5]

Die Innovativität dieses Formats brachte jedoch die Hamburger Lehrervereinigung zur Pflege der künstlerischen Bildung in der Schule dazu, Lichtwark bereits Mitte der 1890er Jahre zu bitten, einen Leitfaden für solche Gespräche zu veröffentlichen. Dazu wurde „einen Winter lang dieselbe Schulclasse in die Kunsthalle (geführt) und die Unterhaltungen (wurden aufgezeichnet)".[6] Es handelt sich bei der Publikation von 1897 allerdings nicht um wörtliche Transkripte, sondern um sinngemäß wiedergegebene Dialoge, in die Lichtwark auch andere (Vor-) Erfahrungen eingearbeitet hat.

Dieses erstaunliche Dokument bildete in der Folge immer wieder die Grundlage für Ansätze der Werkbetrachtung und kann, wie Irene Below verdeutlicht, als stilbildend für diesen Bereich angesehen werden.[7] Trotzdem sollten die Gespräche, laut Lichtwarks eigener Aussage, eben kein Modell darstellen, sondern eher demonstrieren, wie man mit den SchülerInnen eine Form des Gesprächs finden könne. Die vielen Parallelen, die hier zu dem Vorgehen Imdahls ins Auge fallen (mit Laien über Kunst sprechen, Format des Gesprächs, Betonung der Prozesshaftigkeit, Publikation der Gespräche etc.) sollen aber nicht die ‚feinen Unterschiede' verdecken.

Neben den unterschiedlichen Zielgruppen, Imdahl sprach mit Erwachsenen, Lichtwark mit SchülerInnen, betonte Lichtwark im Gegensatz zu Imdahl immer wieder, dass diese Gespräche nur vor Originalen zu realisieren seien. Es solle „von den Dingen und vor den Dingen" geredet werden.[8] Deshalb lehnte er laut Below auch jedes kunstgeschichtliche Vorwissen bei Laien ab, sie sollten nicht in Kunstgeschichte unterrichtet, sondern explizit ‚nur' mit dem unmittelbaren Kunstwerk konfrontiert werden. Zwar war auch Imdahl der Auffassung, dass es keinerlei Vorwissens für die Betrachtung seiner ausgewählten Werke bedürfe und auch ihm war das Erkennen des Werks durch das unmittelbare Sehen wichtig, wie es im Konzept des ‚sehenden Sehens' zum Ausdruck kommt. Daraus leitete sich für ihn jedoch nicht ab, dass das Gespräch mit Laien vor den Originalwerken stattfinden müsse, ihm reichten Reproduktionen, die er als Dias zeigte.

Auf den ersten Blick scheint die Auswahl der Werke eine Verbindung herzustellen, die bei genauerem Hinsehen jedoch große Unterschiede aufweist: Lichtwark setzte sich dezidiert für eine Betrachtung primär zeitgenössischer Kunst ein, da er diese für die SchülerInnen am relevantesten hielt.[9] Darüber hinaus wird immer wieder betont, dass er sich auch privat für zeitgenössische, deutsche Künstler interessierte, zu ihnen persönlichen Kontakt pflegte und ihre Werke sammelte.[10] Jedoch endete sein Interesse für die zeitgenössische Kunst mit dem Impressionismus, zu Cézanne oder dem Expressionismus konnte er keinen Zugang mehr finden.[11]

So eint Imdahl und Lichtwark bis zu einem gewissen Grad das Interesse an der für sie jeweils zeitgenössischen, modernen Kunst. Für Lichtwark war allerdings die Avantgarde, die in Richtung Abstraktion ging, nicht mehr nachvollziehbar. Also da, wo für Imdahl das ‚persönliche' Interesse an der Kunst begann, hörte es für Lichtwark auf. Dieser deutliche Unterschied mag den zeithistorischen und gesellschaftlichen Kontexten, in denen beide lebten und arbeiteten, geschuldet sein.

Besonders klar treten diese Unterschiede dementsprechend in den allgemeineren Zielsetzungen hervor, die hinter den jeweiligen Gesprächskonzepten stand. Für Lichtwark war Kunstvermittlung ein Teil der gesellschaftlichen und „sittliche(n) Erneuerung unseres Lebens".[12] Diese war insbesondere deshalb für ihn notwendig, weil die Geschmacklosigkeit und Kulturferne des gehobenen Bürgertums eine konkrete Gefahr für die nationale deutsche Kultur darstellten. Das deutsche Kunsthandwerk geriet zunehmend ins Hintertreffen und Deutschland wurde insbesondere auf den Weltausstellungen im Vergleich der Nationen abgehängt. Diesen ‚kulturellen' und in der Folge ‚wirtschaftlichen Verfall' galt es abzuwenden. Es sollten „mündige urteilsfähige Konsumenten und Produzenten" herangebildet werden.

„Es geht Lichtwark also um die Ausbildung von Geschmack und Empfindsamkeit. Der Deutsche der Zukunft soll ein Kunstliebhaber, ein Kunstgenießer, d.h. ein kunstverständiger Dilettant sein. Mit diesem Bild verbindet Lichtwark Eigenschaften wie: modern, charakterfest, moralisch, aufgeschlossen, kultiviert, stilvoll, und patriotisch."[13] Der nationalistische Unterton, der hier durchgängig mitschwingt, passt in die Zeit des deutschen Kaiserreichs und die zunehmenden Bestrebungen, eine ‚große' führende (Kultur-) Nation in Europa werden zu wollen und noch war dieser Wille nicht durch die Weltkriege in Frage gestellt worden. Imdahl hingegen, der als Jugendlicher den Zweiten Weltkrieg und das NS-Regime miterlebt hatte, argumentiert aus einer anti-nationalistischen und antifaschistischen Position heraus. Insbesondere das Anliegen, gerade die abstrakte, von den Nationalsozialisten als ‚entartet' diffamierte Kunst vermitteln zu wollen, spiegelt dies.

Trotzdem steht für beide immer im Fokus, das Sehen zu bilden, das Auge zu schulen und das insbesondere bei und mit Laien. Lichtwark, wie auch Imdahl, ist es dabei wichtig, sich intensiv und detailliert mit dem Einzelwerk zu beschäftigen und diesem so den ihm gebührenden Respekt zu zollen: „Der Grundsatz, beim einzelnen Kunstwerk zu bleiben, muss in der Praxis eher übertreibend zur Anwendung gebracht werden. Denn da fehlt es dem Publikum gerade. Wir sind viel eher geneigt, ganze Epochen mit historischem oder kritischem Blick zu überfliegen, sogenannte Richtungen in Bausch und Bogen zu verdammen oder zu preisen als ein einzelnes Kunstwerk genau zu betrachten und uns über den Eindruck Rechenschaft abzulegen."[14] Dem Werk Respekt zu erweisen, eint beide. Auch für Imdahl war es ein zentrales Anliegen, dass Werke nicht einfach vorschnell abgewertet und (vor-) verurteilt werden. So betonte er immer wieder, man müsse sich schon die Mühe machen, ein Werk erst einmal nachzuvollziehen, bevor man es ablehne.

Wie aber ging Lichtwark nun konkret in seinen Gesprächen vor? Wenn man die Publikation von 1897 durchgeht, kristallisiert sich recht schnell ein Grundmuster heraus. Wie Skladny betont, fokussiert Lichtwark sich insgesamt sehr stark auf den Inhalt bzw. das dargestellte Thema der Bilder. Gebhard vermutet, dass Lichtwark der Meinung war, hiermit den Sachtrieb den SchülerInnen befriedigen zu können.[15] So steigt er meist direkt mit Fragen nach dem Thema oder dem Titel des Bildes ein.[16] Teilweise fragt er aber auch gleich zu Beginn nach der Wirkung oder dem ersten Eindruck, den die SchülerInnen vom Bild haben und wie dieser erste Eindruck zustande komme.[17]

Auffällig ist, dass Lichtwark schnell dazu übergeht, in seinen Fragen eine Verbindung von Bildmotiv/-thema und Alltag der SchülerInnen herzustellen. So fragt er zum Beispiel bei der Betrachtung der Hülsenbeckschen Kinder von Runge, wie heute ‚Kinderbildnisse' gemacht würden, worauf die SchülerInnen antworten: „Mit Photografie"[18]. Zudem lenkt er die Betrachtung systematisch auf Details bzw. auf die innere Logik des Bildes und animiert die SchülerInnen unter anderem, Figuren im Bild in Haltung und Position nachzustellen. Lichtwark selbst macht dabei offenbar Bewegungen und Posen vor.[19]

Zentral scheint für Lichtwark zu sein, den im Bild dargestellten Moment mit den SchülerInnen möglichst in allen Details zu erfassen und damit zu erarbeiten, warum das Motiv so und nicht anders dargestellt wurde. Trotz der Fokussierung auf Inhaltliches lässt sich hier eine Parallele zu Imdahl erkennen. Diese ging seinen Weg zwar über die Komposition und die formalen Merkmale, zielte aber auch auf das ‚So-und-nicht-anders-Sein' des Werkes. Lichtwark bringt dabei im Laufe der Gespräche immer wieder Informationen und Fachbegriffe ein. Zudem verfällt er teilweise in längere Monologe. Das Gespräch erscheint als ‚Frage-Antwort-Spiel',bei dem die SchülerInnen entweder klar mit Ja oder Nein, mit Begriffen oder einfachen kurzen Sätzen antworten können.[20]

Neben Thema und Inhalt des Bildes sind für Lichtwark Licht, Lichteinfall bzw. Lichtquelle von besonderem Interesse. Dies wird häufig nach einer inhaltlichen Diskussion als vertiefende Fragestellung von ihm eingebracht. Es ist meist das einzige bildnerische Mittel, das er explizit bespricht. Lediglich die Farbe wird teilweise noch thematisiert, wobei es ihm laut eigener Aussage vor allem darauf ankommt, dass die SchülerInnen sie richtig erinnerten. Entsprechend verhängte er das Bild mit einem Tuch und forderte die SchülerInnen dazu auf, sich an die Farben zu erinnern.[21] Teilweise schließt er daran noch einen Vergleich mit einem zuvor betrachteten Bild an.

Der sicherlich größte Unterschied zu Imdahl zeigt sich in der grundsätzlichen Art der Annäherung an das Kunstwerk. Denn nicht nur das Primat des Inhalts unterscheidet hier Lichtwark von Imdahl, sondern auch Lichtwarks Ablehnung eines kognitiven Zugangs zu Werken. Es ging Lichtwark primär um eine Schulung der Empfindsamkeit, eine Fähigkeit zur Einfühlung in das Werk und seine Form, war für ihn doch Kunst immer Ausdruck von Empfindung und nicht von Erkenntnis.[22] Er folgte damit laut Skladny dem Prinzip der Genieästhetik: Der Künstler legt sein Gefühl in das Werk, das es nachzuempfinden gilt. Das Werk ist Ausdruck der Seele des Künstlers, was die BetrachterInnen nachempfinden können müssen. Es geht also nicht um eine rationale Durchdringung. Für Lichtwark war die Fähigkeit, Kunst fühlen zu lernen, ein Weg, den Menschen davon abzuhalten, zum ‚Barbaren' zu werden.

Letzteren Aspekt hätte Imdahl vielleicht in gewisser Hinsicht geteilt, der Zugang über das Empfinden und letztlich damit über die Emotion war für ihn allerdings undenkbar, weil unprofessionell. Er präferierte den rationalen, kognitiven Zugang über die formale Gestalt des Werkes, über seine Komposition und die damit verbundene Wirkung.

Insgesamt ergibt sich aber auf struktureller bzw. methodischer Ebene bei beiden ein ähnlicher Grundwiderspruch: Beide wählen bewusst die Form des Gesprächs und wollten ihr Publikum zum eigenen Denken und Fragen anregen. Gleichzeitig verfielen beiden oft in Monologe, längere Ansprachen, in denen sie ihr Publikum eher belehrten, teilweise über es hinweggingen, was dem ursprünglichen Ansinnen nicht unbedingt zuträglich war. Dies kritisiert auch Below am Lichtwarkschen Gesprächsstil, den sie als autoritär und auf ihn selbst zentriert kritisiert.[23] Auch Skladny bemängelt, dass die Gesprächsanteile laut ihrer Auswertung mit 90% deutlich auf der Seite Lichtwarks lagen.[24]

Diese Tendenz mag mit dem Sendungsbewusstsein, das Lichtwark und Imdahl durchdrang, zusammenhängen. Schließlich vermittelten beide nicht ‚einfach' Kunst, sondern verfolgten ‚höhere' Ziele und sahen die Kunst als Grundlage von fundamentalen gesamtgesellschaftlichen Reform- und Erneuerungsprozessen. Zudem waren zumindest für Lichtwark neben dem Lehrer, der Professor und der Offizier[25] die besten Vorbilder für einen guten Kunsterzieher.

Letzterem gab er dabei den Vorzug vor allen anderen. Der Offizier sei das Vorbild für den ‚neuen Deutschen'. Diese Orientierung an einer autoritären Figur erklärt zum Teil den entsprechenden Gesprächsstil.

Zudem betont Lichtwark aber auch die nötige Leidenschaft, die es dazu brauche: „Ein unbeseelter, unbegabter und unsensibler Lehrer könne, trotz großen Fachwissens, keinen guten Unterricht machen.[26] Gerade diesen letzten Aspekt verkörpert sicherlich auch Imdahl, wenn auch wahrscheinlich unbewusst. Vielleicht ergibt sich daraus bei beiden eine ähnliche, bewundernde Außenwahrnehmung durch die Teilnehmenden an ihren Gesprächen. So wird insbesondere im bereits erwähnten Dokumentarfilm über Imdahl („Sehenden Auges") deutlich, dass ehemalige Studierende, aber auch Vertrauensleute der Bayer Werke, die an den Gesprächen teilnahmen, von seiner Präsenz und seiner Art zu sprechen, fasziniert waren. Ähnliches lässt sich zumindest anhand der zwei von Gebhard zitierten Personen, die als SchülerInnen Lichtwark erlebt hatten, erahnen: „Wie er dastand, wie er auf die Einzelheiten hindeutete! – Aus dem Ton seiner Worte, aus jeder Geste sprach die Liebe zu dem Bild und die Hochachtung vor dem Meister, der es geschaffen."[27]

GUNTER OTTO

Je unterschiedlicher die gesellschaftlichen und politischen Verhältnisse waren, in denen Lichtwark und Imdahl ihre Gespräche realisierten, desto ähnlicher waren diese wiederum bei Imdahl und Otto, gehörten sie doch der gleichen Generation an. Otto wurde 1927, Imdahl nur zwei Jahre zuvor, 1925, geboren und verbrachten beide ihre Jugend im Zweiten Weltkrieg und unter dem NS-Regime.

Bei Imdahl ist wenig über diese Zeit bekannt. Zu Gunter Otto hat Jonathan Drews einiges zu dieser Phase in seinem Leben herausgearbeitet.[28] So wurde Ottos Vater 1939 zur Wehrmacht einberufen und galt ab 1943 als in Russland verschollen. Dieser erste große Einschnitt wird begleitet von verschiedenen Erlebnissen, die Otto und sein Zwillingsbruder im Laufe ihrer Kindheit mit den gewaltvollen Auswüchsen des NS-Regimes machten. Otto wird 1933 eingeschult. Als er auf die höhere Schule kommt, tritt er zusammen mit seinem Bruder in das Deutsche Jungvolk ein. Laut Drews passt er sich hier so gut es ging an, konnte aber vor allem den körperlichen Ansprüchen nicht genügen. Ab 1943 wurde Otto zum Luftwaffenhelfer berufen, er war damals in der zehnten Klasse. Wie Drews feststellt, wurde er dann erstaunlich schnell zum Luftwaffenoberhelfer befördert.

Parallel versuchte Otto offenbar, seine künstlerische Begabung zu nutzen, um sich einige Freiräume zu schaffen: So nahm er im Frühjahr/Sommer 1944 am musischen Wettbewerb der Hitlerjugend teil und gewann im Gebiet Berlin.

Aufgrund des gewonnenen Wettbewerbs wurde Otto dann im gleichen Jahr sogar zur propagandistischen Jugendsendung „Junges Europa" eingeladen.[29] Nach dem Flakhelferdienst kam Otto direkt in den Reichsarbeitsdienst. Das muss für ihn ein schwerer Schritt gewesen sein, da er bereits 1944, also mit 17 Jahren, eine Zulassung zum Kunsterziehungsstudium bekommen hatte. 1945 geriet Otto dann für kurze Zeit in britische Kriegsgefangenschaft in Belgien, wurde aber bald wieder entlassen. Er begann dann im Herbst 1945 sein Studium der Kunstpädagogik.

Drews schätzt die Haltung und das Verhältnis Ottos zum NS-Regime insgesamt folgendermaßen ein: „Otto gehört zur sogenannten skeptischen Generation. Die Prägungen der NS-Zeit, die nach dem Krieg im Zuge der Demokratisierung der Gesellschaft ihre politische und moralische Gültigkeit verlieren und das wachsende Bewusstsein über den eigentlichen Charakter der NS-Herrschaft hinterlassen einen Zwang zur politischen Positionierung. Diese Aufgabe bestimmt Ottos pädagogisches und didaktisches Denken sein Leben lang. (...) Die Skepsis Ottos richtete sich lebenslang auch auf die Möglichkeit der politischen und marktwirtschaftlichen Instrumentalisierung von Ästhetik."[30] Die Formulierung „der skeptischen Generation", die Drews hier wählt und die beschriebene Haltung passen überraschend gut zu Imdahls Einstellung nach dem Krieg. Auch wenn über Imdahls Verbleib im Krieg wenig bekannt ist, ist zu vermuten, dass er ähnliche Stationen wie Otto durchlaufen hat. Schließlich war Imdahl am Ende des Kriegs 20 Jahre alt.

Sowohl für Imdahl als auch für Otto ließen sich aus der Erfahrung des Krieges, aber vor allem aus der Erfahrung des NS-Regimes, ähnliche Schlussfolgerungen ableiten: Für beide war neben und unabhängig von ihrer eigenen künstlerischen Tätigkeit ein wissenschaftlicher, rational begründbare Zugang zur Kunst wesentlich. Er war für sie die Antwort auf und das Bollwerk gegen den Faschismus. Denn dieser baute für beide vor allem auf einer diffusen Emotionalität der Massen, auf Gefühle, die nicht näher definiert, aber sehr wohl zu ideologischen Zwecken instrumentalisiert werden konnten.

Für Otto war deshalb klar, dass sein Engagement in der Kunstpädagogik zu Beginn vor allem der Eindämmung und letztlich Abschaffung der Musischen Erziehung gelten musste. Denn sie vertrat genau dieses diffus-gefühlige Konzept einer vermeintlich ganzheitlichen musischen Pädagogik. Neben ihrer nicht aufgearbeiteten Tradition im NS-Regime, waren für Otto ihre fehlende Struktur und Methode, die Vernachlässigung jeglicher Begründung, ihre unklaren Ziele und inhaltliche Realitätsferne ein rotes Tuch. Das macht er in seiner Kritik an ihrem damaligen Hauptvertreter Otto Haase sehr deutlich.[31]

Die willkürliche und ideologisch aufgeladenen Diffamierung der Avantgarde als ‚entartet' muss für beide eine fundamentale, fast existenzielle Erfahrung gewesen sein: Das durfte nicht wieder passieren. Für beide folgte daraus die Konsequenz, dass die moderne, insbesondere die ungegenständliche Kunst rehabilitiert werden und sie den ihr gebührenden Respekt erfahren musste. Moderne Kunst galt für sie als Ausdruck der Freiheit von Kunst und damit der Freiheit der Menschen.

Otto arbeitet dies in seiner ersten Monografie „Kunst als Prozess im Unterricht" heraus.[39] Er erläutert hier, dass die „Wissenschaftsförmigkeit der modernen Kunst" sowie die von ihr gesetzten Impulse zur Reflexion für ihn wesentlich sind. Interessanterweise entspricht diese Auffassung der modernen Kunst auch in Teilen der Überzeugung der Alliierten im Kontext der Entnazifizierungspolitik im besetzten Deutschland. Wie Tewes zeigt, sahen auch sie die moderne Kunst als Symbol der Freiheit und damit als Garant des Friedens.[33] Daher findet sich dieses Motiv auch nicht nur bei Otto, auch bereits Reinhard Pfennig nahm diese Überzeugung in seine Schriften auf.[34]

Otto macht dabei klar, dass das Unverständnis und der fehlende Zugang der Menschen zur modernen, insbesondere der abstrakten Kunst, das große Problem seien: „Was assoziieren wir bei dem Stichwort „Kunst des 20. Jahrhunderts"? Farbflecken, rhythmische Linienschwünge, Formzusammenballungen, körnige Bildoberflächen, geometrische – allenfalls *deformierte* – Gegenstände oder Körper; Bilder, von denen viele Menschen sagen, daß sie sie nicht „verstehen" könnten, daß auf ihnen nichts mehr zu erkennen sei usf."[35] Dabei beruhe die Ablehnung auf einem Missverständnis: „Viele Menschen glauben, daß sie diese Kunst weder erreichen noch von ihr erreicht werden. Dies geht so weit, daß sich manche Gruppen in affektiver Ablehnung gegen jeden Kontakt sperren. (...) Dieses Dilemma ist aber relativ rasch erklärbar: Viele Menschen erwarten heute etwas von der Kunst, was sie zu geben weder beabsichtigt noch in der Lage ist."[36] Das treffe in besonderem Maße auf die abstrakte Kunst zu.

Wobei Otto hier erläutert, dass das aus seiner Sicht ein Paradox sei, denn überall im Alltag, in der Werbung, im Design, werde die abstrakte Kunst „mitverkauft",[37] hier sei sie omnipräsent. Er spricht sogar von einer „(g)eheime(n) Herrschaft der abstrakten Kunst".[38] Dadurch mache das Publikum zwar die Erfahrung, dass man mit der modernen Kunst leben könne, gleichzeitig finde dieser Prozess laut Otto bedauerlicherweise unbegleitet statt, was die Ergiebigkeit des Lernprozesses deutlich mindere.[39]

Man kann hier mit Imdahl und seinem Ansinnen, vor allem die moderne, abstrakte Kunst an Laien zu vermitteln, sehr gut anschließen. Denn offenbar beschäftigten ihn ähnliche Gedanken. Wie schon im Kapitel zu seinen Zielen deutlich wurde, wollte er einem breiten, ungeschulten Publikum zeigen, dass die abstrakte Kunst ihnen sehr wohl etwas zu bieten hat und dass es sich lohnt, sich auf den Prozess des ‚sehenden Sehens' einzulassen, nicht zuletzt deshalb, weil hier existentielle Erfahrungen gemacht werden konnten. Auch er kämpfte damit gegen eine weit verbreitete Ablehnung abstrakter Kunst an.

Ähnlich wie für Imdahl mit seinem rationalen Zugang über die Komposition der Werke, war auch für Otto ein theoretischer Zugang zu den Werken und die bewusste Reflexion zentral.[40] Nicht zuletzt deshalb, weil für ihn insbesondere die moderne, zeitgenössische Kunst durch ihre stärkere wissenschaftliche Kontextualisierung eine bessere Lehrbarkeit anbot. Sie trug dadurch zu ihrer eigenen Entmystifizierung bei, was Otto im Angesicht der Erfahrung des NS-Regimes als sehr positiv bewertete. Moderne Kunst orientiere sich an „Ordnungen, Strukturen und Konzepten"[41], die entsprechend gelehrt und verstanden werden konnten.

Für Imdahl und Otto bildeten Professionalität und Wissenschaftlichkeit zentrale Eckpfeiler ihrer Arbeit und Haltung. Für Imdahl bedeuteten diese primär ein analytisches und formales Herangehen an Werke, bei dem Emotionen bewusst ausgeschlossen wurden, um einer unbegründeten (Vor-) Verurteilung des Werkes keinen Raum zu öffnen. Für Otto wiederum bedeutete dies im Hinblick auf Kunstunterricht, die Vermittlung von Kunst an einem planvollen, begründbaren und theoriegeleiteten, also wissenschaftlich fundierten Vorgehen auszurichten.[42] Zu Beginn seiner Tätigkeit resultierte daraus ein kleinschrittiges, sehr am Formalen des Werkes ausgerichtetes Arbeiten und Unterrichten. Allerdings änderte sich dies später und Otto etablierte mit Konzepten wie dem ‚Percept' auch Möglichkeiten einer zusätzlich affektiven und intuitiven Annäherung an ein Werk. In seiner Publikation „Auslegen".[43] wird deutlich, dass er hier dem unmittelbaren ersten Eindruck, der assoziativ und emotional geprägt sein durfte und sollte, zumindest theoretisch, eine zentrale Funktion in der Annäherung an Kunst einräumt. Interessant ist allerdings, dass Otto sich in der konkreten Umsetzung offenbar selbst nicht ganz auf seine Methode einlassen konnte oder wollte. So veröffentlicht er 1983 im Rahmen eines Grundlagenartikels zur Bildanalyse einige ‚Percepte', die überraschend wenig assoziativ-affektiv angelegt sind.[44]

So unterschiedlich zum Teil die gesamtgesellschaftlichen, historischen und kulturellen Kontexte waren, in denen Lichtwark, Otto und Imdahl arbeiteten, so sehr eint sie das Ziel, ‚Laien' Kunst näherbringen zu wollen. Für alle drei war damit die Vorstellung verbunden, dass dies bis zu einem gewissen Grad zu einer Veränderung der Gesellschaft im positiven Sinne beitragen könne. Auch wenn diese für Lichtwark eher in einer ‚sittlichen' und kulturellen Erneuerung im bürgerlichen, nationalen, monarchisch geprägten Kontext bedeutete, zielt er ähnlich wie Otto und Imdahl später auf eine gewisse Demokratisierung von Kunst und damit von Gesellschaft. Für zwei von ihnen war dabei das unmittelbare Gespräch über Kunst als Format zentral, allen dreien wiederum erschien bis zu einem gewissen Grad die jeweils zeitgenössische (moderne) Kunst als besonders relevant für diese Zwecke.

Man kann in diesem humanistisch anmutenden Konzept von Kunst als Symbol und Garantin der Freiheit durchaus Schillers Ausführungen in seinen „Briefen über die ästhetische Erziehung des Menschen" wiedererkennen. So schreibt Schiller in seinem 23. Brief: „(...) es gibt keinen andern Weg, den sinnlichen Menschen vernünftig zu machen, als daß man denselben zuvor ästhetisch macht."[45] Und weiter: „Es gehört also zu den wichtigsten Aufgaben der Kultur, den Menschen auch schon in seinem bloßen physischen Leben der Form zu unterwerfen, und ihn so weit das Reich der Schönheit nur immer erreichen kann, ästhetisch zu machen, weil nur aus dem ästhetischen nicht aber aus dem physischen Zustand der moralische sich entwickeln soll."[46]

Für Schiller führt der Weg zur Freiheit über die Kunst. Indem der Mensch den ästhetischen Zustand durchläuft, kann er ‚vernünftig' und in der Folge auch moralisch werden. Diese Figur findet sich in Ottos und Imdahls Engagement für die moderne Kunst, die für sie diese Freiheit im Angesicht des Faschismus verkörpert. Letztlich praktiziert auch Lichtwark dieses Konzept in seinen Gesprächen, wenn er darauf dringt, sich intensiv mit dem Einzelwerk und seinem ‚So-Sein' auseinanderzusetzen und darauf hofft, dass die SchülerInnen auf diese Weise Freude an der Anschauung und damit Genussfähigkeit entwickeln.

---

1 Richard Hoppe-Sailer (Redaktion): Diskussionen über Malerei mit Max Imdahl, Seminare mit Vertrauensleuten der Bayer AG Leverkusen. Dokumentation, (o.O.) 1988 (Hausdruckerei der Bayer AG).

2 Boehm, Gottfried: Die Arbeit des Blickes. Hinweise zu Max Imdahls theoretischen Schriften, in: ders. (Hrsg.): Max Imdahl. Gesammelte Schriften, Band III, Frankfurt a.M. 1996, S. 11f.

3 Ebd. S. 12.

4 Gebhard, Julius: Alfred Lichtwark und die Kunsterziehungsbewegung in Hamburg, Hamburg 1947, S. 86.

5 Vgl. ebd, S. 87.

6 Lichtwark, Alfred: Vorwort, in: ders.: Übungen in der Betrachtung von Kunstwerken, Hamburg 1897.

7 Vgl. Below, Irene: Probleme der „Werkbetrachtung" – Lichtwark und die Folgen, in: dies. (Hrsg.): Kunstwissenschaft und Kunstvermittlung, Gießen 1975, S. 83–135, S. 86.

8 Ebd., S. 88.

9 Vgl. Lichtwark 1897, S. 24.

10 Vgl. Skladny, Helene: Ästhetische Bildung und Erziehung in der Schule, München 2009, S. 179.

11 Ebd., S. 195.

12 Lichtwark, Alfred: Der Deutsche der Zukunft, in: Lorenzen, Hermann (Hrsg.): Die Kunsterziehungsbewegung, Bald Heilbronn 1966, S. 33–43, S. 34.
13 Skladny 2009, S. 184.
14 Lichtwark 1897, S. 19.
15 Gebhard 1947, S. 86ff.
16 Vgl. Lichtwark 1897, S. 25 oder bspw. S. 63.
17 Vgl. ebd., S. 42 oder bspw. S. 80.
18 Vgl. ebd., S. 44.
19 Vgl. ebd., S. 29f.
20 Vgl. Below 1975. S.95.
21 Vgl. Lichtwark 1897, S.52f.
22 Skladny 2009, S. 189.
23 Below 1975, S. 96.
24 Vgl. Skladny 2009, S.187.
25 Lichtwark 1966, S. 33–43, S.35.
26 Skladny 2009, S. 191.
27 Paul Lichtwerk und Johannes Kalkmann mündlich zitiert nach Gebhard 1947, S. 87.
28 Vgl. Drews, Jonathan: Leben und Denken: Zu Gunter Ottos Kindheit und Jugend, in: Kirschenmann, Johannes, Seydel, Fritz (Hrsg.): Gunter Otto – was war, was bleibt? München 2017, S. 121–142.
29 Vgl. Drews 2017, S.132.
30 Ebd., S. 140.
31 Vgl. Otto, Gunter: Die Theorie der Musischen Bildung und ihr Verhältnis zur Realität, in: Westermanns Pädagogische Beiträge 11, Braunschweig 1959, S. 457–464 und Haase, Otto: Entgegnung, in: Westermanns Pädagogische Beiträge 11, Braunschweig 1959, S. 464–466.
32 Vgl. Otto, Gunter: Kunst als Prozess im Unterricht, Braunschweig 1964.
33 Vgl. Tewes, Johanna: „Fort von den Konstruktionen, hin zu den Sachen." Strategien der Macht in der Geschichte der Kunstpädagogik 1945 bis 1980, München 2018, S. 115.
34 Vgl. ebd., S. 123f.
35 Otto 1964, S. 31.
36 Ebd. 1964, S. 43f.
37 Ebd. 1964, S. 47.
38 Ebd.
39 Vgl. ebd.
40 Vgl. ebd., S. 45.
41 Ebd., S. 49.
42 Vgl. Tewes 2018, S.137ff.
43 Vgl. Otto, Gunter, Otto, Maria: Auslegen. Ästhetische Erziehung als Praxis des Auslegens in Bildern und des Auslegens von Bildern, Seelze 1987.
44 Vgl. Otto, Gunter: Mehrere Percepte zu Peter Ackermanns Radierung „Brandenburger Tor", in: Kunst+Unterricht „Bildanalyse" 77/1983. S. 15. Die AutorInnen der Percepte drücken hier selten wirklich direkt und unmittelbar ihre Emotionen oder Assoziationen aus. Zwar äußert beispielsweise die erste Autorin, dass sie sich erst nicht so recht mit dem Bild ‚anfreunden' könne und dass sie die Technik fasziniere. Der zweite Autor assoziiert immerhin persönliche Erinnerungen an das Brandenburger Tor und im vierten Percept äußert der Autor, dass er an „Unüberwindbarkeit, Undurchlässigkeit" denken müsse. Der Großteil von ihnen geht aber meist schnell zu formalen, analysierbaren Elementen des Bildes oder zum historischen Kontext der Zeit über. Zudem fällt auf, dass es sich bei allen AutorInnen um Erwachsene im Alter von 22 bis 56 Jahren handelt und nicht um Kinder oder Jugendliche. Insgesamt

könnte das darauf hindeuten, dass sich Otto in der Praxis doch schwertat, sich vollständig auf spontane emotionale und rein intuitiv-assoziative Annäherungen einzulassen.

45 Schiller, Friedrich: Über die ästhetische Erziehung des Menschen. Kommentar von Stefan Matuschek, Frankfurt a.M. 2. Aufl. 2018, S. 92

46 Ebd., S. 94

8 AUSBLICK

FALLSTRICKE UND MÖGLICHKEITEN

Max Imdahl wagte in seiner Zeit mit den Gesprächen ein ungewöhnliches und einmaliges „Experiment": Er folgte seinem aufklärerischen Impuls, verließ als Kunsthistoriker den universitären Rahmen und ließ sich mit großer Beharrlichkeit und Intensität auf eine Auseinandersetzung mit Laien zur modernen Kunst ein. Damit hat er zur Vermittlung von Kunst einen wichtigen und innovativen Beitrag geleistet. Dennoch zeigt unsere Untersuchung, dass dieses Experiment kein Erfolgsmodell hervorbrachte, an das sich nun so ohne weiteres anschließen ließe. Auch bestätigte sich unsere anfängliche These, dass Imdahl in den Gesprächen ein großes Potential entfaltete, das er sich in seinen Möglichkeiten aber auch selbst immer wieder verbaute.

Darin lag und liegt für uns eine gewisse Tragik. Imdahl öffnet zu Beginn bewusst einen Raum des offenen Dialogs, um ihn dann durch seine leitungszentrierte Gesprächsführung und das fehlende Bewusstsein für die pädagogische Situation unbeabsichtigt wieder zu verschließen. Diese Problematik liegt allerdings auch in der grundsätzlichen Unwägbarkeit des Formats. So kann es für solche Gespräche kein fertiges Rezept geben, keine Anleitung, kein Wissen, das sich einfach anwenden ließe. Gespräche realisieren sich im Prozess, der in seiner jeweiligen Situation und Dynamik per se unwägbar ist. Folglich muss man sich als initiierende Person immer auch selbst in den Prozess begeben, sich überraschen lassen, offen und spontan die Energien nutzen und kultivieren, die sich ergeben. Man muss das Gespräch lenken und die fruchtbaren Augenblicke zu nutzen wissen.

Imdahl ist dies zu einem gewissen Grad gelungen, es lassen sich jedoch verschiedene Fallstricke ausmachen, über die er stolperte und die durchaus exemplarisch sind für Situationen der Kunstvermittlung. Deshalb möchten wir an dieser Stelle nicht noch einmal resümieren, worin die besonderen Qualitäten Imdahls als Gesprächsleiter lagen oder was ihm in diesen Gesprächen gelungen ist. Wir möchten diesen Ausblick nutzen und einige der Fallstricke aufgreifen, was uns im Hinblick auf einen kunstpädagogischen Ertrag dieses Experiments besonders fruchtbar scheint. Wir möchten sie als Figuren fassbar machen und Alternativen im Sinne von Handlungsoptionen dazu zu formulieren.

ROLLENVERSTÄNDNIS

Einen ersten Fallstrick bildet sicherlich Imdahls ungeklärtes Rollenverständnis, das sich in der Widersprüchlichkeit seiner Präsentation bemerkbar macht. Seine Ankündigungen zu Beginn der Gespräche stehen im deutlichen Kontrast zur tatsächlichen Realisierung seiner Rolle. Das heißt, so sehr er zunächst seinen Wunsch nach Offenheit und flachen Hierarchien kundtut, sich als Person betont locker gibt und sich zu seiner Unsicherheit bekennt, so sehr tendiert er dann im Laufe des Gesprächs zu einer direktiven, steuernden Gesprächsleitung, häufig in einem Frage-Antwort-Schema. Für die TeilnehmerInnen wird oft nicht klar, welche Rolle er eigentlich einnimmt: ist er Professor, Experte oder ein Gesprächspartner auf Augenhöhe?

Obgleich seine Ankündigungen eigentlich die Rolle eines Moderators nahegelegt hätten, als einer Person, die in diesem Fall zwar als Kunsthistoriker, wie Imdahl in der Vorrede einräumt, „einen kleinen Wissensvorsprung hat", aber grundsätzlich darum bemüht ist, dass alle „sehr offen sprechen" können (#2, 42), springt er jedoch immer wieder in die Rolle eines Dirigenten, der den Takt angibt und das Orchester mit seinen Vorstellungen leitet. Man muss feststellen, dass er Gruppe und Werk nutzt, um seine Werkthesen aufzuführen.

VERANSTALTUNGSFORMAT

Einen zweiten, damit eng verknüpften Fallstrick bildet das diffuse Veranstaltungsformat. Imdahl kündigt in seiner Vorrede eine recht offene Form des Gesprächs an, bei der hin- und her gefragt werden könne und bei der man ganz frei seine Meinung sagen soll. Dann konfrontiert er die Teilnehmenden damit, dass er von ihnen ganz bestimmte Antworten hören möchte und verfällt im Gespräch immer wieder in den dozierenden Modus einer Vorlesung. Zudem gibt sich Imdahl zuweilen sehr natürlich und nahbar, stimmt in humorvolle Bemerkungen bereitwillig ein und überrascht die Gruppen mit seiner eigenen Schlagfertigkeit (vgl. auch „Imdahl als Performer" in Kapitel 4.2). Er suggeriert damit, dass die Gespräche durchaus als ein unterhaltsames Zwischenprogramm verstanden werden können, was er jedoch bisweilen recht unvermittelt und harsch revidiert: „Wir machen hier keinen Karneval". Imdahl scheint sich nicht gefragt zu haben, was er mit bestimmten Begrifflichkeiten, Erläuterungen oder seinem Habitus an Erwartungen bei den TeilnehmerInnen auslöst bzw. ob er das, was er auslöst, überhaupt einlösen kann und möchte.

PÄDAGOGISCHES SETTING

Dabei missachtet er, ein dritter Fallstrick, das pädagogische Setting. Zwar mag es für ihn als Kunsthistoriker fachlich und vor dem Hintergrund seines aufklärerischen Sendungsbewusstseins vor allem darum gegangen sein, ein Laienpublikum formal an ungegenständliche Kunst heranzuführen, um es auf diese Weise von ihrer Bedeutung zu überzeugen. Trotzdem handelte es sich auch hier um eine Vermittlungssituation und damit um einen pädagogischen Bezugsrahmen, in dem neben der Sach- auch die Beziehungsebene zentral ist. So gehört zum pädagogischen Handwerkszeug, dass man in einem Gespräch einer Gruppe nicht einfach etwas vermitteln kann, sondern dass man mit ihr arbeitet und dafür eine Beziehung aufbauen muss, ohne die es nicht geht. Egal wie unbequem oder sperrig die Gruppe agiert, man muss die Teilnehmenden in ihren Bedürfnissen ernstnehmen und versuchen, sie auf diese Weise für einen gemeinsamen Weg der Erkenntnis bzw. des Verstehens zu gewinnen. Ansonsten fehlt die Grundlage für einen echten Vermittlungsprozess.

Das scheint Imdahl jedoch systematisch auszublenden. Daher reagiert er teilweise unwirsch auf Interventionen oder Störungen, die sich auf die Missachtung dieser Ebene zurückführen lassen (vgl. Kapitel 5.3). Umgekehrt wehren sich einzelne TeilnehmerInnen immer wieder dagegen, von ihm in ihren Anliegen und Bedürfnissen nicht gesehen und anerkannt zu werden. Grundsätzlich stellt sich bei den Gesprächen die Frage, ob Imdahl die TeilnehmerInnen überhaupt als eigenständiges Gegenüber sehen und respektieren kann oder ob er sie eher für seine Zwecke instrumentalisiert.

Dabei hätte gerade die Perceptbildung (vgl. Kapitel 7.3), also die ersten spontanen Einfälle und Assoziationen zum Kunstwerk, die auch Imdahl immer wieder zu jedem gezeigten Werk aufruft, das Potential, die Sach- mit der Beziehungsebene zu verbinden. Ein Percept kann das Gespräch für die Teilnehmenden öffnen, einen fachlichen Zugang zum Werk schaffen und erlaubt gleichzeitig, sie als Personen zu würdigen. Da Imdahl diesen Prozess zwar anregt, dann aber immer wieder abblockt, fühlen sich die TeilnehmerInnen zu Recht übergangen.

STEUERUNG UND GEWÄHRENLASSEN

An den Fallstrick der Beziehungsebene knüpft ein weiteres Hindernis an: Die Angst vor dem Kontrollverlust, die sich bei Imdahl primär auf die Angst vor Beliebigkeit und Trivialität richtet. Auch hier veranschaulicht das Percept, was damit gemeint ist. Wenn man ein Percept zu einem Kunstwerk abruft, so werden intuitiv assoziative, emotionale und vor allem auch unzusammenhängende Äußerungen ausgelöst, die kaum in Gänze antizipierbar sind. Die große Herausforderung für eine VermittlerIn oder Lehrperson besteht darin, einerseits einzelne Äußerungen aufmerksam wahrzunehmen und zu würdigen und diese andererseits sukzessive in einem größeren Bedeutungszusammenhang zu bringen. Weil diese Prozesse sehr komplex sind und sich Percepte nur begrenzt vorhersehen lassen, besteht immer die Möglichkeit, dass der Prozess entgleitet und/oder man sich darin verliert. Für Imdahl muss diese Angst besonders groß gewesen sein, da er trotz seiner Ankündigung eines offenen Gesprächs bei jedem der vorgestellten Werke schlussendlich auf seine eigenen, lange im Voraus erarbeiteten Thesen hinauswollte. Seine Bedenken, dass ihm das nicht gelingen könnte, wenn er zu viele freie Assoziationen und spontane Nebenwege in der Diskussion zuließe, sind also durchaus nachvollziehbar. Gleichzeitig verhindert er damit, dass sich im Prozess des gemeinsamen Gesprächs etwas Neues, Unvorhergesehenes entwickeln kann, obwohl doch darin das eigentliche Potential des Gesprächs im Unterschied zum Vortrag liegt. Im Gespräch erhöht sich die Wahrscheinlichkeit, dass sich durch die Präsenz einer anderen Person und die offene Rede ein Wissen bilden kann, das zu Beginn noch nicht vorhanden war – Kleist schildert das in seinem Aufsatz „Über die allmähliche Verfertigung des Gedankens beim Reden". Das heißt nicht, über diese Offenheit ein unverbindliches und ergebnisloses Daherreden zu kultivieren, was Imdahl um jeden Preis vermeiden möchte, sondern vielmehr, dass eine nicht unterweisende, nicht unmittelbar am Erkenntnisziel orientierte Rede Ziel und Form bekommt, durch die ein überraschendes Wissen entstehen kann. Doch eben dies, also zum Beispiel eine mögliche Modifikation oder völlige Neu-Formulierung seiner Thesen aufgrund der Ergebnisse eines solchen Gesprächs, waren für Imdahl offenbar nicht denkbar und vermutlich auch nicht gewünscht.

Die Tatsache, dass er sich auf diese Offenheit nicht einlassen konnte und wollte, hat sicherlich auch mit grundsätzlichen Vorbehalten gegenüber dem ‚Pädagogischen' zu tun. Diese Haltung lässt sich häufig bei FachwissenschaftlerInnen bemerken, wenn sie in Tuchfühlung mit den Didaktiken geraten. Eine zu große Nähe zum Schulischen bzw. zu allem, was Vermittlung ist und damit ‚angewandt', wird als gefährlich, weil verunreinigend begriffen. Die eigene seriöse, weil ‚rein' fachliche Aufstellung und Haltung könnte durch eine Pädagogisierung in ihrer Bedeutung geschmälert werden. Diese Angst wird Imdahl gespürt haben, wenn er ohne erkennbaren Grund Fachbegriffe ins Gespräch einwirft oder in einen seiner langen Monologe verfällt, in denen er seine Thesen präsentiert, einem Zauberer gleich, der das weiße Kaninchen aus dem Hut zieht.

ÄSTHETISCHE ERFAHRUNG

Im Pädagogischen bekommen natürlich auch die Emotionen einen größeren Raum, weil sie für die Beziehungsebene und in Bezug auf den Lernprozess eine Rolle spielen. So braucht ein Lernen die Irritation, um liebgewonnene Gewissheiten in Frage zu stellen und sich für neue Erfahrungen und Einsichten zu öffnen. Lernen findet vor allem dann statt, wenn etwas persönlich bedeutsam wird. Und auch damit sind Emotionen verknüpft. Deshalb wird Imdahl in den Gesprächen letztlich auch die von ihm anvisierte ‚ästhetische Erfahrung' zum Fallstrick. Imdahl möchte sie den Teilnehmenden als eine die Existenz berührende Erfahrung ermöglichen, bahnt ihnen dahin jedoch einen rationalen, auf formale Einsichten ausgerichteten Weg, auf dem sie dieses Ziel, wie unsere Untersuchung zeigen konnte, jedoch immer wieder verfehlen.

Dabei betont Imdahl nachdrücklich, dass Kunst grundsätzlich den Betrachtenden emotional bewegen muss und sich ihr Sinn anders nicht vermitteln lässt: „(…) denn verstehen Sie, worum es hier geht, ist dann doch, sich von solchen Sachen der modernen Kunst in irgendeiner Form, sagen wir mal, berühren zu lassen." (#4,127) Entsprechend besteht für ihn ein wichtiger Unterschied darin, ob man sich eher vage für etwas interessiert und begeistert oder ob man sich tatsächlich von einem Kunstwerk ergreifen lässt. Das realisiert sich für ihn selbst vor allem in der existentiellen Erfahrung von Unabgeschlossenheit, die sich für ihn insbesondere an Werken ungegenständlicher Kunst vollziehen lässt: „Verstehen Sie, auf das Schönfinden kommt es hier gar nicht an! Es kommt hier darauf an, eine Erfahrung zu machen, die man sonst nicht machen kann." (#3,93)

Die von Imdahl angesprochene Erfahrung ist eine Ästhetische. Allerdings unterschätzt er dabei die entscheidende Rolle des Emotionalen. Er selbst fokussiert sich im Gespräch auf ein rein rationales Vorgehen, verknüpft mit seiner grundsätzlichen Skepsis gegenüber gefühlsbezogenen Assoziationen der Teilnehmenden. So regt er zwar immer wieder ihre unmittelbare, affektive Reaktion an und ermuntert sie zur Formulierung eigener subjektiver Eindrücke. Gleichzeitig ist er genauso schnell bereit, diese wieder zu unterbinden bzw. möglichst unmittelbar in eine rationale Analyse zu überführen.

Insbesondere bei einem Werk wie dem Bild von Barnett Newman, das mit der Überwältigung des Betrachtenden arbeitet, verstellt Imdahl den Teilnehmenden einen emotionalen Weg zur ästhetischen Erfahrung. Er öffnet ihren Affekten zwar einen Raum, arbeitet aber nicht mit ihnen, sondern beharrt auf den formalen Aspekten des Bildes, die sich aus der Komposition des Werks ergeben. Das entspricht natürlich Imdahls fachlicher Vorstellung, dass nur ein wissenschaftlicher Weg über eine rationale, formale Analyse zur Erkenntnis führt, aus der sich dann sinnstiftende Thesen destillieren lassen. Diese verkörpern für ihn die besondere, existentiell berührende Erfahrung, die er selbst dem Werk gegenüber immer wieder aufrufen kann: „Wenn Sie sagen, Teufel noch, da werde ich nicht mit fertig, und es ist auch zur Klarheit gebracht, daß ich damit nicht fertig werde. Was ist das für eine wahnsinnige Erfahrung, das ist eine ganz irre – ob das nun was mit Kunst zu tun hat oder nicht – mag es sein wie es will!" (#1, 38). Dass dies für die Teilnehmenden seiner Seminare anders sein könnte, ist für ihn offenbar schlecht vorstellbar.

Dabei wird er sich vermutlich selbst zunächst einer komplexen, nicht rein rationalen Erfahrung des Werks ausgesetzt haben – dies jedoch in einer eher privaten Situation, vor allem auch vor dem Original, um daran seine Thesen zu erarbeiten. Den Weg über die persönliche Begegnung möchte er jedoch den Teilnehmenden ersparen und sie direkt zu seinen Thesen führen. Dafür geht er methodisch teilweise recht fragwürdig vor, z.B. mit dem Impuls, ob sich die

Strukturale Konstellation von Albers nachbauen lasse oder nicht. Die Gesprächspassagen dazu gestalten sich mühevoll, zum Teil auch langwidrig und erzielen für den Erkenntnisprozess der Gruppe kaum Fortschritte. Trotz dieser sich wiederholenden Erfahrung ändert Imdahl nichts an seinem Vorgehen, was zeigt, dass er den Teilnehmenden nicht zutraut, wichtige Erfahrungen mit dem Kunstwerk machen zu können, auch wenn diese möglicherweise nicht in seine existentiell bedeutsamen Thesen münden.

VERANTWORTUNG

Imdahls Tendenz zur rationalen Autorität muss zu einem gewissen Grad im Kontext seiner Zeit gelesen werden (vgl. Kapitel 7). Heute lässt sich im Unterschied dazu beobachten, dass eine Setzung bzw. Stringenz in der eigenen Argumentation tendenziell vermieden wird. Dem entspricht das Konzept einer Lehrperson als „LernbegleiterIn", die sich völlig zurücknimmt, als Person bestenfalls nicht mehr sicht- oder spürbar ist und auch keinerlei Steuerung übernimmt, was im radikalen Fall zu einer rein subjektiven Nabelschau der Lernenden führen kann. Es lässt sich vermuten, dass fehlende Vorgaben oder Setzungen mit einer Furcht vor zu viel Autorität gepaart sind, vor einem Sich-Festlegen und damit vor Verantwortung, die einen selbst angreifbar machen könnte.

Beide Pole oder Extreme zeigen die Kontextgebundenheit pädagogischer Vermittlung und lassen sich auch als Effekte einer entsprechenden gesellschaftlichen Verfasstheit deuten. Sie machen deutlich, wie wichtig die Reflexion der eigenen Rolle und ihre bewusste Ausgestaltung ist. Denn unbewusste Handlungsmuster oder -tendenzen produzieren Symptome, die den gesamten Vermittlungsprozess grundieren.

Dem begegnet beispielweise die Kunsthistorikerin Beate Florenz, die sich mit den Gesprächen Imdahls auseinandergesetzt hat und daraus in ihrer Praxis als Vermittlerin ein alternatives Verfahren der Werkbetrachtung ableitete. Sie baut ebenso wie Imdahl auf das Format des Gesprächs, ändert es aber in zwei wesentlichen Aspekten ab. Zum einen finden die Gespräche direkt vor Originalen statt, um eine Begegnung mit dem Werk zu nutzen und auch den Kontext der Werke einzubeziehen (Hängung, Präsentation, räumlicher Zusammenhang). Zum anderen räumt sie, ähnlich wie Gunter Otto, der Perceptbildung einen exklusiveren Raum ein, die nun zum Zentrum einer daran anknüpfenden Auseinandersetzung mit dem Werk wird. Florenz nennt diese Methode das „Performative Sprechen". So sollen sich Studierende zu Beginn ein Werk aussuchen, vor dem und zu dem sie drei Minuten am Stück monologisch sprechen. Dieses ‚Gespräch mit dem Werk' wird aufgezeichnet, um es später anzuhören und daran wesentliche Gedanken herauszuarbeiten, die zu einem umfassenden Verstehen des Werks führen.[1] Hierbei rückt vor allem das Kunstwerk in seiner Eigenständigkeit stärker in den Fokus.

EIGENWERT DER KUNST

Das führt zu einer These, mit der wir unsere Arbeit gerne schließen möchten. Wir konnten feststellen, dass es nicht nur bei Imdahl, sondern darüber hinaus bis heute in Feldern des professionellen Umgangs mit Kunst häufig eine gewisse Scheu vor dem Eigenwert der Kunst gibt, vor ihrer Kraft, sich einerseits für die Suchbewegungen des Verstehens und auch damit ihrer Vermittlung zu öffnen und ihr gleichzeitig auch wieder zu trotzen – das betrifft die Betrachtenden genauso wie die vermittelnden Personen.

In der Kunstpädagogik wird dies häufig mit dem Stichwort des ‚blinden Flecks' belegt. Damit ist gemeint, dass sich Kunst am Ende nicht vermitteln lässt, also dass sich das, was sie elementar ausmacht, einer Vermittlung entzieht, ein Geheimnis bleibt, ein Rätsel, das einen immer wieder fasziniert und damit herausfordert, aber am Ende nicht zu lösen ist. Und gleichzeitig wird diese Unmöglichkeit im Bemühen um Vermittlung überspielt, als würde man gern das Gegenteil beweisen. Man hofft, das Rätsel zu lösen, um die Daseinsberechtigung der Disziplin oder die des eigenen Tuns zu bestätigen. Man tritt für ein Verstehen der Kunst an und gleichzeitig ist diese Aufgabe doch unlösbar. Insbesondere in der Kunstpädagogik verknüpft sich damit direkt die Frage der Legitimation des Faches Kunst im Fächerkanon. Welche Rolle kann das Fach spielen, wenn das Ästhetische nicht mess- und evaluierbar ist und sich der eigene Fachgegenstand letztlich entzieht? Was lässt sich eigentlich an der Kunst lernen? Das führt zur missverständlichen ‚Logik der Verwertbarkeit': Wie sehr muss ich ein Kunstwerk ‚verwerten' können, damit ich es vermitteln kann und damit dies als relevant anerkannt wird, und wie sehr respektiere ich umgekehrt ein Kunstwerk in seiner Autonomie, in der es sich letztlich diesem Bemühen entzieht?

Das ist die Gretchenfrage einer jeden Form der Kunstvermittlung, unabhängig vom Rahmen, in dem sie stattfindet. Jeder, der Kunst ‚vermitteln' möchte, muss sich ihr stellen und eine Haltung dazu entwickeln. Und sei es, sich letztlich im Clair-obscure der Kunstvermittlung bzw. der Kunst einzurichten mit dem Bewusstsein, „(d)ass eine Sache klar ist… und doch nicht klar." (#6, 168)

---

1 Vgl. Gespräch, das die Autorinnen im Zuge ihrer Recherchearbeit mit Beate Florenz am 28.10.2020 über ZOOM geführt haben.

9 LITERATUR- UND ABBILDUNGSVERZEICHNIS

LITERATURVERZEICHNIS

Below, Irene: Probleme der „Werkbetrachtung" – Lichtwark und die Folgen, in: dies. (Hrsg.): Kunstwissenschaft und Kunstvermittlung, Gießen 1975.

Birnbacher, Dieter u. Krohn, Dieter: Einleitung, in: dies (Hrsg.): Das sokratische Gespräch, Stuttgart 2002.

Boehm, Gottfried (1988): Die Moderne als Abenteuer, in: Weltkunst 54/3 (1.2.1984), zit. in: Hoppe-Sailer, Richard (Redaktion): Diskussionen über Malerei mit Max Imdahl, Seminare mit Vertrauensleuten der Bayer AG Leverkusen. Dokumentation (o.O.) (unveröffentlicht).

Boehm, Gottfried: Die Arbeit des Blicks, in: ders. (Hrsg.): Max Imdahl. Gesammelte Schriften, Band III, Frankfurt a.M. 1996.

Drews, Jonathan: Leben und Denken: Zu Gunter Ottos Kindheit und Jugend, in: Kirschenmann, Johannes, Seydel, Fritz (Hrsg.): Gunter Otto – was war, was bleibt?, München 2017.

Förderverein Kurt-Lorenz-Preis e.V. Leverkusen (Hrsg.): Kunstvermittlung heute. Kunst in Leverkusen nach 1945, Leverkusen (unveröffentlicht) 2000.

Gebhard, Julius: Alfred Lichtwark und die Kunsterziehungsbewegung in Hamburg, Hamburg 1947.

Gehrke, Renate, Johannson, Kurt, Wagner, Elisabeth (Hrsg.): Räume schaffen. Neue Ansätze kultureller Weiterbildung von Arbeitnehmerinnen und Arbeitnehmern, Essen 1996.

Growe, Bernd: Die Moderne als Abenteuer, in: Weltkunst 54/3 (1.2.1984), zit. in: Hoppe-Sailer, Richard (Redaktion): Diskussionen über Malerei mit Max Imdahl, Leverkusen 1988.

Haase, Otto: Entgegnung, in: Westermanns Pädagogische Beiträge 11, Braunschweig 1959.

Hager, Werner: Der junge Max Imdahl, in: Die Unersetzbarkeit des Bildes. Zur Erinnerung an Max Imdahl, Liesbrock, Heinz (Hrsg.), Münster (Westfälischer Kunstverein) 1996.

Hoppe-Sailer, Richard (Redaktion): Diskussionen über Malerei mit Max Imdahl, Seminare mit Vertrauensleuten der Bayer AG Leverkusen. Dokumentation, o.O. (unveröffentlicht) 1988.

Imdahl, Max (Hrsg.): Arbeiter diskutieren moderne Kunst. Seminare im Bayerwerk Leverkusen, Berlin 1982a.

Imdahl, Max, in: Deutscher Künstlerbund, 30. Jahresausstellung Kunstpalast Düsseldorf (Ausst.-Kat.), Berlin 1982b.

Imdahl, Max: Bis an die Grenzen des Aussagbaren..., in: Sitt, Martina (Hrsg.): Kunsthistoriker in eigener Sache, Berlin 1990.

Imdahl, Max: Giotto. Zur Frage einer ikonische Sinnstruktur, in: Boehm, Gottfried (Hrsg.): Max Imdahl. Gesammelte Schriften, Band III, Frankfurt a.M. 1996.

Imdahl, Max: Moderne Kunst, in: Jahrbuch der Ruhruniversität Bochum 1982, zitiert nach Wagner, Elisabeth: Kunstszenarien in Unternehmen, Berlin 1999.

Krieger, Ralf: Eberhard Weise wird 90 Jahre alt – Sein Engagement hat Leverkusen geprägt, in: Kölner Stadtanzeiger 18.06.2017. URL: https://www.ksta.de/region/leverkusen/stadt-leverkusen/bayer-werksleiter-eberhard-weise-wird-90-jahre-alt-sein-engagemen-hat-leverkusen-gepraegt-295182 (Zugriff 22.04.2023)

Lichtwark, Alfred: Vorwort, in: ders.: Übungen in der Betrachtung von Kunstwerken, Hamburg 1897.

Lichtwark, Alfred: Der Deutsche der Zukunft, in: Lorenzen, Hermann (Hrsg.): Die Kunsterziehungsbewegung, Bad Heilbronn 1866.

Liesbrock, Heinz (Hrsg.): Die Unersetzbarkeit des Bildes. Zur Erinnerung an Max Imdahl, Münster (Westfälischer Kunstverein) 1996.

Loer, Thomas: Mentor ins Offene. Max Imdahls Kunstvermittlung als Modell, in: Förderverein Kurt-Lorenz-Preis e.V. Leverkusen (Hrsg.): Kunstvermittlung heute. Kunst in Leverkusen nach 1945, Leverkusen 2000 (unveröffentlicht).

Meyer, Marion: Mäzen mit großem Herzen, in: Rheinische Post 05.01.2011, URL: https://rp-online.de/nrw/staedte/leverkusen/maezen-mit-grossem-herzen_aid-13659497 (Zugriff 22.04.2023)

Mayer-Drawe, Käthe: Diskurse des Lernens, Paderborn (u.a.) 2011.

Meine, Hartmut: „Arbeiter und Angestellte“: Vom Ende und Beharrungsvermögen alter Scheidelinien, WSI Mitteilungen 2, 2005.

Otto, Gunter: Die Theorie der Musischen Bildung und ihr Verhältnis zur Realität, in: Westermanns Pädagogische Beiträge 11, Braunschweig 1959.

Otto, Gunter: Kunst als Prozess im Unterricht, Braunschweig 1964.

Otto, Gunter: Mehrere Percepte zu P. Ackermanns Radierung „Brandenburger Tor“, in: Kunst+Unterricht „Bildanalyse“ 77, 1983.

Otto, Gunter, Otto, Maria: Auslegen. Ästhetische Erziehung als Praxis des Auslegens in Bildern und des Auslegens von Bildern, Seelze 1987.

Scharf, Walter: Fragen an Max Imdahl, in: Imdahl, Max (Hrsg.): Arbeiter diskutieren moderne Kunst. Seminare im Bayerwerk Leverkusen, Berlin 1982.

Scharf, Walter: Sozio-kulturelle Aktivitäten in Leverkusen seit 1977, in: Förderverein Kurt-Lorenz-Preis e.V. Leverkusen (Hrsg.): Kunstvermittlung heute. Kunst in Leverkusen nach 1945, Leverkusen 2000 (unveröffentlicht).

Schiller, Friedrich: Über die ästhetische Erziehung des Menschen. Kommentar von Stefan Matuschek, Frankfurt a.M., 2. Aufl., 2018.

Schuchmann, Manfred E., in: Frankfurter Rundschau, Bücher von heute, 05. März 1983a.

Schuchmann, Manfred E.: Beitrag für den Hessischen Rundfunk zur Veröffentlichung von „Arbeiter diskutieren moderne Kunst. Max Imdahl – Seminare im Bayerwerk Leverkusen" vom 19.01.1983b, Nachlass Max Imdahl.

Skladny, Helene: Ästhetische Bildung und Erziehung in der Schule, München 2009.

Sitt, Martina (Hrsg.): Kunsthistoriker in eigener Sache. Zehn autobiographische Skizzen, Berlin 1990.

Stierle, Karlheinz, Warning, Rainer: Das Gespräch, München 1984.

Stöhr, Jürgen (Hrsg.): Ästhetische Erfahrung heute, Köln 1996.

Tewes, Johanna: „Fort von den Konstruktionen, hin zu den Sachen." Strategien der Macht in der Geschichte der Kunstpädagogik 1945 bis 1980, München 2018.

Wagner, Elisabeth: Seh-Experimente. Bildergespräche mit Angestellten und gewerblichen Mitarbeitern der Bayer AG Leverkusen, in: Räume schaffen. Neue Ansätze kultureller Weiterbildung von Arbeitnehmerinnen und Arbeitnehmern, Essen 1996.

Wagner, Elisabeth: Kunstszenarien in Unternehmen, Berlin 1999.

Wagner, Elisabeth: Stationen der Kunstvermittlung – Vom Altarbild zur Interaktion, in: Förderverein Kurt-Lorenz-Preis e.V. Leverkusen (Hrsg.): Kunstvermittlung heute. Kunst in Leverkusen nach 1945, Leverkusen, 2000 (unveröffentlicht).

Weise, Eberhard: Vorwort, in: Imdahl, Max (Hrsg.): Arbeiter diskutieren moderne Kunst. Seminare im Bayerwerk Leverkusen, Berlin 1982.

Weise, Eberhard: Begleitwort, in: Hoppe-Sailer, Richard (Redaktion): Diskussionen über Malerei mit Max Imdahl, Seminare mit Vertrauensleuten der Bayer AG Leverkusen. Dokumentation, o.O. (unveröffentlicht) 1988.

Willnauer, Franz: Vorwort, in: Imdahl, Max (Hrsg.): Arbeiter diskutieren moderne Kunst. Seminare im Bayerwerk Leverkusen, Berlin 1982.

ABBILDUNGSVERZEICHNIS

Die Filmstills auf S. 6 stammen aus der Eingangspassage des Films „Sehenden Auges" von Christoph Böll, 2010